Jw_cad
8

基本&活用 マスターブック

Version 8.25a 対応

ObraClub & できるシリーズ編集部

インプレス

本書の読み方

レッスンタイトル

やりたいことや知りたいことが探せるタイトルが付いています。

練習用ファイル

レッスンで使用する練習用ファイルの名前です。ダウンロード方法などは4ページをご参照ください。

サブタイトル

機能名やサービス名などで調べやすくなっています。

操作手順

パソコンの画面を撮影して、操作を丁寧に解説しています。

●手順見出し

1 Excelを起動するには

操作の内容ごとに見出しが付いています。目次で参照して探すことができます。

●操作説明

1 右下にドラッグ

実際の操作を1つずつ説明しています。番号順に操作することで、一通りの手順を体験できます。

●解説

右上に［拡大］と表示される

操作の前提や意味、操作結果について解説しています。

レッスン
06 画面を拡大・縮小する

表示変更

練習用ファイル　L06_表示変更.jww

動画で見る

パソコンの画面で、大きい用紙サイズの図面を作図するため、画面上の図面の一部を拡大表示したり、元に戻したりを頻繁に行います。Jw_cad特有の両ボタンドラッグ操作による拡大・用紙全体表示を身に付けましょう。

1 画面を拡大する

練習用ファイルを開いておく

1 ここを両ボタンでクリックしたままにする

2 右下にドラッグ

左上に［拡大］と表示される

ドラッグした範囲が画面いっぱいに拡大表示された

⏱ 時短ワザ

マウスのホイールボタンで代用できる

設定画面の［一般(2)］タブの［ホイールボタンクリックで線色線種選択］のチェックマークを外すと、両ボタンドラッグによる操作をホイールボタンのドラッグでも行えます。

34　できる

—— パソコンやスマートフォンなどで視聴できる無料のYouTube動画です。詳しくは22ページをご参照ください。

レッスンの操作内容を補足する要素を種類ごとに色分けして掲載しています。

☀ 使いこなしのヒント

操作を進める上で役に立つヒントを掲載しています。

回 ショートカットキー

キーの組み合わせだけで操作する方法を紹介しています。

⏱ 時短ワザ

手順を短縮できる操作方法を紹介しています。

🔎 用語解説

覚えておきたい用語を解説しています。

⚠ ここに注意

間違えがちな操作の注意点を紹介しています。

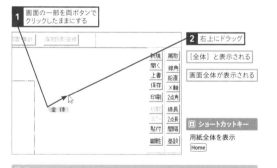

2 表示位置を移動する 06

表示変更

1 →キーを数回押す

図面の右側が表示された

3 全体を表示する

1 画面の一部を両ボタンでクリックしたままにする

全体

2 右上にドラッグ

[全体] と表示される

画面全体が表示される

新規　属取
開く　線角
上書　鉛直
保存　×軸
印刷　2点角
切取　線長
上へ　2点長
貼付　間隔語
複写　基設

回 ショートカットキー

用紙全体を表示
Home

☀ 使いこなしのヒント

どの位置からクリックしてもよい

作図画面内で、マウスの左右両方のボタン（またはホイールボタン）を押したまま右上方向に移動し、[全体] と表示され　たらボタンから指をはなします。ドラッグ開始位置は、作図画面内であれば、どの位置からでも構いません。

できる 35

※ここに掲載している紙面はイメージです。
実際のレッスンページとは異なります。

練習用ファイルの使い方

本書では、レッスンの操作をすぐに試せる無料の練習用ファイルとフリー素材を用意しています。ダウンロードした練習用ファイルは必ず展開して使ってください。ここではMicrosoft Edgeを使ったダウンロードの方法を紹介します。

▼練習用ファイルのダウンロードページ
https://book.impress.co.jp/books/1122101149

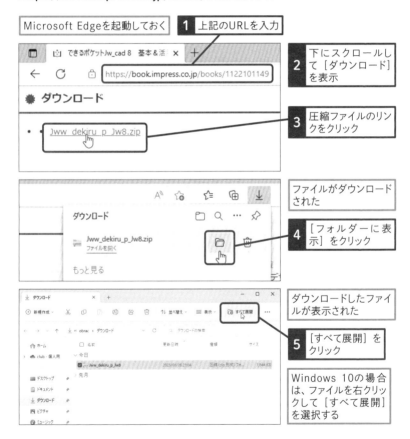

Microsoft Edgeを起動しておく | **1** 上記のURLを入力

2 下にスクロールして［ダウンロード］を表示

3 圧縮ファイルのリンクをクリック

ファイルがダウンロードされた

4 ［フォルダーに表示］をクリック

ダウンロードしたファイルが表示された

5 ［すべて展開］をクリック

Windows 10の場合は、ファイルを右クリックして［すべて展開］を選択する

●練習用ファイルを使えるようにする

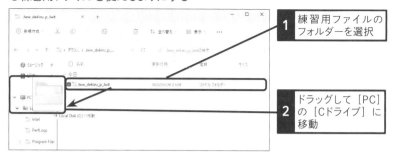

1 練習用ファイルの
フォルダーを選択

2 ドラッグして[PC]
の[Cドライブ]に
移動

⚠ ここに注意

インターネットを経由してダウンロードしたファイルを開くと、保護ビューで表示されます。ウイルスやスパイウェアなど、セキュリティ上問題があるファイルをすぐに開いてしまわないようにするためです。ファイルの入手時に配布元をよく確認して、安全と判断できた場合は[編集を有効にする]ボタンをクリックしてください。

練習用ファイルの内容

練習用ファイルには章ごとにファイルが格納されており、ファイル先頭の「L」に続く数字がレッスン番号、次がレッスンのサブタイトルを表します。レッスンによって、練習用ファイルがなかったり、1つだけになっていたりします。手順実行後のファイルは、収録できるもののみ入っています。図形ファイルの使用方法は6ページを参照してください。

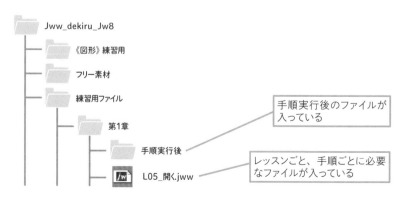

手順実行後のファイルが
入っている

レッスンごと、手順ごとに必要
なファイルが入っている

［フリー素材］の図形ファイルを挿入するには

図形ファイルには、JWS形式とJWK形式の2種類があります。ここでは［ファイル選択］ダイアログボックスで表示する形式を切り替えて図形ファイルを選択する方法を解説します。なお［家具］［住設機器］以外のフォルダーにはJWW形式の図面ファイルが収録されています。通常の手順でファイルを開いて、レッスン43を参考にファイル内の図形を図形登録して使いましょう。ファイルを開いた際に画面の色などが変更された場合は、本書の練習用ファイルを開くと元に戻ります。

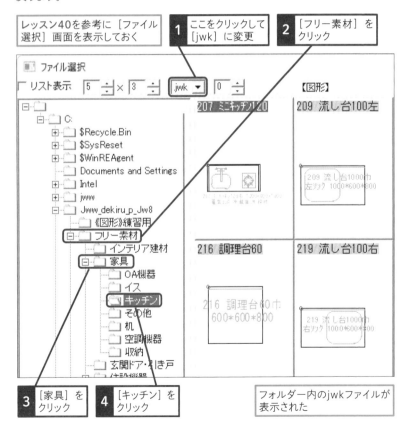

レッスン40を参考に［ファイル選択］画面を表示しておく

1 ここをクリックして［jwk］に変更

2 ［フリー素材］をクリック

3 ［家具］をクリック

4 ［キッチン］をクリック

フォルダー内のjwkファイルが表示された

目次

基本編

第3章 家具の平面図を作図しよう　　　　65

●用語の使い方

　本文中では、「Jw_cad Version 8.25a」のことを「Jw_cad」と記述しています。また、本文中で使用している用語は、基本的に実際の画面に表示される名称に則っています。

●本書の前提

　本書では、「Windows 11」に「Jw_cad Version 8.25a」がインストールされているパソコンで、インターネットに常時接続されている環境を前提に画面を再現しています。お使いの環境と画面解像度が異なることもありますが、基本的に同じ要領で進めることができます。

●本書に掲載されている情報について

　本書で紹介する操作はすべて、2022年11月現在の情報です。
本書は2023年1月発刊の『できるJw_cad 8』の一部を再編集し構成しています。重複する内容があることを、あらかじめご了承ください。

基本編

第 1 章

Jw_cadの基礎を
学ぼう

Jw_cadをインストールし、この本での学習に合わせた
入門者向けの設定にしましょう。練習用の図面ファイル
を開き、CADでの作図操作に不可欠なズーム操作や線・
円を描く、消すといった基本的な操作を学習しましょう。

01 Jw_cadの特長を知ろう

Jw_cadの特長　　　　　　　　　**練習用ファイル**　なし

1 建築分野を中心に使用されている

Jw_cadは、従来の紙と鉛筆などの道具に代わってコンピューター上で図面を作図する汎用の2次元CADです。特定の業種の図面に限らず、様々な図面を作図できますが、とりわけ、建築分野で広く利用されています。

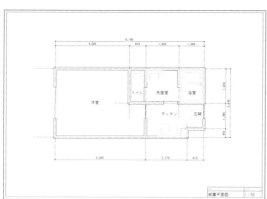

> **用語解説**
>
> **CAD**
>
> Computer aided design の略で、コンピューターを使ってデザイン・設計をするためのツール（道具）です。

建築分野で使われることが多い

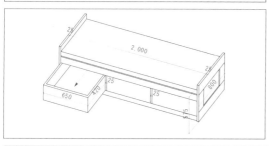

特定の業種に限らずさまざまな図面が作成できる

> **用語解説**
>
> **2次元CAD**
>
> 製図板での作図作業をパソコンに置き換えたもので、コンピューター上の用紙に図面を作図します。2次元というのは、X（横）とY（縦）の2つの軸がある次元を指します。これにZ軸（高さ）が加わると3次元になります。

2 フリーソフトなので誰でも使える

Jw_cadは誰もが無料で使える汎用の2次元CADソフトです。インターネット上にはJw_cadのノウハウを紹介したサイトや情報交換の場となる掲示板などがあり、Jw_cadの情報を得やすい環境が整っています。

🔎 用語解説

フリーソフト

ダウンロードする時や利用する際に、対価を支払う必要が一切ないソフトウェアのことを指します。

ソフトウェア作者のWebサイトで最新版が公開されている

3 CADで作図するメリットとは

CAD以外の線や円を描くソフトウェアとの違いは、実寸法を指定することで正確な寸法の図を描けることです。作図した各部の長さや面積を正確に測定し、記入することもできます。

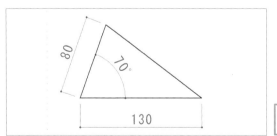

正確な寸法の図面が簡単に作成できる

💡 使いこなしのヒント

他のソフトでは正確な寸法が伴わない

Wordでも線や円の図形を描くことが出来ますし、ペイント系のソフトウェアやお絵描きソフトなどでも線や円を描けます。しかし、実寸を指定して作図できるものではないため、絵や簡単な図は描けても、図面に要求される正確な寸法が伴いません。

Jw_cadを
インストールしよう

インストール　　　　　　　　　　**練習用ファイル**　なし

Jw_cad Version 8.25aをインストールしましょう。4ページを参照し、練習用ファイルをダウンロードし、Cドライブに展開した［Jww_dekiru_Jw8］フォルダーを開いて、以下の操作を行います。

1 インストーラーを起動する

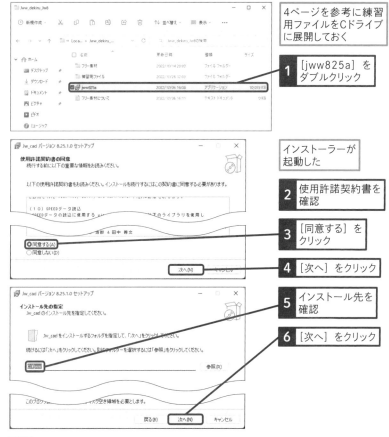

4ページを参考に練習用ファイルをCドライブに展開しておく

1 ［jww825a］をダブルクリック

インストーラーが起動した

2 使用許諾契約書を確認

3 ［同意する］をクリック

4 ［次へ］をクリック

5 インストール先を確認

6 ［次へ］をクリック

2 インストールを確定する

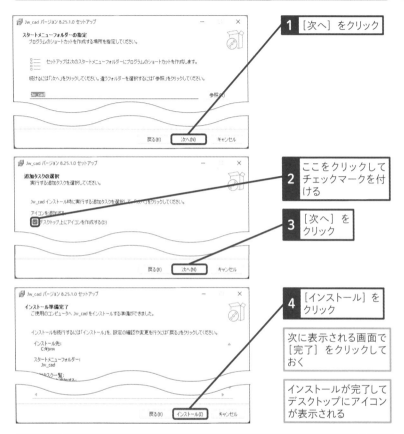

1 [次へ] をクリック

Jw_cad バージョン 8.25.1.0 セットアップ

スタートメニューフォルダーの指定
プログラムのショートカットを作成する場所を指定してください。

セットアップは次のスタートメニューフォルダーにプログラムのショートカットを作成します。

続けるには「次へ」をクリックしてください。違うフォルダーを選択するには「参照」をクリックしてください。

Jw_cad | 参照(R)

戻る(B) | 次へ(N) | キャンセル

2 ここをクリックしてチェックマークを付ける

Jw_cad バージョン 8.25.1.0 セットアップ

追加タスクの選択
実行する追加タスクを選択してください。

Jw_cad インストール時に実行する追加タスクを選択して、「次へ」をクリックしてください。

アイコンを追加する:
☑ デスクトップ上にアイコンを作成する(D)

3 [次へ] をクリック

戻る(B) | 次へ(N) | キャンセル

4 [インストール] をクリック

Jw_cad バージョン 8.25.1.0 セットアップ

インストール準備完了
ご使用のコンピュータへ Jw_cad をインストールする準備ができました。

インストールを続行するには「インストール」を、設定の確認や変更を行うには「戻る」をクリックしてください。

インストール先:
C:¥jww

スタートメニューフォルダー:
Jw_cad

追加タスク一覧:

戻る(B) | インストール(I) | キャンセル

次に表示される画面で [完了] をクリックしておく

インストールが完了してデスクトップにアイコンが表示される

使いこなしのヒント

メニューにも起動用のアイコンが登録される

デスクトップに出来たJw_cadアイコンをダブルクリックすることで、Jw_cadを起動します。Windows 11のスタートメニューから起動する場合は、[スタート] - [すべてのアプリ] - [Jw_cad] - [Jw_cad] をクリックで起動します。

スタートメニューにもアイコンが登録される

03 各部の名称を確認しよう

各部名称　　　　　　　　　　　　　練習用ファイル　なし

基本編
第1章
Jw_cadの基礎を学ぼう

Jw_cadを起動し、Jw_cad画面の各部の名称とその役割を確認しましょう。以下の画面はWindows 11にJw_cad Version 8.25aをインストールしたものです。Windowsのバージョンや設定、パソコン画面のサイズにより多少の違いがあります。

1 Jw_cadを起動する

1 デスクトップのアイコンをダブルクリック

Jw_cadが起動した

● Jw_cadの各部名称

❶タイトルバー　❷メニューバー　　　　❸コントロールバー

❹作図画面

❺ツールバー

❻レイヤバー

❼レイヤグループバー

❽ステータスバー　　　❾用紙サイズ　❿縮尺

❶タイトルバー
［-jw_win］の前に作図中の図面ファイル名が表示されます。未保存の場合は［無題］と表示されます。

❷メニューバー
各コマンドがカテゴリー別に収録されています。クリックして開くプルダウンメニューからコマンドを選択します。

❸コントロールバー
選択コマンドの副次的なメニューが表示されます。項目にチェックマークを付けたり、数値を入力することで指定します。

❹作図画面
図面を作図する領域です。レッスン04の手順2の操作2～3を行うと、用紙範囲を示すピンクの点線の用紙枠が表示されます。

❺ツールバー
各コマンドの選択ボタンが配置されています。選択中のコマンドは凹で表示されます。

❻レイヤバー
レイヤの表示状態の確認やコントロールをします。詳しくは第5章で学習します。

❼レイヤグループバー
レイヤグループのコントロールをします。1枚の用紙に異なる縮尺の図をレイアウトして作図する際に利用します。

❽ステータスバー
選択中のコマンドで行う操作が表示されます。［(L)］はクリック、［(R)］は右クリックを表します。

❾用紙サイズ
用紙のサイズを示します。ボタンをクリックして表示されるリストから選択することで用紙サイズを変更できます。

❿縮尺
現在の縮尺（実際の長さの何分の1の長さで表現するか）を示します。縮尺は作図途中でも変更可能です。

🔆 使いこなしのヒント

**画面の見え方は
環境によって異なる**

本書では、ツールバー、コントロールバーなどの表示を大きく見せるため、画面の解像度を1024×768としています。各パソコンの画面の解像度設定によって、Jw_cad画面が本書の表示よりも横長に見えたり、ツールバーのボタンが小さく見えたりしますが、操作に支障はありません。

04 初期設定をしよう

初期設定　　　　　　　　　　　　　**練習用ファイル**　なし

これからJw_cadを学習するにあたり、表示上の設定など、いくつかの基本的な設定を入門者向けの設定に変更しましょう。ここで一度設定を行えば、次回からは同じ設定でJw_cadが起動します。

1 Direct2Dの確認をする

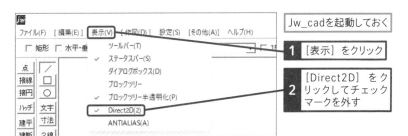

Jw_cadを起動しておく

1 [表示] をクリック

2 [Direct2D] をクリックしてチェックマークを外す

2 基本設定を変更する

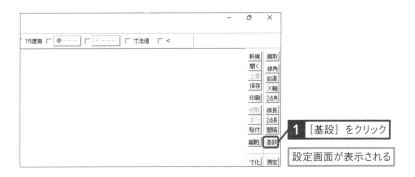

1 [基設] をクリック

設定画面が表示される

💡 **使いこなしのヒント**

基本設定はメニューバーからも行える

手順2の操作1は、メニューバーの [設定]　設定] をクリックしても同じです。をクリックし、プルダウンメニューの [基本

●[一般(1)]タブの設定

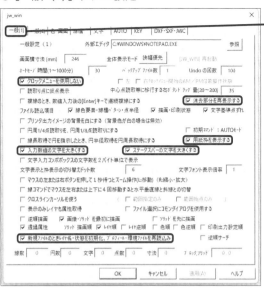

2 [一般(1)]を
クリック

3 赤枠で囲んだ項目
をクリックしてチェッ
クマークを付ける

🔍 用語解説

クロックメニュー

ドラッグ操作で行う
Jw_cad独自のメニュー
選択方法です。Jw_cad
でのマウス操作に手慣
れた上級者向け機能の
ため、ここでは使用し
ない設定にします。

●[一般(2)]タブの設定

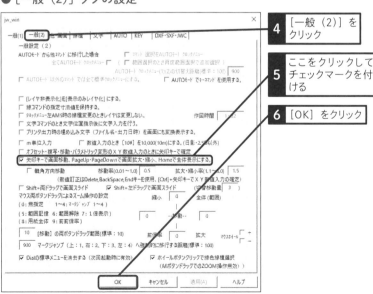

4 [一般(2)]を
クリック

5 ここをクリックして
チェックマークを付
ける

6 [OK]をクリック

05 ファイルを開くには

ファイルを開く　　　　　　　　　　**練習用ファイル**　L05_開く.jww

Jw_cadの基本的な操作を学習するため、練習用の図面ファイルを開きます。ここでは、メニューバーの［ファイル］から、［開く］コマンドを選択して開きます。練習用ファイルの保存場所については、4ページの「練習用ファイルの使い方」を参考にしてください。

1 メニューから開く

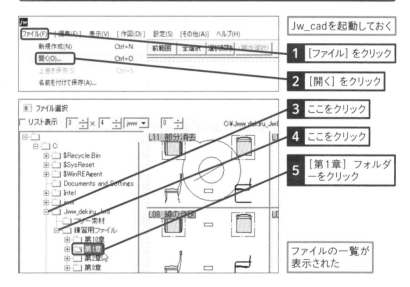

Jw_cadを起動しておく

1 ［ファイル］をクリック

2 ［開く］をクリック

3 ここをクリック

4 ここをクリック

5 ［第1章］フォルダーをクリック

ファイルの一覧が表示された

⏱ 時短ワザ

ツールバーからもファイルを開ける

操作1、2の代わりに、画面右側のツールバー［開く］をクリックすることでも開けます。

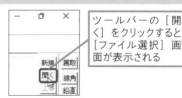

ツールバーの［開く］をクリックすると［ファイル選択］画面が表示される

● ファイルを選択する

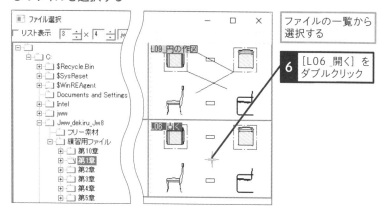

ファイルの一覧から
選択する

6 [L06 _開く] を
ダブルクリック

2 ファイルを表示する

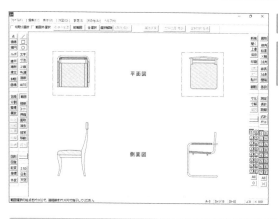

ファイルが表示された

続けて次のレッスンに
進む場合はファイルを
開いたままにしておく

平面図

側面図

🔆 使いこなしのヒント

Jw_cadを終了するには

図面ファイルを開いた後、Jw_cadを終了
する場合は、右上の ✕ (閉じる) ボタンを
クリックします。

1 [閉じる] をクリック

Jw_cadが終了してデスクトップ
画面が表示される

動画で見る

表示変更 ｜ 練習用ファイル L06_表示変更.jww

基本編

第1章

Jw_cadの基礎を学ぼう

パソコンの画面で、大きい用紙サイズの図面を作図するため、画面上の図面の一部を拡大表示したり、元に戻したりを頻繁に行います。Jw_cad特有の両ボタンドラッグ操作による拡大・用紙全体表示を身に付けましょう。

1 画面を拡大する

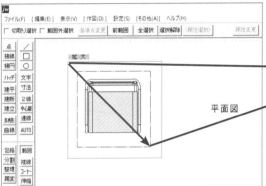

練習用ファイルを開いておく

1 ここを両ボタンでクリックしたままにする

2 右下にドラッグ

左上に [拡大] と表示される

ドラッグした範囲が画面いっぱいに拡大表示された

🔆 使いこなしのヒント

マウスのホイールボタンで代用できる

設定画面の [一般(2)] タブの [ホイールボタンクリックで線色線種選択] のチェックマークを外すと、両ボタンドラッグによる操作をホイールボタンのドラッグでも行えます。

2 表示位置を移動する

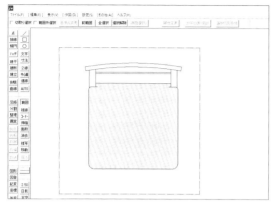

1 →キーを数回押す

図面の右側が表示された

3 全体を表示する

1 画面の一部を両ボタンでクリックしたままにする

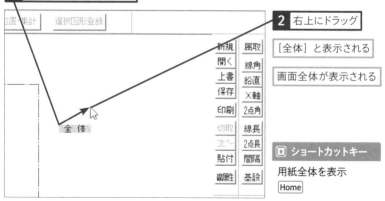

2 右上にドラッグ

[全体] と表示される

画面全体が表示される

新規　属取
開く　線角
上書　鉛直
保存　X軸
印刷　2点角
切取　線長
コピー　2点長
貼付　間隔
線属性　基設

全体

■ ショートカットキー

用紙全体を表示
[Home]

☀ 使いこなしのヒント

どの位置からクリックしてもよい

作図画面内で、マウスの左右両方のボタン（またはホイールボタン）を押したまま右上方向に移動し、[全体] と表示され たらボタンから指をはなします。ドラッグ開始位置は、作図画面内であれば、どの位置からでも構いません。

07 線を描くには

線の作図   **練習用ファイル**   L07_線の作図.jww

[線] コマンドで線の両端点（始点と終点）の位置を指示することで線を作図します。始点・終点として何もない位置を指示する場合と作図されている線の端点や交点などを指示する場合でクリックと右クリックを使い分けます。

1 線を端点まで引く

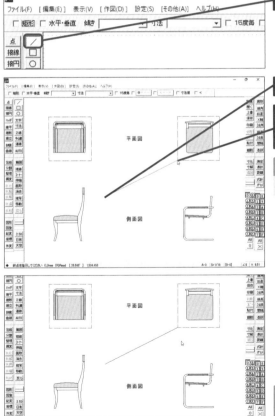

1 [線] をクリック

2 ここをクリック

3 マウスポインターを移動してこの角を右クリック

🔍 用語解説

端点

線の端部を「端点」と呼びます。2次元CADの線は、「X,Y」の座標を持つ両端点により成り立ちます。Jw_cadの右クリックで読取りできるのは、「X,Y」の座標を持っている点です。

鎖線の四角形の角に合わせて線が引けた

2 端点から線を引く

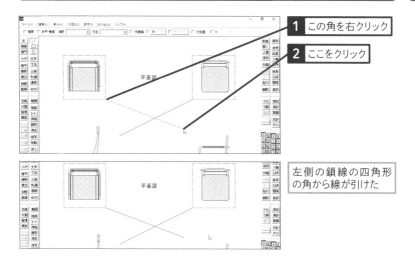

1 この角を右クリック

2 ここをクリック

左側の鎖線の四角形の角から線が引けた

3 端点から端点に線を引く

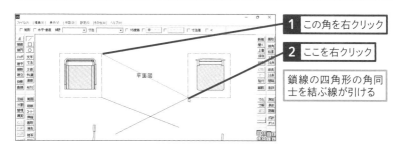

1 この角を右クリック

2 ここを右クリック

鎖線の四角形の角同士を結ぶ線が引ける

💡 使いこなしのヒント

[点がありません] と表示された場合は

線の始点または終点を指示するときに、図面上の端点や交点にマウスポインターを合わせ右クリックすることで、その点を読み取り、始点または終点とします。右クリックしたとき、[点がありません] と表示されるのは、近くに読み取れる点がないためです。マウスポインターを目的の点にさらに近づけて再度右クリックしてください。

点がありません

何もないところを右クリックするとマウスポインターのすぐ側に [点がありません] と表示される

レッスン

08 円を描くには

円の作図　　　　　　　　　　　**練習用ファイル**　L08_円の作図.jww

[円] コマンドで円の中心点と円周上の位置を指示することで円を作図します。
クリックと右クリックの使い分けは線の作図と同じで、何もない位置を指示する
にはクリック、図面上の端点や交点などを指示するには右クリックします。

第1章

Jw_cadの基礎を学ぼう

1　交点から円を描く

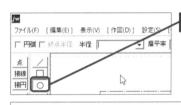

1 [円] をクリック

2 線の交点を右クリック

3 ここをクリック

使いこなしのヒント

手順1の円は大まかな半径になる

操作2と操作3の距離がこの円の半径になります。操作3で適当な位置をクリックしたため、作図したこの円を消して、もう1度同じ円を描くということは、まずできません。

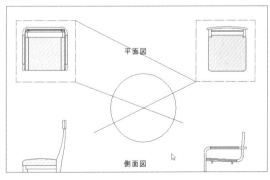

線の交点を中心とし、操作3で指定した点までの距離を半径とする円が描けた

できる

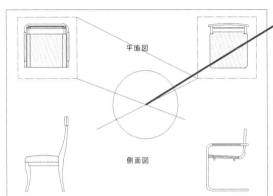

平面図

側面図

1 線の交点を
右クリック

手順1の円と同じ中心
点を選択できる

用語解説

交点

2つの線・円・円弧
が交差する位置には
「X,Y」の座標を持った
「交点」と呼ぶ点がで
きます。

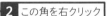

2 この角を右クリック

手順1の円と同じ中心
点で左側の鎖線の四
角形の角に接する円を
描けた

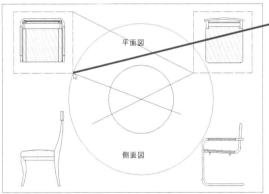

平面図

側面図

使いこなしのヒント

**手順2の円は
一定の半径になる**

手順2の操作2では円
周上の位置として、作
図済みの線の端点を右
クリックしました。結果
として、操作1と操作2
の距離がこの円の半径
になります。円周上の
位置を右クリックで指
示して作図したため、
手順1で作図した円と
は異なり、この円を消
して、同じ円を描くこ
とは容易にできます。

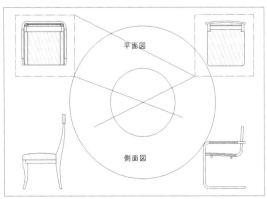

平面図

側面図

09 線・円・文字を 消去するには

消去コマンド　　　　　　　　　　　L09_消去コマンド.jww

［消去］コマンドを選択し、線や円、文字を右クリックして消します。［消去］コマンドには、［線］［円］コマンドとは違う、クリックと右クリックの使い分けがあります。一部分を消すにはクリック、丸ごと消すには右クリックです。

1 線を消去する

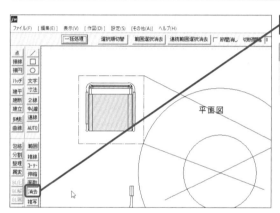

1 ［消去］をクリック

💡 使いこなしのヒント

交差している部分は避けよう

消去対象を右クリックする際は、他の線や円と交差している付近は避け、確実に対象を指示できる位置で右クリックしてください。

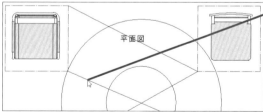

2 この線を右クリック

線が消去された

2 文字を消去する

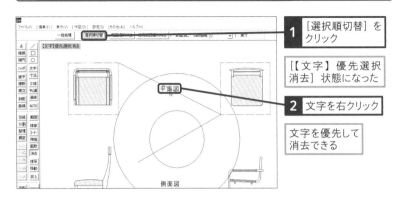

1 [選択順切替]を
クリック

[【文字】優先選択
消去]状態になった

2 文字を右クリック

文字を優先して
消去できる

3 円を消去する

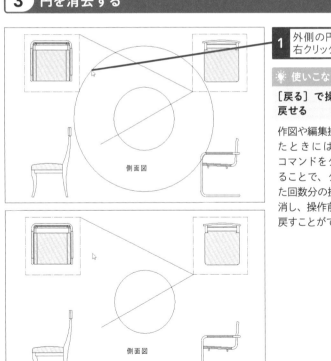

1 外側の円を
右クリック

※ 使いこなしのヒント

**[戻る]で操作を元に
戻せる**

作図や編集操作を誤っ
たときには、[戻る]
コマンドをクリックす
ることで、クリックし
た回数分の操作を取り
消し、操作前の状態に
戻すことができます。

外側の円が消去された

10 線や円の一部を消去するには

部分消去　　　　　　　　　　**練習用ファイル** L10_部分消去.jww

[消去] コマンドで、線や円をクリックすると、その一部分を消します。ここでは、既存の点間を部分消しする [節間消し] と部分消しの範囲2点を指示する方法の2通りの方法を学習しましょう。

1 クリックした部分を消す

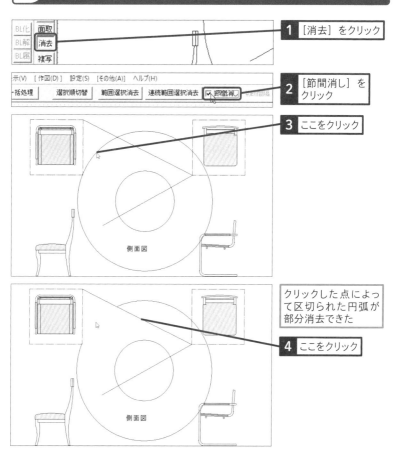

1 [消去] をクリック

2 [節間消し] をクリック

3 ここをクリック

4 ここをクリック

クリックした点によって区切られた円弧が部分消去できた

● クリックした線が消える

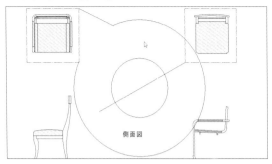

点によって区切られた
線が部分消去できた

側面図

2 円の一部を消す

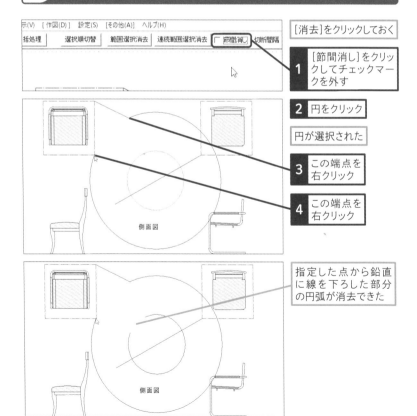

示(V) [作図(D)] 設定(S) [その他(A)] ヘルプ(H)

括処理 | 選択順切替 | 範囲選択消去 | 連続範囲選択消去 | □ 節間消し | 切断間隔

[消去]をクリックしておく

1 [節間消し]をクリックしてチェックマークを外す

2 円をクリック

円が選択された

3 この端点を右クリック

4 この端点を右クリック

側面図

指定した点から鉛直に線を下ろした部分の円弧が消去できた

側面図

スキルアップ

右クリックをマスターしよう

この章では、Jw_cadに不可欠な基本操作を学習しました。マウスの両ドラッグで図面の一部を拡大表示するズーム操作、選択コマンドによって異なるクリックと右クリックの使い分けは特に重要です。慣れるまでは、Jw_cadのステータスバーに表示される操作メッセージで、クリック（L）と右クリック（R）の使い分けを確認するようにしましょう。特に点を指示する際のクリックと右クリックの使い分けは、他の多くのコマンドで共通です。正確な図面を作図するには右クリックは欠かせません。

● 右クリックで読み取りできる点

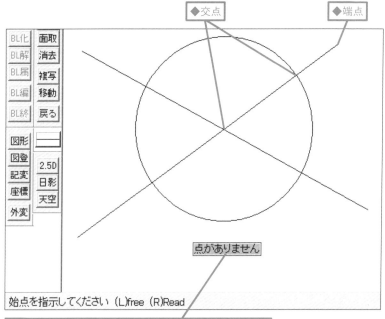

何もない位置や線、円の上など読み取れる点がない場所で
右クリックするとこのように表示される

基本編

第2章

長さや角度を指定して作図しよう

正確な図面を作図するためには、長さ、間隔などの寸法の指定が不可欠です。この章では、寸法が指定された完成見本図と同じ図を作図する練習を通して、長さや角度を指定して作図する方法を学習しましょう。

11 長さと角度を指定した線を描こう

寸法と角度　　　　　　　　　　　　　　練習用ファイル　　L11_寸法と角度.jww

練習用ファイルを開き、左上の図を拡大表示して、完成見本と同じ寸法の三角形を作図しましょう。作図する線の長さや角度は、[線]コマンドのコントロールバー[寸法][傾き]ボックスに数値入力することで指定します。

1　水平な線を引く

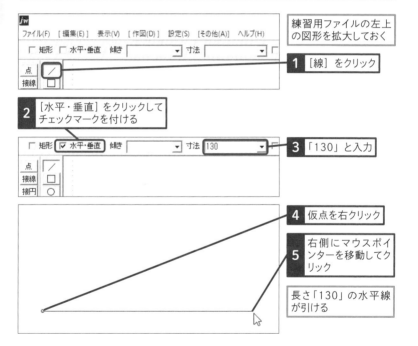

練習用ファイルの左上の図形を拡大しておく

1 [線]をクリック

2 [水平・垂直]をクリックしてチェックマークを付ける

3 「130」と入力

4 仮点を右クリック

5 右側にマウスポインターを移動してクリック

長さ「130」の水平線が引ける

使いこなしのヒント

必要な箇所を拡大表示して使う

このレッスンで開く練習用ファイルでは、用紙を区切って、4つの練習課題が用意されています。レッスン06で学習した両ド　ラッグ操作で、適宜必要な個所を拡大表示してください。

2 角度70°の斜線を引く

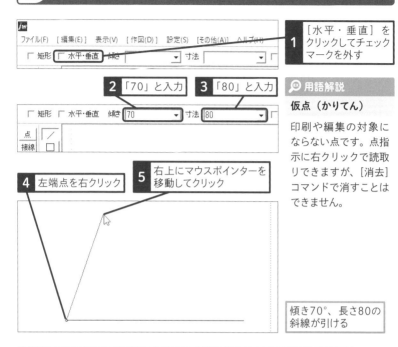

1 [水平・垂直] をクリックしてチェックマークを外す

2 「70」と入力

3 「80」と入力

4 左端点を右クリック

5 右上にマウスポインターを移動してクリック

傾き70°、長さ80の斜線が引ける

用語解説

仮点（かりてん）

印刷や編集の対象にならない点です。点指示に右クリックで読取りできますが、[消去]コマンドで消すことはできません。

3 三角形を完成する

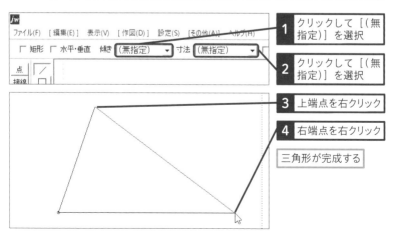

1 クリックして [（無指定)] を選択

2 クリックして [（無指定)] を選択

3 上端点を右クリック

4 右端点を右クリック

三角形が完成する

12 線を平行複写しよう

動画で見る

平行複写　　　　　　　　　　　**練習用ファイル**　L12_平行複写.jww

用紙右上の図を拡大表示し、底辺と左辺を指定間隔で平行複写しましょう。線・円の平行複写は、[複線]コマンドで間隔を指定して行います。図面作図では、頻繁に利用する機能ですので、確実に覚えてください。

1 水平線を平行複写する

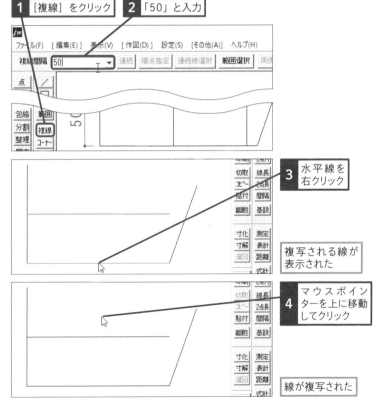

練習用ファイルの右上の図形を拡大しておく

1 [複線]をクリック　　**2** 「50」と入力

3 水平線を右クリック

複写される線が表示された

4 マウスポインターを上に移動してクリック

線が複写された

● もう1本線を複写する

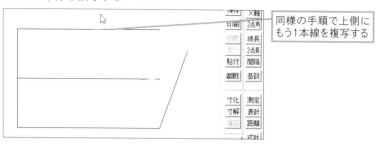

同様の手順で上側に
もう1本線を複写する

2 垂直線を平行複写する

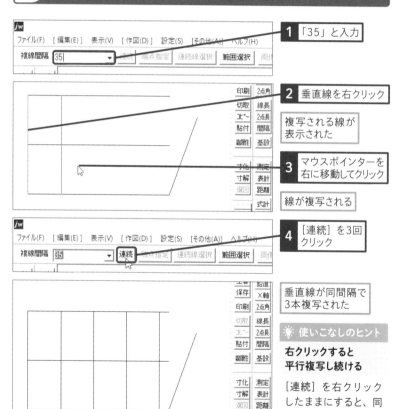

1 「35」と入力

複線間隔 [35]

2 垂直線を右クリック

複写される線が
表示された

3 マウスポインターを
右に移動してクリック

線が複写される

4 [連続]を3回
クリック

複線間隔 [35] [連続]

垂直線が同間隔で
3本複写された

💡 使いこなしのヒント

**右クリックすると
平行複写し続ける**

[連続]を右クリック
したままにすると、同
方向、同間隔に線を平
行複写し続けます。

13 線を伸縮しよう

動画で見る

線の伸縮　　　　　　　　　　　　**練習用ファイル**　L13_線の伸縮.jww

レッスン12で平行複写した線を伸縮して、完成見本の形にしましょう。線の伸縮は、[伸縮]コマンドを選択し、伸縮する位置と伸縮する線を指示します。基準線を決めて伸縮する方法と対象線を指示後に伸縮位置を指示する方法があります。

基本編　第2章　長さや角度を指定して作図しよう

1　斜線まで水平線を伸ばす

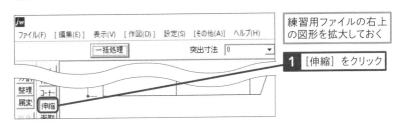

練習用ファイルの右上の図形を拡大しておく

1 [伸縮]をクリック

● 中央の線を伸ばす

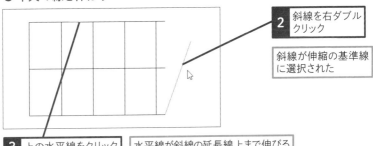

2 斜線を右ダブルクリック

斜線が伸縮の基準線に選択された

3 上の水平線をクリック　　水平線が斜線の延長線上まで伸びる

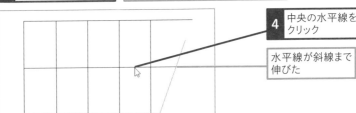

4 中央の水平線をクリック

水平線が斜線まで伸びた

2 基準線を変更して垂直線を縮める

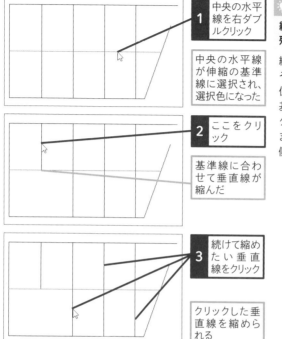

1 中央の水平線を右ダブルクリック

中央の水平線が伸縮の基準線に選択され、選択色になった

2 ここをクリック

基準線に合わせて垂直線が縮んだ

3 続けて縮めたい垂直線をクリック

クリックした垂直線を縮められる

◎ 使いこなしのヒント

縮める場合は残す側をクリックする

線を縮める場合には、その線をクリックする位置が重要です。伸縮基準線に対して、クリックした側を残して縮みます。指示は必ず残す側をクリックしましょう。

3 斜線を上辺端点まで伸ばす

1 [伸縮] をクリック

2 斜線をクリック

3 上の線の右端点を右クリック

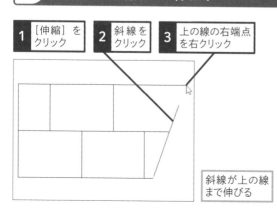

斜線が上の線まで伸びる

◎ 使いこなしのヒント

[伸縮] をもう一度実行する

基準線は伸縮基準線を変更するか、他のコマンドを選択するまで有効です。ここでは、現在の基準線は使わずに、別の方法で伸縮をするため、[伸縮] コマンドを選択し直します。

作図する線の色と種類を変更しよう

線色と線種　　　　　　　**練習用ファイル**　L14_線色と線種.jww

用紙左下の図を拡大表示し、一点鎖線の長方形を完成させましょう。ここまで作図した線は黒の実線です。これから青い一点鎖線で作図するため、作図前に[線属性]コマンドで書込線の線色と線種を変更しましょう。

1 線色と線種を変更する

練習用ファイルの左下の図形を拡大しておく

1 [線属性]をクリック

[線属性]画面が表示された

2 [線色6]をクリック

3 [一点鎖2]をクリック

4 [OK]をクリック

描画する線の色と種類が変更された

💬 用語解説

書込線（かきこみせん）

作図する線・円の線色と線種を指定したもので、ツールバーの[線属性]バーに現在選択されている色と線種が表示されています。

☀️ 使いこなしのヒント

線の太さは8種類設定できる

[線色1]から[線色8]までの8色を使いわけることで線の太さを描き分けます。線色ごとに印刷する太さ（印刷線幅）が設定されており、いつでも変更できます。次に作図する線の太さに合わせ、線色を指定します。[補助線色]は印刷されない色です。

2 下辺、右辺を平行複写する

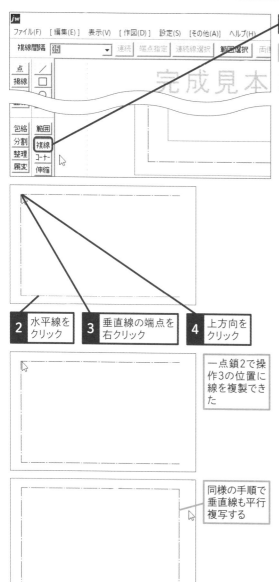

1 [複線] をクリック

**[複線間隔] は
空白でも操作できる**

[複線] コマンドでは、複写先までの間隔が分からなくとも、正確な位置に平行複写できます。複写する線をクリックすると、コントロールバー [複線間隔] ボックスが空白になります。操作メッセージは [間隔を入力するか、複写する位置(L) free (R) Readを指定してください] と表示されます。ここで間隔を入力せずに、図面上の点を右クリックすると、手順2の操作2でクリックした線から手順2の操作3で右クリックした点までの間隔を[複線間隔]ボックスに自動入力(取得)し、その位置に赤い複写線のプレビューが表示されます。

2 水平線をクリック

3 垂直線の端点を右クリック

4 上方向をクリック

一点鎖2で操作3の位置に線を複製できた

同様の手順で垂直線も平行複写する

交差した線の角を
作成しよう

交差コーナー　　　　　　　　　　**練習用ファイル**　L15_交差コーナー.jww

続けて用紙左下の図の続きを作図します。[複線] コマンドで一点鎖線の長方形の各辺を内側に15mm平行複写し、角を作成して、長方形に整形しましょう。角の作成は [コーナー] コマンドで2本の線を指示します。

1　線色7の実線に変更する

レッスン14を参考に [線属性] 画面を表示しておく

1 [線色7] をクリック　　**2** [実線] をクリック

線属性	✕
□ SXF対応拡張線色・線種	

線 色 1	✓ ───────	実　　線
線 色 2	··············	点 線 1
線 色 3	------------	点 線 2
線 色 4	— — — —	点 線 3
線 色 5	─ · ─ · ─	一点鎖 1
線 色 6	─ ·· ─ ··	一点鎖 2
✓ 線 色 7	─ ·· ─ ··	二点鎖 1
線 色 8	— ·· — ··	二点鎖 2
補助線色	··············	補助線種

Ok

①～⑨キー:ランダム線　⑥～⑩キー:倍長線種

キャンセル

3 [OK] をクリック

> ⏱ **時短ワザ**
>
> **[線色2] の [実線] に
> すぐに変更するには**
>
> 書込線を [線色2] の
> [実線] にする場合に
> 限り、[線属性] バー
> を右クリックすること
> でも、[線色2] の [実
> 線] に変更できます。

2　垂直線、水平線を内側に複写する

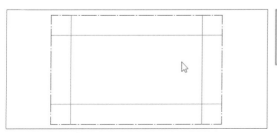

> レッスン12を参考に
> [複線間隔] を「15」
> にして垂直線、水平線
> を内側に複写する

3　コーナーを処理する

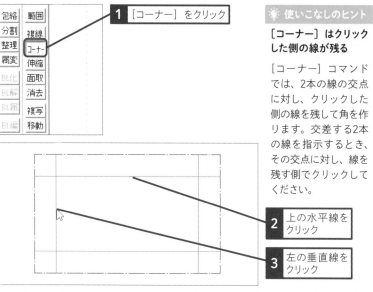

包絡	範囲
分割	複線
整理	コーナー
属変	伸縮
BL化	面取
BL解	消去
BL属	複写
BL編	移動

1 [コーナー] をクリック

**[コーナー] はクリック
した側の線が残る**

[コーナー] コマンド
では、2本の線の交点
に対し、クリックした
側の線を残して角を作
ります。交差する2本
の線を指示するとき、
その交点に対し、線を
残す側でクリックして
ください。

2 上の水平線を
クリック

3 左の垂直線を
クリック

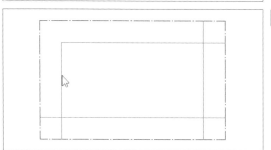

コーナー形状に処理された

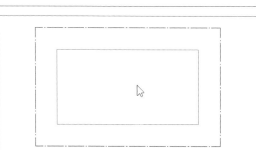

同様の手順で他の3つの角
もコーナーに変更する

16 外側にも長方形を作図しよう

分離コーナー

練習用ファイル L16_分離コーナー.jww

続けて、一点鎖線の長方形から10mm外側にも長方形を作図します。レッスン15同様、[複線] コマンドと [コーナー] コマンドを使って作図しますが、[複線] コマンドの使い方で、レッスン15よりも手間を省いて作図できます。

基本編 第2章 長さや角度を指定して作図しよう

1 角を作成しながら平行複写する

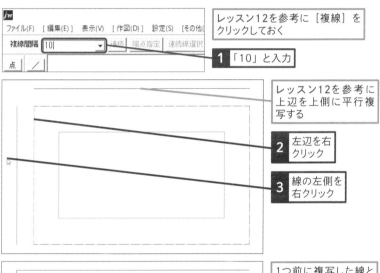

レッスン12を参考に [複線] をクリックしておく

1 「10」と入力

レッスン12を参考に上辺を上側に平行複写する

2 左辺を右クリック

3 線の左側を右クリック

1つ前に複写した線と角が作成された

💡 **使いこなしのヒント**

作図方向を指示する

連続して複線を作図する場合、2本目以降は作図方向を右クリックで指示します。それにより、1つ前の複線との交点に角を作成します。

● 他の辺も複写する

同様の手順で下辺と
右辺も角を作成しなが
ら複写する

🔆 使いこなしのヒント

**最初に複写した線には
角が作成されない**

最初に複写した上辺と
最後に複写した右辺の
角は自動的には作成さ
れません。[コーナー]
コマンドを使って角を
作りましょう。

2 コーナーをつなげる

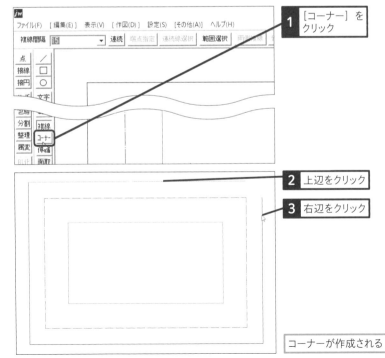

1 [コーナー]を
クリック

2 上辺をクリック

3 右辺をクリック

コーナーが作成される

17 半径を指定して円を作ろう

半径の指定　　　　　　　　　　　　　　**練習用ファイル**　L17_半径の指定.jww

用紙右下の図を拡大表示し、半径20mmの円を完成見本のように作図しましょう。指定半径の円は、[円]コマンドのコントロールバー[半径]ボックスに半径を指定することで作図します。

1 線属性を変更する

1 ここを右クリック

線属性が[線色2][実線]に切り替わった

2 中央に半径20の円を描く

1 [円]をクリック　　**2**「20」と入力

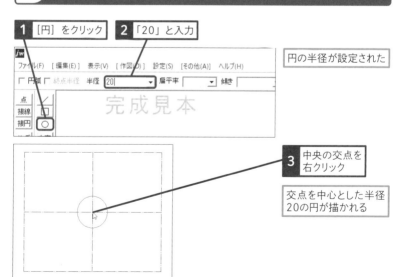

円の半径が設定された

3 中央の交点を右クリック

交点を中心とした半径20の円が描かれる

3 基点を変更した円を描く

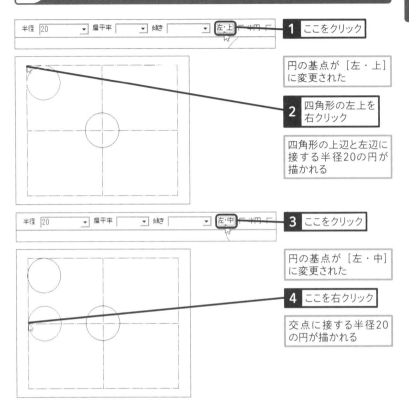

半径 20 ▼ 偏平率 ▼ 傾き ▼ 左・上 半円

1 ここをクリック

円の基点が[左・上]に変更された

2 四角形の左上を右クリック

四角形の上辺と左辺に接する半径20の円が描かれる

半径 20 ▼ 偏平率 ▼ 傾き ▼ 左・中 半円

3 ここをクリック

円の基点が[左・中]に変更された

4 ここを右クリック

交点に接する半径20の円が描かれる

使いこなしのヒント

円の基点の位置を覚えよう

プレビュー表示の円に対するマウスポインターの位置を[基点]と呼びます。コントロールバー[基点]ボタンをクリックする都度、左回りで下図の9カ所に基点が変更されます。右クリックすると右回りで変更されます。

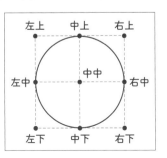

左上 中上 右上
左中 中中 右中
左下 中下 右下

18 寸法を指定して長方形を作ろう

長方形の寸法指定　　　　　　　　　　**練習用ファイル**　L18_長方形の指定.jww

レッスン17に続けて、同じ図に横40mm、縦20mmの長方形を作図しましょう。
［矩形］コマンドで、寸法を指定した長方形を作図する場合、長方形のどこを
指示点に合わせるかを指示しますが、指示方法は円の場合とは異なります。

1 左下角に長方形を作図する

1 ［矩形］をクリック　　　**2** 「40,20」と入力

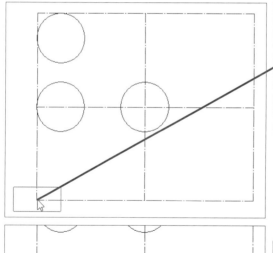

四角形の横が「40」、縦が「20」に設定された

3 基準点としてここの角を右クリック

🔎 用語解説

矩形（くけい）

4つの角が直角の四角形、長方形のことです。Jw_cadの［矩形］コマンドは、長方形（正方形を含む）を作図するコマンドです。

4 マウスカーソルを移動

5 操作3の点に左下角をあわせてクリック

● 長方形を描画する

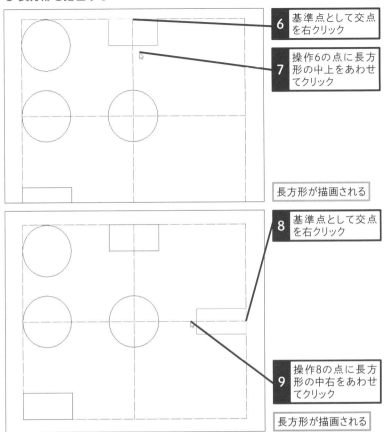

6 基準点として交点を右クリック

7 操作6の点に長方形の中上をあわせてクリック

長方形が描画される

8 基準点として交点を右クリック

9 操作8の点に長方形の中右をあわせてクリック

長方形が描画される

☀ 使いこなしのヒント

長方形の基点を覚えよう

指定寸法の長方形は、[矩形] コマンドで、[寸法] ボックスに横寸法と縦寸法を [,] (カンマ) で区切って入力することで作図します。はじめに長方形の基準点を合わせる位置を指示し、マウスポインターを移動してプレビュー表示の長方形の右図9か所のいずれかを指示した点に合わせてクリックして確定します。

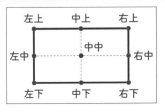

19 長さや幅を測定しよう

測定　　　　　　　　　　　　　　**練習用ファイル**　L19_測定.jww

用紙左下の図を拡大し、作図した図の各部の長さや幅を測定してみましょう。
図面上の長さや距離は、[測定] コマンドの [距離測定] で、2点を右クリック
で指示することで測定できます。

1　長さを測定する

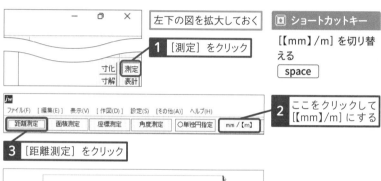

左下の図を拡大しておく

1 [測定] をクリック

寸化｜測定
寸解｜表計

2 ここをクリックして
[【mm】/m] にする

ファイル(F)　[編集(E)]　表示(V)　[作図(D)]　設定(S)　[その他(A)]　ヘルプ(H)

| 距離測定 | 面積測定 | 座標測定 | 角度測定 | ○単独円指定 | mm／【m】 |

3 [距離測定] をクリック

🔲 **ショートカットキー**

[【mm】/m] を切り替
える
space

4 この角を
右クリック

5 この角を
右クリック

6 この角を
右クリック

☀ 使いこなしのヒント

測定単位を切り替えられる

コントロールバーの [mm/【m】] ボタ
ンでは、測定の単位（mmとm）を切り
替えます。【　】が付いている方が現在
の測定単位です。

● ステータスバーに表示された長さを確認する

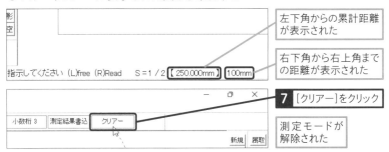

左下角からの累計距離が表示された

右下角から右上角までの距離が表示された

指示してください (L)free (R)Read　S=1／2〖250.000mm〗〖100mm〗

7 [クリアー]をクリック

小数桁 3　測定結果書込　クリアー　　　　　　　　　　　新規　属取

測定モードが解除された

2 幅を測定する

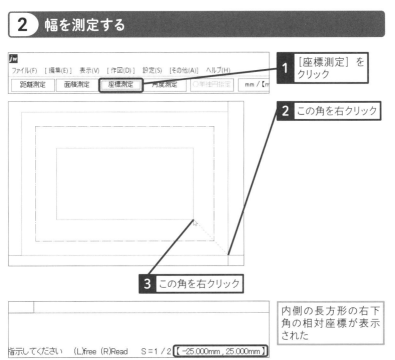

1 [座標測定] をクリック

jw
ファイル(F)　[編集(E)]　表示(V)　[作図(D)]　設定(S)　[その他(A)]　ヘルプ(H)
距離測定　面積測定　座標測定　角度測定　○単牽円指定　mm／【m

2 この角を右クリック

3 この角を右クリック

指示してください　(L)free (R)Read　S=1／2〖-25.000mm , 25.000mm〗

内側の長方形の右下角の相対座標が表示された

🔆 使いこなしのヒント

続けて右クリックして測定する

[距離測定] では、続けて点を右クリックすることで、直前の点からの距離と始めの点からの累計距離を測定します。他の　個所を測定するには、コントロールバー [クリアー] ボタンをクリックします。

スキルアップ

任意サイズの長方形を作図するには

図面の一部を長方形の枠で囲みたい場合など、長方形の横、縦の寸法を入力せずに、その対角位置を指示して長方形を作図できます。

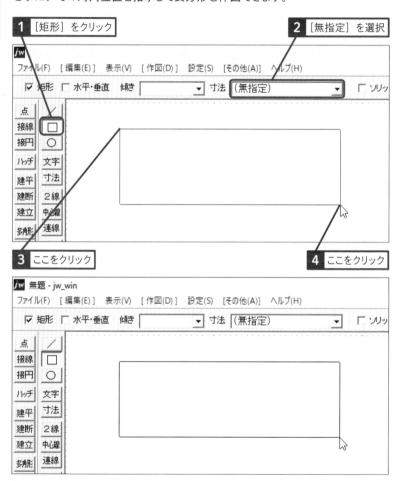

1 [矩形] をクリック

2 [無指定] を選択

3 ここをクリック

4 ここをクリック

任意サイズの長方形が作図できた

基本編

第**3**章

家具の平面図を
作図しよう

この章ではまず練習用図面ファイルを開き、これから作
図する家具平面図の姿図部分を印刷します。この章で
は、これまでに学習した基本的な作図機能と新しく学習
する機能を使って家具の平面図を作図しましょう。

20 図面の左半分を印刷しよう

印刷 | 練習用ファイル L20_印刷.jww

このレッスンで使う練習用ファイルは、A3用紙サイズに作図されており、その左半分には、これから作図する家具の姿図と各部の寸法が作図されています。練習用ファイルを開き、その左半分を縦置きのA4用紙に印刷しましょう。

1 プリンターの設定をする

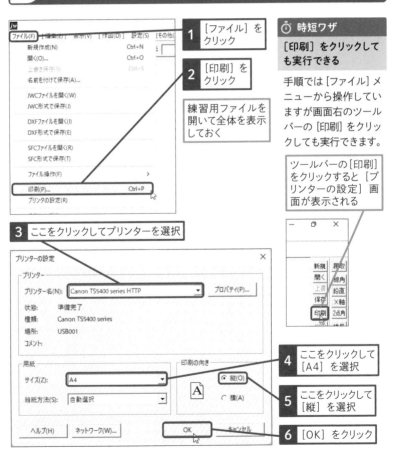

1 [ファイル] をクリック

2 [印刷] をクリック

練習用ファイルを開いて全体を表示しておく

3 ここをクリックしてプリンターを選択

4 ここをクリックして [A4] を選択

5 ここをクリックして [縦] を選択

6 [OK] をクリック

⏱ 時短ワザ

[印刷] をクリックしても実行できる

手順では [ファイル] メニューから操作していますが画面右のツールバーの [印刷] をクリックしても実行できます。

ツールバーの [印刷] をクリックすると [プリンターの設定] 画面が表示される

2 印刷範囲を設定して印刷する

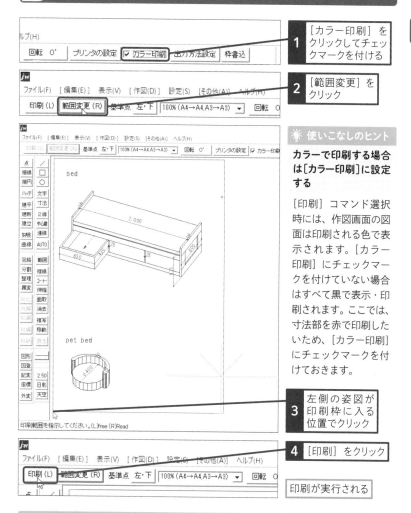

1 [カラー印刷] をクリックしてチェックマークを付ける

2 [範囲変更] をクリック

☀ 使いこなしのヒント

カラーで印刷する場合は[カラー印刷]に設定する

[印刷] コマンド選択時には、作図画面の図面は印刷される色で表示されます。[カラー印刷] にチェックマークを付けていない場合はすべて黒で表示・印刷されます。ここでは、寸法部を赤で印刷したいため、[カラー印刷]にチェックマークを付けておきます。

3 左側の姿図が印刷枠に入る位置でクリック

4 [印刷] をクリック

印刷が実行される

☀ 使いこなしのヒント

印刷枠は赤で表示される

手順1の操作6を実行すると縦置きのA4用紙の範囲を示す赤い印刷枠が表示されます。印刷枠はプリンターの機種により 大きさが異なります。このレッスンでは図面の左半分を印刷するため、印刷枠を左側に移動します。

21 ベッドの外形線を作図しよう

外形線　　　　　　　　　　　　　　**練習用ファイル**　L21_外形線.jww

用紙右上にベッド平面図の外形として、マットの長さ2000mmにヘッドボードの厚み25mmとフットボードの厚み25mmを足した長さ×幅800mmの長方形を作図し、そこからヘッドボードとフットボードの線を作図しましょう。

1 外形の長方形を作図する

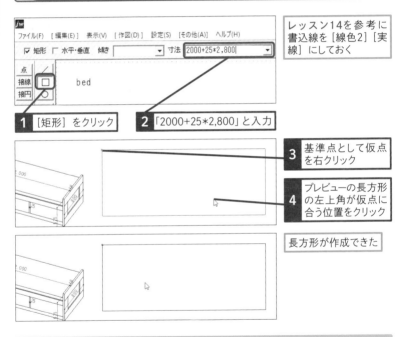

レッスン14を参考に書込線を[線色2][実線]にしておく

1 [矩形] をクリック

2 「2000+25*2,800」と入力

3 基準点として仮点を右クリック

4 プレビューの長方形の左上角が仮点に合う位置をクリック

長方形が作成できた

☀ 使いこなしのヒント

数値入力ボックスに計算式を入力できる

コントロールバーの数値入力ボックスに計算式を入力することで、その計算結果を入力できます。計算式の＋（プラス）と－（マイナス）はそのまま［＋］と［－］を入力します。×（かける）は［＊］（アスタリスク）を、÷（割る）は［/］（スラッシュ）を入力します。入力後に Enter キーを押すと計算結果が表示されます。

2 ヘッドボードとフットボードを作図する

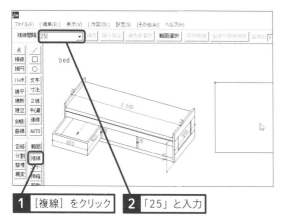

1 [複線] をクリック

2 「25」と入力

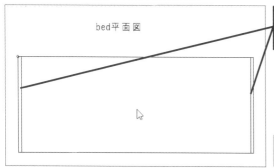

3 レッスン12を参考に左辺と右辺を長方形の内側に複写

bed平面図

ベッドの外形線が作図できた

使いこなしのヒント

図面を上書き保存するには

ここまで作図した図面を上書き保存しましょう。上書き保存は、右側のツールバーの [上書] をクリックするか、あるいはメニューバー [ファイル] をクリックし、プルダウンメニューの [上書き保存] をクリックします。また、[Ctrl]キーを押したまま、[S]キーを押すことでも上書き保存できます。

1 [上書] をクリック

ファイルが上書き保存される

22 引き出しを作図しよう

引き出しの作図　　　**練習用ファイル**　L22_引き出し作図.jww

ベッド下には、引き出し収納があります。家具を部屋に配置する際、引き出しを最大限引き出した場合、どの程度のスペースが必要かを把握するため、引き出しを引き出した状態の外形線を［線色6］の［二点鎖線］で作図しましょう。

基本編　第3章　家具の平面図を作図しよう

1 書込線を設定する

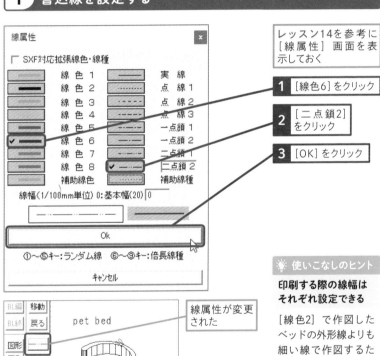

レッスン14を参考に［線属性］画面を表示しておく

1 ［線色6］をクリック

2 ［二点鎖2］をクリック

3 ［OK］をクリック

線属性が変更された

☀ 使いこなしのヒント

印刷する際の線幅はそれぞれ設定できる

［線色2］で作図したベッドの外形線よりも細い線で作図するため、［線色6］を選択します。線色ごとの印刷線幅は、［基本設定］画面の［色・画面］タブで指定・変更できます（レッスン50で紹介）。

2 引き出しを作図する

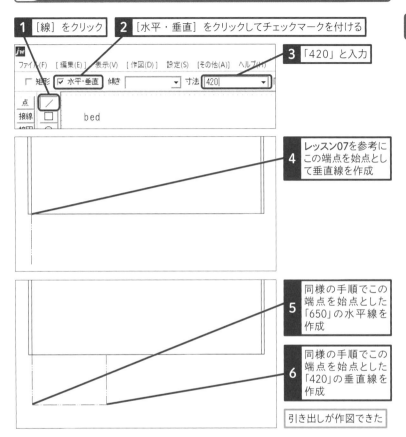

1 [線] をクリック　　**2** [水平・垂直] をクリックしてチェックマークを付ける

3 「420」と入力

ファイル(F)　[編集(E)]　表示(V)　[作図(D)]　設定(S)　[その他(A)]　ヘルプ(H)

□ 矩形　☑ 水平・垂直　傾き [　　　　▼] 寸法 [420　　　▼]

点　接線　bed

4 レッスン07を参考に この端点を始点として垂直線を作成

5 同様の手順でこの端点を始点とした「650」の水平線を作成

6 同様の手順でこの端点を始点とした「420」の垂直線を作成

引き出しが作図できた

※ 使いこなしのヒント

線色、線種の使い分けを覚えよう

Jw_cadにおいて、線色は太線、中線、細線などの線の太さの区別で、加えてカラー印刷時の色の区別も兼ねます。線種の使い分けは、手描きの図面と同じです。

※ 使いこなしのヒント

入力した履歴が参照できる

前に入力した数値は、コントロールバー [寸法] ボックスの▼をクリックして表示される履歴リストからクリックで選択できます。

23 引き出しを複写しよう

動画で見る

図の複写　　　　　　　　　　**練習用ファイル**　L23_引き出し複写.jww

CADでの作図では、同じ図を2度描く必要はありません。残り2つの引き出しは、レッスン22で作図した引き出しを複写することで作図します。[範囲]コマンドで引き出しの線3本を操作対象として選択した後、[複写]コマンドで複写します。

基本編　第**3**章　家具の平面図を作図しよう

1 引き出しを選択する

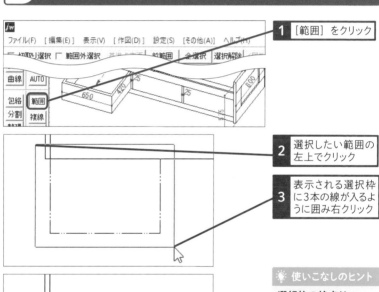

1　[範囲]をクリック

2　選択したい範囲の左上でクリック

3　表示される選択枠に3本の線が入るように囲み右クリック

引き出しが選択され、自動的に決められた基準点に点が表示される

🔅 使いこなしのヒント

選択枠の終点は右クリックで指定する

選択枠の終点は、右クリックと覚えておきましょう。この図ではクリック、右クリックいずれでも同じですが、文字を対象に含む場合にはクリックでは文字を選択できません。

2 引き出しを複写する

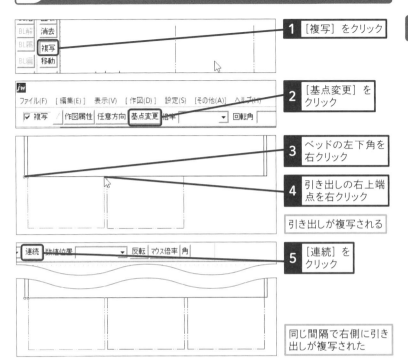

BL解 消去
BL属 複写
BL編 移動

1 [複写] をクリック

```
jw
ファイル(F)  [編集(E)]  表示(V)  [作図(D)]  設定(S)  [その他(A)]  ヘルプ(H)
☑ 複写  /作図属性 任意方向 基点変更 倍率          ▼ 回転角
```

2 [基点変更] を クリック

3 ベッドの左下角を 右クリック

4 引き出しの右上端 点を右クリック

引き出しが複写される

```
連続 数値位置          ▼ 反転 マウス倍率 角
```

5 [連続] を クリック

同じ間隔で右側に引き 出しが複写された

※ 使いこなしのヒント

基準点を変更する

[複写] コマンドを選択すると、自動的に 決められた基準点にマウスポインターを 合わせ、引き出しが赤でプレビュー表示 されます。この自動的に決められた基準 点では正確な位置に複写できないため、 手順2の操作2〜3を行い、基準点を変 更します。

※ 使いこなしのヒント

連続して複写できる

他のコマンドを選択するまでは、次の複 写先を指示することで同じ複写対象（選 択色で表示）を続けて複写できます。複 写が完了したら、[線] コマンドを選択し て [複写] コマンドを終了しましょう。

[線] をクリックして [複写] を終了する

```
☑ 複写  /作図属性 任意方向 基点変更 倍率          ▼
点
接線
```

24 補助線で円弧を作成しよう

補助線　　　　　　　　　　　　　　　　**練習用ファイル** L24_補助線.jww

このレッスンではペット用ベッドを作図します。はじめに中心の半径200mmの円を作図します。続けて、外側の円弧を作図するために必要な点を作成するための補助として、印刷されない補助線種で2つの円弧を作図しましょう。

1 実線で円を作図する

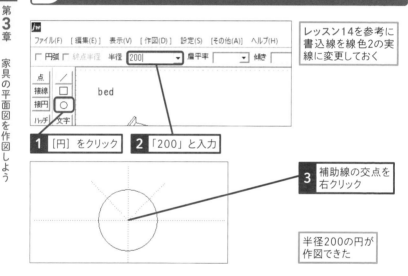

レッスン14を参考に書込線を線色2の実線に変更しておく

1 [円] をクリック

2 「200」と入力

3 補助線の交点を右クリック

半径200の円が作図できた

2 書込線を補助線種にする

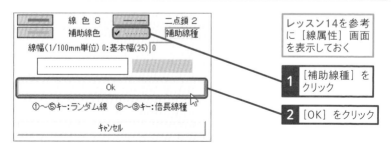

レッスン14を参考に [線属性] 画面を表示しておく

1 [補助線種] をクリック

2 [OK] をクリック

3 補助線で円弧を作図する

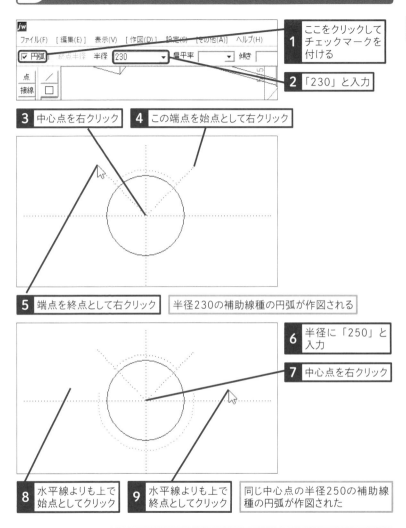

1 ここをクリックしてチェックマークを付ける

2 「230」と入力

3 中心点を右クリック

4 この端点を始点として右クリック

5 端点を終点として右クリック ／ 半径230の補助線種の円弧が作図される

6 半径に「250」と入力

7 中心点を右クリック

8 水平線よりも上で始点としてクリック

9 水平線よりも上で終点としてクリック ／ 同じ中心点の半径250の補助線種の円弧が作図された

💡 使いこなしのヒント

円弧の作図に限り右回りでも指示ができる

円周上の2点を指示する場合、始点→終点は左回り(反時計回り)で指示することが原則ですが、円弧の作図に限り、左回り、右回りのいずれでも指示が可能です。

25 中心点を指示せずに 円弧を作図しよう

3点指示　　　　　　　　　　　　　練習用ファイル　L25_3点指示.jww

中心点を指示しなくとも、円周上の何点かを指示することで、円弧を作図できます。ここでは、レッスン24で作図した補助線の交点を利用して、指示した3点を通る円弧や半円を作図しましょう。

1 3点指示で円弧を作図する

レッスン24を参考に［円］をクリックしておく	レッスン14を参考に書込線を［線色2］［実線］にしておく

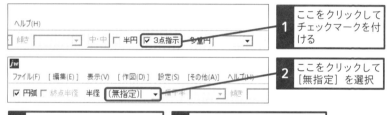

1 ここをクリックしてチェックマークを付ける

2 ここをクリックして［無指定］を選択

3 始点として水平線左の補助線の交点を右クリック

4 終点として水平線右の補助線の交点を右クリック

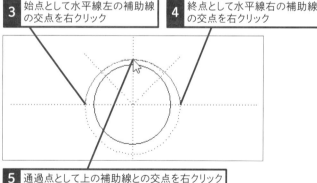

5 通過点として上の補助線との交点を右クリック

☀ 使いこなしのヒント

作図前に書込線を変更しておく

作図前に書込線を変更するのを忘れないようにしましょう。［線属性］バーを右クリックすることで、［線色2］の［実線］になります。

● 描画結果を確認する

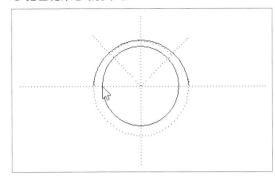

円弧を作図できた

💡 使いこなしのヒント

3点を通る円も作図できる

コントロールバー[円弧]にチェックマークを付けずに[3点指示]にチェックマークを付けた場合には、指示する3点を通る円を作図します。

2 破線で半円を作図する

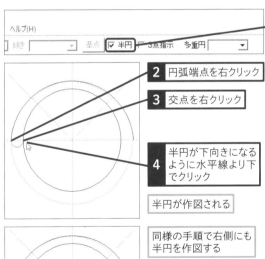

ヘルプ(H)

傾き [▼] 基点 [☑ 半円 [3点指示 多重円 [▼]

1 ここをクリックしてチェックマークを付ける

2 円弧端点を右クリック

3 交点を右クリック

4 半円が下向きになるように水平線より下でクリック

半円が作図される

同様の手順で右側にも半円を作図する

💡 使いこなしのヒント

作図した結果を第5章で使う

この章で作図したベッドとペット用ベッドは、第5章で部屋の平面図に家具を配置する際に利用します。手順2の操作後に保存し忘れても、第5章で練習用ファイルとして、これらの完成図が用意されているので心配ありません。

スキルアップ

2点を通る半円も作図できる

コントロールバー［半円］にチェックマークを付けると、指示した2点を直径とする半円を作図します。

レッスン25の手順2操作2 ～ 3で
指示した2点を通る円弧を作図した

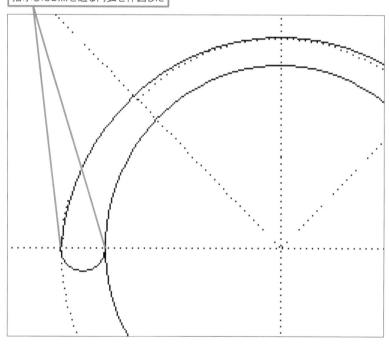

基本編

第 **4** 章

文字や寸法を
書き入れよう

練習用ファイルを開き、［文字］コマンド、［寸法］コマ
ンドを使って、図面上に文字や寸法を記入する方法を
学習します。記入する文字や寸法の大きさ・線色の決
め方は、線や円の作図の場合とは異なります。

26 図面に文字を書き入れよう

書込文字種　　　　　　　　　　　　　　**練習用ファイル**　L26_書込文字種.jww

練習用ファイルの左上の枠部分を拡大表示し、2.5mm角の大きさで表題の文字 [図面] と [尺度] を記入しましょう。文字の大きさは、[文字] コマンドの [書込文字種] ボタンをクリックして指定します。

1 書込文字種を設定する

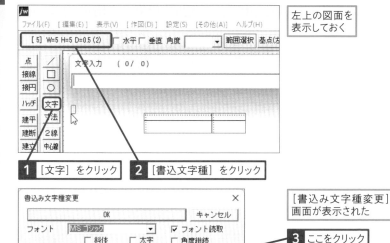

左上の図面を表示しておく

1 [文字] をクリック

2 [書込文字種] をクリック

[書込み文字種変更] 画面が表示された

3 ここをクリック

画面が閉じる

💡 使いこなしのヒント

図寸とは

作図する線の長さ、円の半径などは、実寸（mm）で指定します。それに対し、文字の大きさなどの設定は、印刷する大きさ（図寸mm）で指定します。実寸で半径100mmの円は、縮尺によって、印刷される大きさが異なりますが、図寸で幅20mmの文字は縮尺に関わりなく、同じ大きさで印刷されます。

2 文字を記入する

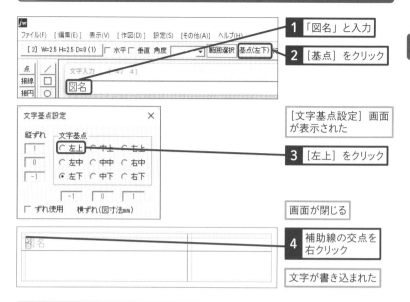

1 「図名」と入力

2 [基点] をクリック

[文字基点設定] 画面が表示された

3 [左上] をクリック

画面が閉じる

4 補助線の交点を右クリック

文字が書き込まれた

3 続けて文字を記入する

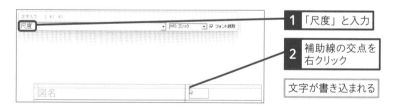

1 「尺度」と入力

2 補助線の交点を右クリック

文字が書き込まれる

使いこなしのヒント

基点は9箇所から選択できる

[文字入力] ボックスに文字を入力すると、入力した文字の大きさを示す外形枠がマウスポインターにプレビュー表示されます。外形枠に対するマウスポインターの位置を [基点] と呼びます。文字の基点は、[文字基点設定] 画面で、右図の9箇所から選択できます。

指示位置からずらして記入しよう

ずれ使用　　　　　　　　　　　　　　**練習用ファイル**　L27_ずれ使用.jww

レッスン26に続けて、表の図名欄と尺度欄に4mm角の［平面図］［1:10］を記入します。ここでは、［文字基点設定］の［ずれ使用］を利用して、枠の右下角から左と上に1mmずらした位置に文字列の右下角が位置するように記入します。

1 文字の位置をずらす設定をする

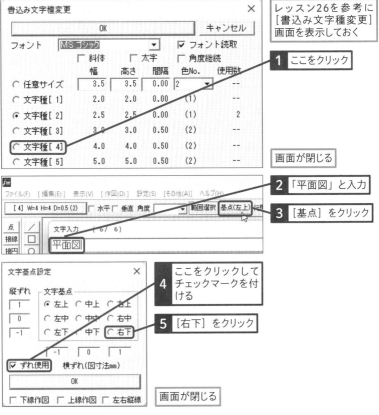

レッスン26を参考に［書込み文字種変更］画面を表示しておく

1 ここをクリック

画面が閉じる

2 「平面図」と入力

3 ［基点］をクリック

ここをクリックして
4 チェックマークを付ける

5 ［右下］をクリック

画面が閉じる

2 文字の位置を指定する

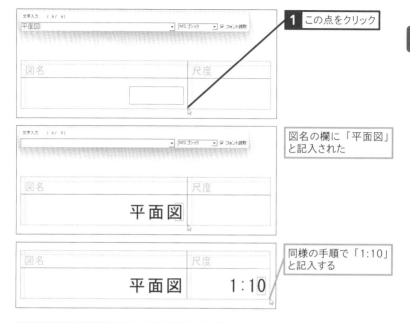

1 この点をクリック

図名の欄に「平面図」と記入された

同様の手順で「1:10」と記入する

使いこなしのヒント

基点からずらした箇所に文字を配置できる

[文字基点設定] 画面の [ずれ使用] にチェックマークを付けることで、基点から [縦ずれ] [横ずれ] ボックスで指定した数値分離れた位置がマウスポインターの位置になります。

使いこなしのヒント

クリックした位置からずれて記入されることを確認しよう

[ずれ使用] にチェックマークを付けずに手順2の操作1で右クリックすると、その点に文字「平面図」の右下を合わせて記入されます。ここでは [ずれ使用] を指定したため、手順2の操作1で右クリックした点から左に図寸1mm、上に図寸1mmの位置に、文字「平面図」の右下を合わせて記入されます。

クリックした点とずれた位置に文字が記入される

28 斜線上に文字を記入しよう

線角　　　　　　　　　　　　　　　　　　　練習用ファイル　L28_線角.jww

用紙上中央の斜線上に文字を記入しましょう。文字を傾けて記入するには、コントロールバー [角度] ボックスに角度を入力します。作図済みの斜線の角度が不明な場合、[線角] コマンドで、斜線の角度を [角度] ボックスに取得します。

基本編 第4章 文字や寸法を書き入れよう

1 文字の記入角度を指定する

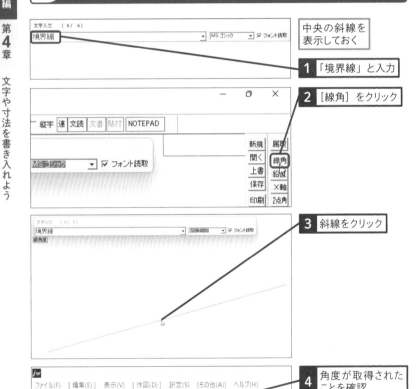

中央の斜線を
表示しておく

1 「境界線」と入力

2 [線角] をクリック

3 斜線をクリック

4 角度が取得された
ことを確認

2 文字の位置を指定する

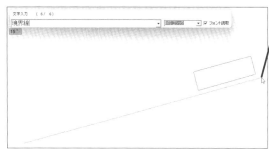

1 斜線の右端点を右クリック

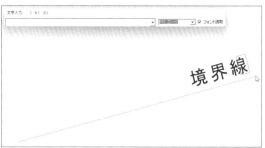

文字が記入された

使いこなしのヒント

図面上の線の角度を取得できる

[線角] (線角度取得) コマンドを選択すると、作図画面左上に「線角度」と表示され、図面上の線をクリックすることで、選択コマンドの角度入力ボックスに、その角度を取得 (自動入力) します。この機能は、[文字] コマンドに限らず、角度入力ボックスのあるコマンドで共通して利用できます。

[線角] の実行中は左上に
[線角度] と表示される

[4] W=4 H=4 D=0.5 (2)	┌ 水平 ┌ 垂直 角度
点 /	線角度
接線 □	

使いこなしのヒント

縦書きの文字を指定するには

文字の記入角度は、コントロールバーの [角度] ボックスおよび [水平] [垂直] のチェックボックスで指定します。[垂直] にチェックマークを付けると文字の向きは変わらず、文字の配置が垂直に変更されます。[垂直] と [縦字] にチェックマークを付けると、文字の向きも変更されて縦位置に記入されます。

文字の書式 　　　　　　　　練習用ファイル　L29_文字の書式.jww

用紙上右の円の中心に、20mm角の文字を記入します。既存の文字種にない大きさの文字は［任意サイズ］を利用します。また、右クリックで読取りできる点がない円の中心を指示するには［中心点取得］コマンドを利用します。

1 任意の文字に設定する

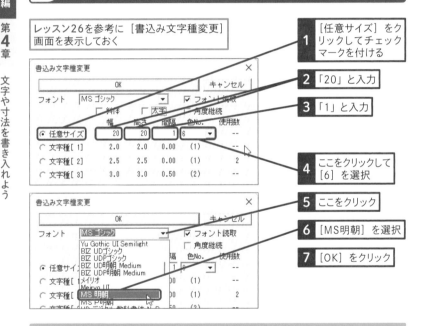

レッスン26を参考に［書込み文字種変更］画面を表示しておく

1 ［任意サイズ］をクリックしてチェックマークを付ける

2 「20」と入力

3 「1」と入力

4 ここをクリックして［6］を選択

5 ここをクリック

6 ［MS明朝］を選択

7 ［OK］をクリック

🔆 使いこなしのヒント

数値で文字のサイズを指定する

あらかじめ用意されている［文字種1］～［文字種10］にない大きさの文字は、［任意サイズ］を選択し、［幅］［高さ］［間隔］ボックスに数値を図寸mmで入力することで指定します。［色No.］は線色番号を選択します。［9］は印刷されない補助色です。線色と同様、画面上の表示色とカラー印刷時の印刷色の区別です。ただし、文字の太さには関係ありません。

2 円の中央に記入する

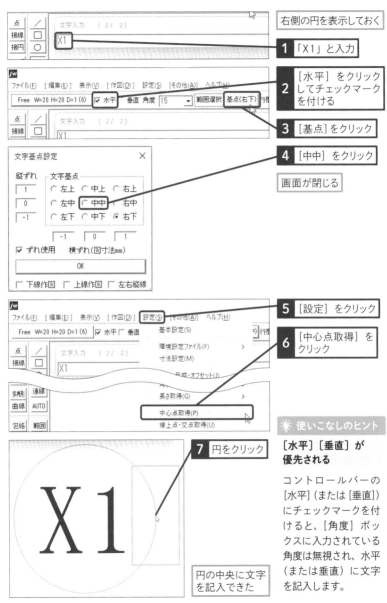

右側の円を表示しておく

1 「X1」と入力

2 [水平] をクリックしてチェックマークを付ける

3 [基点] をクリック

4 [中中] をクリック

画面が閉じる

文字基点設定

縦ずれ　文字基点
- 左上　中上　右上
- 左中　中中　右中
- 左下　中下　右下

☑ ずれ使用　横ずれ(図寸法mm)

☐ 下線作図　☐ 上線作図　☐ 左右縦線

5 [設定] をクリック

6 [中心点取得] をクリック

基本設定(S)
環境設定ファイル(F)
寸法設定(M)
長さ取得(G)
中心点取得(P)
線上点・交点取得(U)

7 円をクリック

円の中央に文字を記入できた

💡 使いこなしのヒント

[水平] [垂直] が優先される

コントロールバーの [水平] (または [垂直]) にチェックマークを付けると、[角度] ボックスに入力されている角度は無視され、水平 (または垂直) に文字を記入します。

できる 87

30 文字を修正しよう

動画で見る

文字の修正　　　　　　　**練習用ファイル**　L30_文字の修正.jww

ここでは、用紙左上や中上にレッスン26、27で記入した文字を使って、記入済みの文字の移動や書き換えをする方法を学習します。文字の移動、書き換えともに［文字］コマンドで図面上の文字をクリックすることで行います。

1 文字の位置を変更する

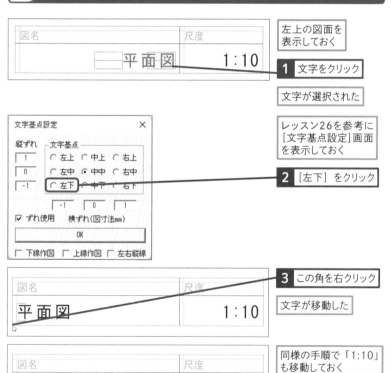

左上の図面を表示しておく

1 文字をクリック

文字が選択された

レッスン26を参考に［文字基点設定］画面を表示しておく

2 ［左下］をクリック

3 この角を右クリック

文字が移動した

同様の手順で「1:10」も移動しておく

2 文字を書き換える

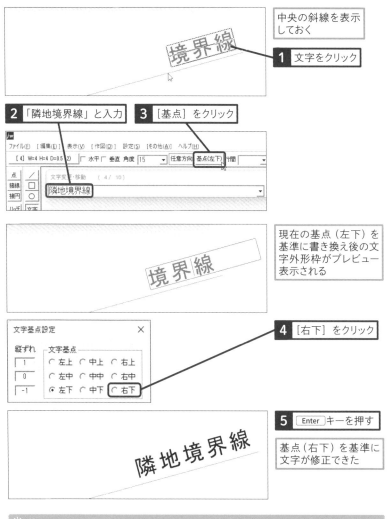

中央の斜線を表示
しておく

1 文字をクリック

2 「隣地境界線」と入力　　**3** [基点] をクリック

ファイル(F) [編集(E)] 表示(V) [作図(D)] 設定(S) [その他(A)] ヘルプ(H)

[4] W=4 H=4 D=0.5 (2)　□ 水平 □ 垂直 角度 15　▼ 任意方向 基点(左下) 行間　▼

点　／　　文字変更・移動　　(4/ 10)
接線　□
接円　○　隣地境界線　　　　　　　　　　　　　　　　　　　▼
ハッチ　文字

現在の基点 (左下) を
基準に書き換え後の文
字外形枠がプレビュー
表示される

文字基点設定　　　　　　　　×

縦ずれ　┌ 文字基点
┌─┐
│ 1 │　○ 左上　○ 中上　○ 右上
├─┤
│ 0 │　○ 左中　○ 中中　○ 右中
├─┤
│-1 │　◉ 左下　○ 中下　○ 右下

4 [右下] をクリック

5 Enter キーを押す

基点 (右下) を基準に
文字が修正できた

☀ 使いこなしのヒント

Enter キーで書き換えが確定する

Enter キーを押すことで、文字の書き換　さずに、図面上の別の位置を指示すると
えが確定します。また、Enter キーを押　文字の書き換えと移動が同時に行えます。

できる 89

31 寸法を記入しよう

動画で見る

寸法の記入　　　　　　　　　**練習用ファイル**　L31_寸法の記入.jww

用紙の左下の図の下側に、水平方向の寸法を記入しましょう。寸法補助線（引出線）には2タイプあり、コントロールバーの［=］［-］ボタンで切り替えます。ここではタイプ［-］で、寸法端部を矢印に設定して記入しましょう。

1 寸法線の設定をする

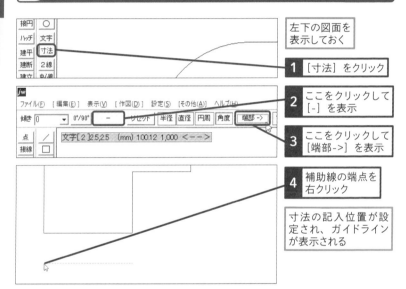

左下の図面を表示しておく

1 ［寸法］をクリック

2 ここをクリックして［-］を表示

3 ここをクリックして［端部->］を表示

4 補助線の端点を右クリック

寸法の記入位置が設定され、ガイドラインが表示される

☀ 使いこなしのヒント

寸法各部の名称を覚えよう

Jw_cadにおける寸法各部の名称は下図の通りです。Jw_cadでは、寸法補助線を引出線と呼びます。

寸法値　　寸法線　引出線

2 寸法をとる点を指定する

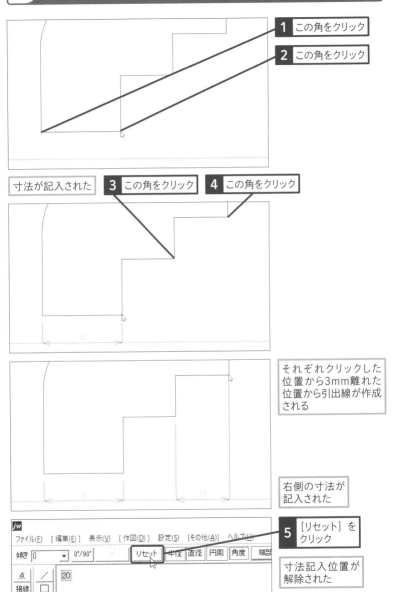

1 この角をクリック

2 この角をクリック

寸法が記入された

3 この角をクリック

4 この角をクリック

それぞれクリックした位置から3mm離れた位置から引出線が作成される

右側の寸法が記入された

ファイル(F) [編集(E)] 表示(V) [作図(D)] 設定(S) [その他(A)] ヘルプ(H)

傾き 0 ▼ 0°/90° リセット 半径 直径 円周 角度 端部

点 / 20

接線 □

接円 ○

5 [リセット]をクリック

寸法記入位置が解除された

32 寸法の設定を変更しよう

寸法の設定変更　　　　　　　　　**練習用ファイル**　L32_寸法の設定.jww

レッスン31で記入した寸法線は［線色3］で、引出線は［線色5］でした。寸法は記入時の書込線に関わらず、［寸法設定］画面で指定の線色で記入されます。これから記入する寸法の各部の線色や寸法値の大きさを設定しましょう。

1 寸法設定の画面を表示する

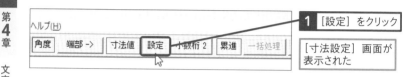

1 ［設定］をクリック

［寸法設定］画面が表示された

💡 使いこなしのヒント

寸法の線色はここで設定する

寸法線、寸法補助線（引出線）、矢印（または実点）の線色は、書込線色に関わりなく、ここで設定した線色で記入されます。

💡 使いこなしのヒント

設定と寸法線の対応を確認しよう

［寸法線色］、［引出線色］、［矢印・点色］の番号は線色1～8を指します。［引出線色］は、寸法補助線の色を指します。右図は、レッスン31で記入した寸法です。［寸法設定］画面で指定している通り、寸法線が線色3（緑）、引出線と端部の矢印が線色5（紫）で記入されています。

左の画面の項目は以下のように対応している

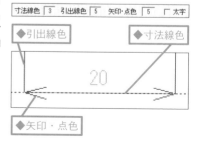

2 設定を変更する

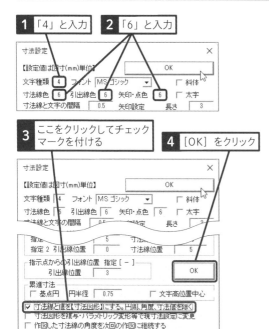

1 「4」と入力　**2** 「6」と入力

寸法設定

【設定値は図寸(mm)単位】　OK

文字種類 [4] フォント [MSゴシック ▼] □斜体
寸法線色 [6] 引出線色 [6] 矢印・点色 [6] □太字
寸法線と文字の間隔 [0.5] 矢印設定 長さ [3]

3 ここをクリックしてチェック
マークを付ける

4 [OK] をクリック

寸法設定

【設定値は図寸(mm)単位】　OK

文字種類 [4] フォント [MSゴシック ▼] □斜体
寸法線色 [6] 引出線色 [6] 矢印・点色 □太字
寸法線と文字の間隔 [0.5] 矢印設定 長さ

指定 [5] 寸法
指定2 引出線位置 [0] 寸法線位置 [5]

指示点からの引出線位置 指定 [-]
　引出線位置 [3]　　　　　　　OK

累進寸法
□ 基点円 円半径 [0.75] □ 文字高位置中心
☑ 寸法線と値を[寸法図形]にする。 円周,角度,寸法値を除く
□ 寸法図形を複写・パラメトリック変更等で現寸法設定に変更
□ 作図した寸法線の角度を次回の作図に継続する
□ 寸法をグループ化する

☀ 使いこなしのヒント

**記入済の寸法は
変更されない**

ここでの設定は、これ
から記入する寸法に対
する設定です。この設
定を変更しても記入済
みの寸法には影響しま
せん。ここでの設定は
上書き保存することで
図面ファイルに保存さ
れます。

☀ 使いこなしのヒント

寸法図形について

手順2の操作3でチェックマークを付けた
ため、これから記入する寸法の寸法線と
寸法値は、1セットの寸法図形になります。
寸法図形には以下の性質があります。

・寸法図形の寸法線と寸法値は1セットな
　ため、[消去] コマンドで寸法線を右ク
　リックすると、寸法線と共にその寸法値
　も消える
・寸法図形の寸法値は常に寸法線の実寸
　法を表示するため、寸法線を伸縮する
　と寸法値の数値もその実寸法に変更さ
　れる

・寸法図形の寸法値は、[文字] コマンド
　では扱えない

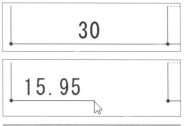

寸法図形の場合は寸法線を [伸縮]
などで変更すると寸法値も変更される

33 連続する寸法を記入しよう

寸法の位置を指定　　　　　　　　　**練習用ファイル**　L33_寸法位置.jww

用紙の右下の図の下側に、水平方向の寸法を連続して記入しましょう。ここでは、引出線タイプ［=］で、寸法端部を実点に設定して記入します。

1 引出線の設定を変更する

右下の図面を表示しておく

1 ここをクリックして［=］を表示

2 ここをクリックして［端部●］を表示

2 記入位置を指定する

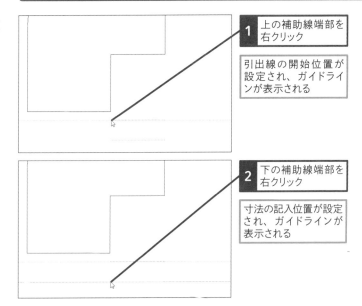

1 上の補助線端部を右クリック

引出線の開始位置が設定され、ガイドラインが表示される

2 下の補助線端部を右クリック

寸法の記入位置が設定され、ガイドラインが表示される

3 水平寸法を記入する

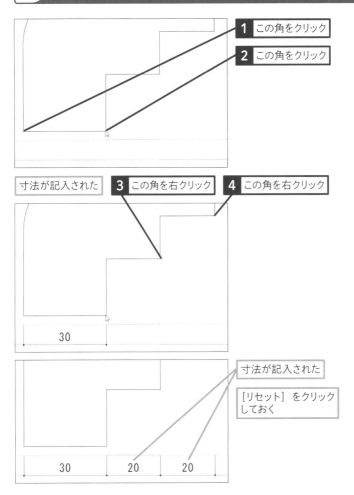

1 この角をクリック

2 この角をクリック

寸法が記入された

3 この角を右クリック

4 この角を右クリック

30

寸法が記入された

[リセット] をクリック
しておく

30   20   20

ステータスバーの表示を確認しよう

寸法の始点と終点を指示した後、ステータスバーの操作メッセージを見ると、[寸法の始点はマウス（L）、連続入力の終点はマウス（R）で指示して下さい]と表示されています。これは、次の点指示は、クリックと右クリックでは違う働きをすることを示します。

34 垂直方向の寸法を記入しよう

垂直方向の寸法　　　　　　　**練習用ファイル**　L34_垂直寸法.jww

続けて、同じ図の右側に垂直方向の寸法を記入しましょう。垂直方向に寸法を記入するには、記入角度として90°を指定します。また、ここでは引出線タイプとして [=(1)] を指定して記入してみましょう。

1 引出線の設定を変更する

レッスン33を参考に [寸法] をクリックしておく

1 ここをクリックして [傾き] を「90」に指定

2 ここをクリックして [= (1)] を表示

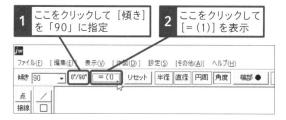

2 基準点を指定する

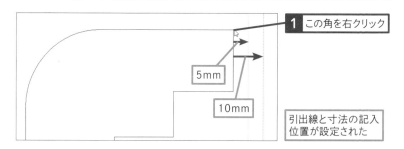

1 この角を右クリック

5mm

10mm

引出線と寸法の記入位置が設定された

💡 使いこなしのヒント

[傾き] に数値を入力して指定する

コントロールバーの [傾き] ボックスに寸法の記入角度 [90] を指定することで、垂直方向に寸法を記入できます。[傾き] ボックスの角度は、[0° /90°] ボタンをクリックすることで、0°と90°を交互に切り替えできます。

3 垂直寸法を記入する

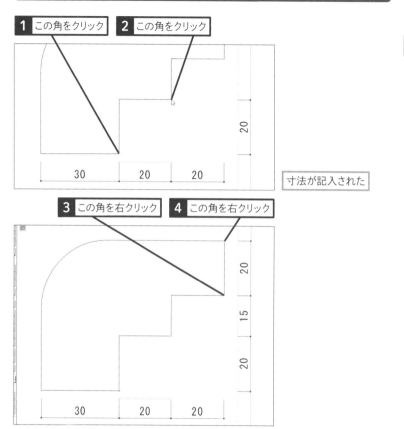

1 この角をクリック　2 この角をクリック

20

30　　20　　20

寸法が記入された

3 この角を右クリック　4 この角を右クリック

20

15

20

30　　20　　20

ファイル(F)　[編集(E)]　表示(V)　[作図(D)]　設定(S)　[その他(A)]　ヘルプ(H)

傾き 90　▼ 0°/90° 引出角 0 リセット 半径 直径 円周 角度 端部●

5 [リセット]をクリック

※ 使いこなしのヒント

始点から終点への指示は左から右、下から上へと作業しよう

直線上の寸法の始点→終点の指示は、大部分の設定においては、どちらを先にクリックしても記入される寸法は同じです。ただし、寸法端部の矢印を外側に記入する設定にした場合には、この順序が重要になります。寸法の始点→終点は、手描きのときと同様に、左→右、下→上へと指示するよう習慣づけましょう。

35 全体の寸法を記入しよう

全体の寸法　　　　　　　　　　**練習用ファイル**　L35_全体寸法.jww

レッスン34で記入した垂直方向の寸法の外側に、全体の寸法を記入しましょう。記入済みの寸法線端点から引出線を記入するため、引出線タイプを [=(2)] にして寸法を記入しましょう。

1 引出線の設定を変更する

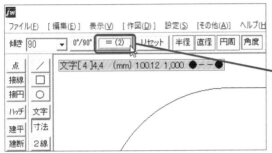

レッスン33を参考に [寸法] をクリックしておく

1 ここをクリックして [=(2)] を表示

2 基準点を指定する

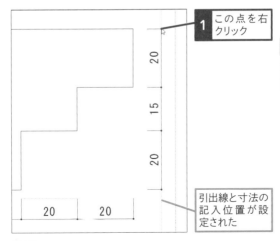

1 この点を右クリック

引出線と寸法の記入位置が設定された

☀ 使いこなしのヒント

引出線の長さを図寸5mmに揃える

引出線タイプ [=(2)] も [=] と同じく引出線の長さを揃えて記入します。その長さは、レッスン32で確認した [寸法設定] 画面の [指定2] の数値入力ボックスに図寸で設定されています。

3 全体の寸法を追記する

1 この角をクリック　**2** この角をクリック

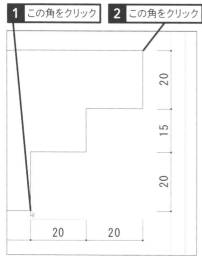

20
15
20

20　　20

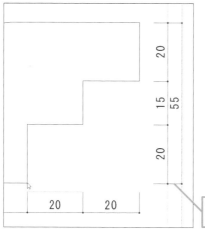

20
15　55
20

20　　20

寸法が記入された

ファイル(F)　[編集(E)]　表示(V)　[作図(D)]　設定(S)　[その他(A)]　ヘルプ(H

傾き 90　▼　0°/90°　= (2)　リセット　半径　直径　円周　角度

点　／
接線　□
接円　○

3 [リセット]をクリック

使いこなしのヒント

**寸法線の端点を
クリックしてもよい**

寸法の始点と終点とし
て、ここでは、手順3
の操作1の角と操作2
の角をクリックしまし
た。引出線タイプ [=
(2)] では、引出線の
開始位置が確定してい
るので、始点と終点と
して、記入済みの寸法
線の端点をクリックし
ても記入される寸法は
同じです。

使いこなしのヒント

**引出線のガイドラインを
左側に表示するには**

レッスン34、35で利
用した引出線タイプ
[=(1)] と [=(2)] は、
基準点を右クリック
すると、下側([傾き]
が「90」のときは右側)
にガイドラインを表示
します。このガイドラ
インを上側([傾き]
が「90」のときは左側)
に表示するには、基準
点を右ダブルクリック
します。

36 半径寸法を記入しよう

半径の寸法　　　　　　　　　　**練習用ファイル**　L36_半径寸法.jww

続けて、同じ図の左上のR面の半径寸法を記入しましょう。コントロールバーの［半径］ボタンをクリックし、［傾き］ボックスに記入角度を指定したうえで、円弧をクリックまたは右クリックして寸法を記入します。

1 端部の設定を変更する

レッスン33を参考に［寸法］をクリックしておく

1 ［半径］をクリック

2 ここをクリックして［端部->］を表示

```
ファイル(F) [編集(E)] 表示(V) [作図(D)] 設定(S) [その他(A)] ヘルプ(H)
傾き -45  ▼ 0°/90° = (2)  リセット 半径 直径 円周 角度 端部→
点
接線 □
```

3 「-45」と入力

2 寸法を円弧の内側に記入する

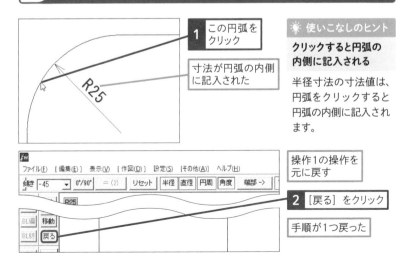

1 この円弧をクリック

寸法が円弧の内側に記入された

R25

💡 使いこなしのヒント

クリックすると円弧の内側に記入される

半径寸法の寸法値は、円弧をクリックすると円弧の内側に記入されます。

```
ファイル(F) [編集(E)] 表示(V) [作図(D)] 設定(S) [その他(A)] ヘルプ(H)
傾き -45  ▼ 0°/90° = (2)  リセット 半径 直径 円周 角度 端部→
R25
BL編 移動
BL続 戻る
```

操作1の操作を元に戻す

2 ［戻る］をクリック

手順が1つ戻った

3 寸法を円弧の外側に記入する

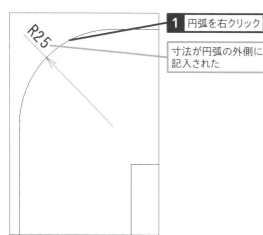

1 円弧を右クリック

寸法が円弧の外側に記入された

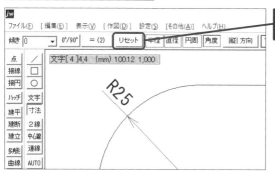

2 [リセット] をクリック

ファイル(F) [編集(E)] 表示(V) [作図(D)] 設定(S) [その他(A)] ヘルプ(H)

傾き 0 ▼ 0°/90° = (2) リセット 半径 直径 円周 角度 縦横 方向

点 / 文字[4]4,4 (mm) 100.12 1.000
接線 □
接円 ○
ハッチ 文字
建平 寸法
建断 2線
建立 中心線
多能 連線
曲線 AUTO

スキルアップ

寸法図形を解除するには

ここで記入した半径寸法の寸法値を残して内側の寸法線のみを消すには、[寸解]（寸法図形解除）コマンドで、半径寸法の寸法線をクリックします。
作図画面左上に[寸法図形解除]と表示され、1セットだった寸法線と寸法値が、線と文字に分解されます。そのうえで、[消去]コマンドで寸法線を右クリックして消去します。

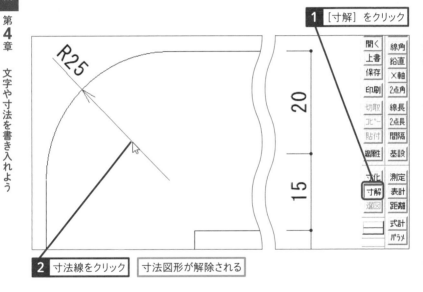

1 [寸解] をクリック

2 寸法線をクリック　寸法図形が解除される

基本編

第5章

レイヤを使いこなそう

CADには、レイヤと呼ぶ機能があります。もちろん、この機能を使わなくとも図面を作図することはできます。しかし、作図した図面を効率よく流用・変更することを考えると、この機能のマスターは必須と言えます。

37 レイヤの状態を確認しよう

レイヤの表示　　　　　　　　　**練習用ファイル**　L37_レイヤの表示.jww

作図済みの図面がどのようなレイヤ分けで作図されているのかを確認できるのが
［レイヤ一覧］画面です。練習用ファイルを開き、［レイヤ一覧］画面で、そ
のレイヤ分けを確認しましょう。

1 レイヤ一覧画面を表示する

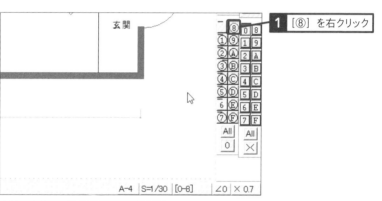

1 ［⑧］を右クリック

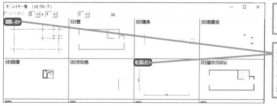

［レイヤ一覧］画面が
表示された

番号が表示されていな
いレイヤは非表示、( ) が
付いていないレイヤは
表示のみになっている

用語解説

レイヤ

CADによって画層とも呼びます。CADで
図面の各部を透明なシートに描き分け、
それらを重ねて1つの図面にするという
イメージです。その透明なシートに該当
するのがレイヤです。

図面が透明な
シートに描か
れ、重なって
1つの図面に
なっている

2 各レイヤの状態を確認する

● 表示のみレイヤ

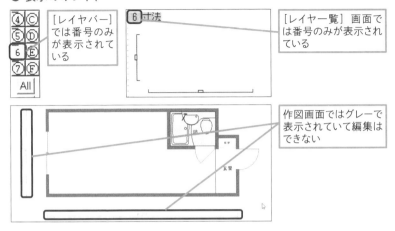

[レイヤバー]では番号のみが表示されている

[レイヤー覧] 画面では番号のみが表示されている

作図画面ではグレーで表示されていて編集はできない

● 編集可能レイヤ

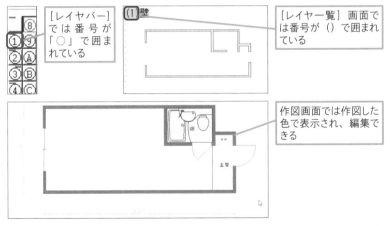

[レイヤバー]では番号が「○」で囲まれている

[レイヤー覧] 画面では番号が () で囲まれている

作図画面では作図した色で表示され、編集できる

次のページに続く➡

☀ 使いこなしのヒント

レイヤ一覧を表示するには

レイヤバーで凹表示されているボタンを [書込レイヤ] と呼びます。[レイヤー覧] 画面は、レイヤバーの書込レイヤボタン を右クリックすることで表示します。[書込レイヤ] の使い方は次のレッスンで詳しく紹介します。

● 非表示レイヤ

[レイヤバー] に番号が表示されていない

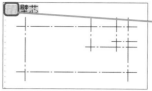

[レイヤー一覧] 画面では番号が表示されていない

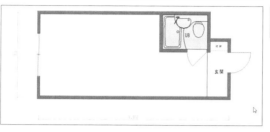

作図画面にも表示されない

3 レイヤの状態を切り替える

手順1を参考にレイヤ一覧を表示しておく

● 編集可能レイヤを非表示にする

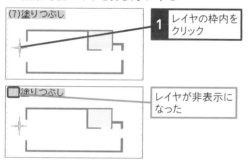

(7)塗りつぶし

1 レイヤの枠内をクリック

塗りつぶし

レイヤが非表示になった

💡 使いこなしのヒント

レイヤの枠内でクリックすると状態が切り替わる

レイヤの枠内でクリックする都度、[非表示] [表示のみ] [編集可能] と、レイヤの状態が切り替わります。

🔍 用語解説

表示（ひょうじ）のみレイヤ

レイヤバー、レイヤー一覧で番号のみのレイヤを指します。作図画面にグレーで表示され、編集はできません。

表示のみレイヤの要素を編集しようとすると[図形がありません]と表示される

● 非表示レイヤを表示のみにする

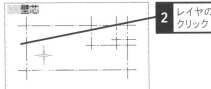

2 レイヤの枠内を
クリック

レイヤが表示のみに
なった

🔍 **用語解説**

**非表示（ひひょうじ）
レイヤ**

レイヤバー、レイヤー
覧で番号が表示されて
いないレイヤを指しま
す。そのレイヤに作図さ
れている要素は、作図
画面に表示されません。

---

4 一覧を閉じて作図画面に戻る

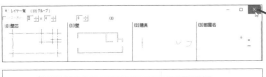

1 [閉じる] をクリック

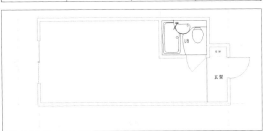

作図画面が表示された

[0] レイヤの壁芯はグ
レーで表示され、[7]
レイヤの塗りつぶしは
非表示になった

レイヤバーの表示を
確認しておく

🔍 **用語解説**

**編集可能（へんしゅう
かのう）レイヤ**

レイヤバーでは〇付き
番号、レイヤ一覧では
（ ）付き番号のレイ
ヤを指します。書込レイ
ヤの要素と同じく、
消去、伸縮など編集が
可能です。

🔍 **用語解説**

**書込（かきこみ）
レイヤ**

レイヤバーでは凹表
示、レイヤ一覧では
ダークグレーの反転
表示のレイヤを指しま
す。線・円・点・文字
など作図した要素は、
すべて書込レイヤに入
ります。

38 書込レイヤを指定して 作図しよう

書込レイヤ | **練習用ファイル** L38_書込レイヤ.jww

レイヤを描き分けるには、これから作図するレイヤを書込レイヤに指定したうえで、作図を行います。レイヤバーで、レイヤの番号ボタンを右クリックすることで、書込レイヤを指定できます。

1 書込レイヤを指定する

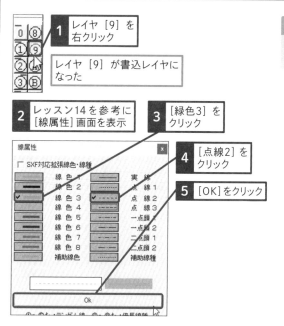

1 レイヤ [9] を右クリック

レイヤ [9] が書込レイヤになった

2 レッスン14を参考に [線属性] 画面を表示

3 [緑色3] を クリック

4 [点線2] を クリック

5 [OK] をクリック

💡 使いこなしのヒント

[戻る] で操作を取り消しできない

レイヤバーでの書込レイヤの指定は、レイヤ番号を右クリックします。手順1で、操作を誤ってクリックしたり、他のレイヤを右クリックしたりした場合には、再度、レイヤ [9] を右クリックしてください。レイヤ操作は、作図・編集操作ではないため、[戻る] コマンドで元に戻すことはできません。

2 線と複線を作図する

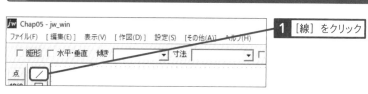

1 [線] をクリック

● 線を作図する

2 左端の壁芯の上端点を右クリック

3 右端の壁芯の上端点を右クリック

線が作図された

● 複線を作図する

4 レッスン12を参考に[複線]コマンドを実行

5 「900」と入力

6 左端の壁芯を右クリック

7 右側でクリック

複線が作図された

---

3 レイヤを確認する

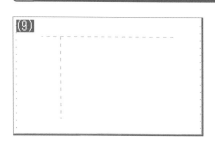

1 レッスン37を参考に[レイヤ一覧]画面を表示

レイヤ[9]に作図した線が表示された

2 [閉じる]をクリック

使いこなしのヒント

作図されたレイヤには赤いバーが表示される

線の作図が完了すると、レイヤバーの[9]ボタンの左上に赤いバーが表示されます。これは、このレイヤに線・円などが作図されていることを意味します。

レイヤバー　　　　　　　　　　練習用ファイル　L39_レイヤバー.jww

各レイヤの状態は、[レイヤ一覧]画面を開かなくとも、レイヤバーで変更できます。変更操作は[レイヤ一覧]画面と同じで、書込レイヤ以外のレイヤ番号ボタンをクリックすることで切り替わります。

1 レイヤを編集可能にする

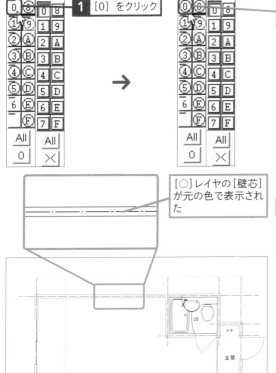

1 [0]をクリック

表示が「○」に変更された

[○]レイヤの[壁芯]が元の色で表示された

使いこなしのヒント

レイヤバーでレイヤの状態を切り替えられる

レイヤバーで、書込レイヤ以外のレイヤ番号をクリックすることで、クリックする都度、[非表示][表示のみ][編集可能]の順に切り替わります。マウスポインターを作図画面に戻すと、レイヤバーでの指定が画面上の図面にも反映されます。

2 書込レイヤ以外をすべて非表示にする

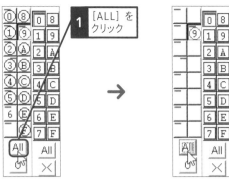

1 [ALL] を
クリック

書込レイヤ以外の番号
が非表示になった

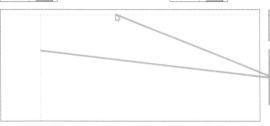

レイヤ [9] 以外が
非表示になった

レッスン09を参考に
[消去] コマンドを実
行して2本の線を消去
する

3 すべてのレイヤを編集可能にする

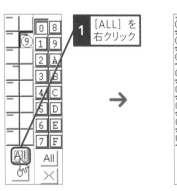

1 [ALL] を
右クリック

すべてのレイヤが
丸数字になった

すべてのレイヤが編集
可能な状態になる

☀ 使いこなしのヒント

**一括で編集可能
レイヤにできる**

[All]ボタンを右クリッ
クすると、書込レイヤ
以外のすべてのレイヤ
の状態を編集可能にし
ます。

レイヤ［A］に家具を配置しよう

動画で見る

図形　　　　　　　　　　　　　　　　　練習用ファイル　L40_図形.jww

図形ファイルとしてあらかじめ用意されている家具を、平面図に配置しましょう。家具の配置された平面図と配置されていない平面図のどちらも印刷できるよう、何も作図されていないレイヤ［A］に家具を配置します。

基本編　第5章　レイヤを使いこなそう

1　書込レイヤを選択する

家具を配置するレイヤ［A］を書込レイヤにする

1　［A］を右クリック

2　［図形］をクリック

図形ファイルを読み込みます。

💡 用語解説

図形（ずけい）

CADによって、「部品」「パーツ」など呼名は様々ですが、多くの図面で共通して利用する図を用意しておき、編集中の図面に配置して利用できる機能です。Jw_cadでは、拡張子が「.jws」の「図形ファイル」として用意されています。

2 家具を配置する

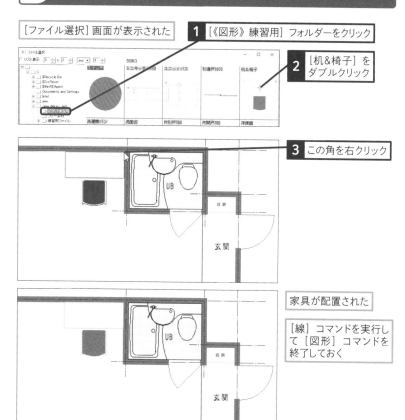

[ファイル選択] 画面が表示された

1 【《図形》練習用】フォルダーをクリック

2 [机&椅子] をダブルクリック

3 この角を右クリック

家具が配置された

[線] コマンドを実行して [図形] コマンドを終了しておく

図形が収録されているフォルダーを開こう

[図形] コマンドをクリックすると [JWW] フォルダー下の図形収録フォルダーを開いた「ファイル選択」ダイアログが表示されます。練習用の図形ファイルは、[Jww_dekiru_Jw8] フォルダー下の [《図形》練習用] フォルダーに収録されてい

ます。「ファイル選択」ダイアログ左のフォルダーツリーでの操作は、図面ファイルを開く際と同じです。レッスン05を参考に [《図形》練習用] フォルダーを開きましょう。

41 レイヤを変更して家具を配置しよう

| 属性取得 | 練習用ファイル | L41_属性取得.jww |

作図済みのユニットバスと同じレイヤに、ミニキッチンを配置しましょう。ユニットバスがどのレイヤに作図されているのかは、[属取] コマンドを利用すれば、[レイヤー覧] 画面を表示しなくても確認できます。

1 図面からレイヤを選択する

1 [属取] をクリック

2 ユニットバスの線をクリック

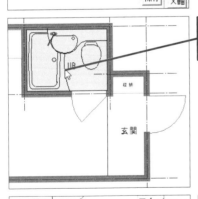

ユニットバスと同じレイヤ [4] が書込レイヤになった

用語解説

属性（ぞくせい）

線・円・点・文字などの作図要素に付随する性質を指します。基本的な属性は、線色、線種（文字では文字種）、作図されているレイヤです。その他に、[寸法] コマンドで作図した寸法に付随する寸法属性、複数の線・円をひとまとまり（1要素）として扱う曲線属性などがあります。

使いこなしのヒント

[属取] は基本属性を取得する

[属取]（属性取得）コマンドは、クリックした線・円などの基本属性を取得し、書込線色・線種と [書込レイヤ] をクリックした要素の基本属性と同じ設定にします。

2 家具を配置する

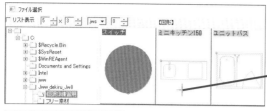

レッスン40を参考に
[図形] コマンドを
実行しておく

1 [ミニキッチン150]
をダブルクリック

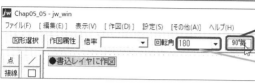

2 [90°毎] を
2回クリック

回転角が「180」に
設定された

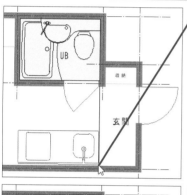

3 この端点を
右クリック

ミニキッチンが
配置された

[線] コマンド
を実行して [図
形] コマンドを
終了して上書
き保存する

使いこなしのヒント

**図形を傾けて
配置するには**

図形を傾けて配置す
るには、「ファイル選
択」ダイアログでの
サムネイル表示の状
態を0°として、コント
ロールバー [回転角]
ボックスに傾ける角度
を指定します。[90°
毎] ボタンをクリック
すると、都度、[90°]
[180°] [270°] と [回
転角] ボックスの数値
が変更され、それに従
い、マウスポインター
の図形のプレビュー表
示も回転します。

平面図に曲線属性を加えよう

曲線属性   **練習用ファイル**   L42_曲線属性.jww

Jw_cadには、複数の線・円・文字などの要素を1要素として扱うことのできる「曲線属性」と呼ぶ属性があります。ここでは、作図した図に「曲線属性」を付ける方法を学習します。

1 ベッド平面図に曲線属性を付加する

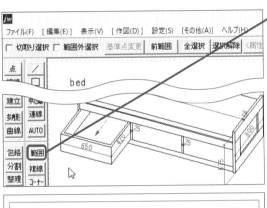

1 [範囲] をクリック

💡 使いこなしのヒント

作図した図形を図面に配置できる

ユーザーが独自に作図した図を図形ファイルとして登録することで、[図形] コマンドで、編集中の図面に配置することができます。また、家具などの図形は、ひとまとまりになっていると、消去や移動が簡単に行えます。図形として登録する方法は、次のレッスン43で学習します。

2 レッスン23を参考にベッドの平面図を選択

3 [属性変更] をクリック

● 属性を変更する

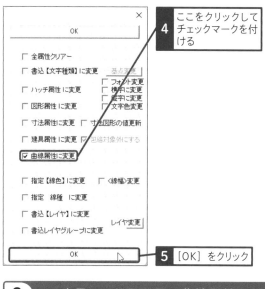

4 ここをクリックして
チェックマークを付
ける

5 [OK] をクリック

💡 使いこなしのヒント

**複数の線に属性が
付加される**

手順1の操作4〜5を
実行すると、操作2で
選択した複数の線に曲
線属性が付加され、1
要素として扱われるよ
うになります。

42

曲線属性

2 ペット用ベッド平面図に曲線属性を付加する

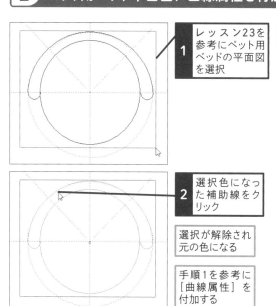

1 レッスン23を
参考にペット用
ベッドの平面図
を選択

2 選択色になっ
た補助線をク
リック

選択が解除され
元の色になる

手順1を参考に
[曲線属性] を
付加する

💡 使いこなしのヒント

**曲線属性を
解除するには**

曲線属性を解除する
には、手順1の操作1
〜3を行い、操作4で
[全属性クリアー] に
チェックマークを付け
て、[OK] をクリック
します。これにより、
曲線属性も含め、選択
要素に付いたすべての
属性(基本属性は除く)
が解除されます。

できる **117**

43 家具平面図を 図形登録しよう

図形登録　　　　　　　　**練習用ファイル**　L43_図形登録.jww

レッスン42で曲線属性を付加したベッドとペット用ベッドの平面図を図形として登録しましょう。ここでは、図形を1要素として扱うため、事前に曲線属性を付加しましたが、曲線属性を付加しなくとも図形として登録できます。

1 ベッド平面図を選択する

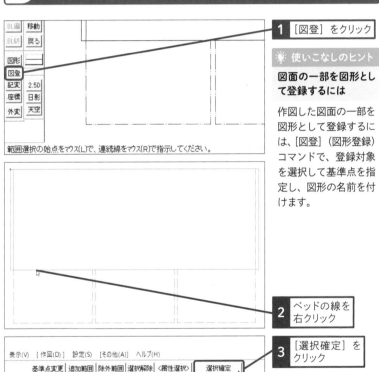

1 [図登] をクリック

💡 使いこなしのヒント

図面の一部を図形として登録するには

作図した図面の一部を図形として登録するには、[図登]（図形登録）コマンドで、登録対象を選択して基準点を指定し、図形の名前を付けます。

2 ベッドの線を右クリック

3 [選択確定] をクリック

2 図形の基準点を設定する

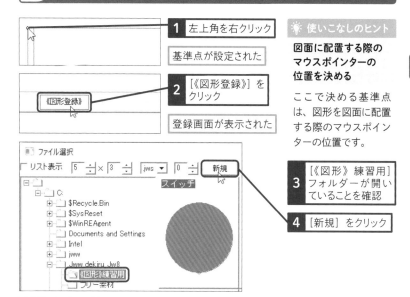

1 左上角を右クリック

基準点が設定された

2 [《図形登録》]を
クリック

《図形登録》

登録画面が表示された

使いこなしのヒント

**図面に配置する際の
マウスポインターの
位置を決める**

ここで決める基準点
は、図形を図面に配置
する際のマウスポイン
ターの位置です。

3 [《図形》練習用]
フォルダーが開い
ていることを確認

4 [新規]をクリック

[新規作成]画面が表示された

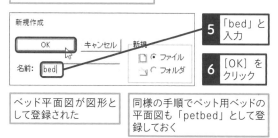

5 「bed」と
入力

6 [OK]を
クリック

ベッド平面図が図形と
して登録された

同様の手順でペット用ベッドの
平面図も「petbed」として登
録しておく

使いこなしのヒント

ペット用ベッドは中央上部を基準点にする

ペット用ベッドは右の図を参考に、円弧
上と補助線の交点を基準点にして登録し
ましょう。

ペット用ベッドは円弧上と
補助線の交点を基準点に
する

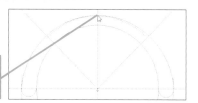

44 表題枠を図形登録しよう

文字の登録 　　　L44_文字登録.jww

第6章で図面枠を作図する際に利用するため、第4章で文字を記入した表題枠を図形登録しましょう。表題枠は、曲線属性を付加せずに、そのまま図形登録します。

1 表題枠を選択する

1 [図登] をクリック

2 ここをクリック

3 ここを右クリック

枠に全体が入る線と文字が選択された

💡 使いこなしのヒント

第4章のレッスン27と同じファイルを使う

このレッスンでは、第4章のレッスン27で文字を記入した図と同じ内容の練習用ファイルを開いて操作します。

💡 使いこなしのヒント

文字も含めて選択するには

曲線属性を付加していない図を図形登録する場合は、登録対象全体が選択枠に入るように囲んで選択します。文字も含めて選択するため、選択枠の終点は必ず右クリックしてください。クリックでは文字が選択されません。

2 補助線を除外して図形登録する

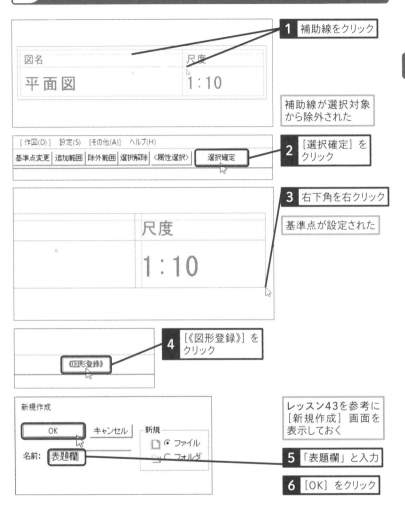

1 補助線をクリック

図名	尺度
平面図	1:10

補助線が選択対象から除外された

[作図(D)] 設定(S) [その他(A)] ヘルプ(H)

基準点変更 | 追加範囲 | 除外範囲 | 選択解除 | 〈属性選択〉 | 選択確定

2 [選択確定] をクリック

3 右下角を右クリック

	尺度
	1:10

基準点が設定された

《図形登録》

4 [《図形登録》] をクリック

新規作成

OK	キャンセル

新規
　◉ ファイル
　◯ フォルダ

名前: 表題欄

レッスン43を参考に [新規作成] 画面を表示しておく

5 「表題欄」と入力

6 [OK] をクリック

🔅 使いこなしのヒント

補助線を除外しておく

補助線は登録しないため、手順2の操作1で、選択色になった補助線をクリックして除外します。除外や追加選択する対象が文字の場合は、右クリックすることで、除外や追加ができます。

45 登録した家具を配置しよう

家具の配置 | **練習用ファイル** L45_家具の配置.jww

平面図を開き、既存の机と同じレイヤに、レッスン43で図形登録したベッドとペット用ベッドなどを配置しましょう。既存の机のレイヤが分からなくとも [属取] コマンドを利用すれば、同じレイヤを書込レイヤにできます。

1 ベッドを配置する

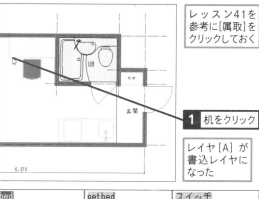

レッスン41を参考に[属取]をクリックしておく

1 机をクリック

レイヤ [A] が書込レイヤになった

💡 使いこなしのヒント

書込レイヤをすぐに変更できる

手順1で [属取] (属性取得) コマンドで机の線をクリックすることで、クリックした線が作図されているレイヤが書込レイヤに設定されます。

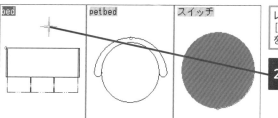

レッスン40を参考に [ファイル選択] 画面を表示しておく

2 [bed] をダブルクリック

💡 使いこなしのヒント

図形は実寸で登録される

図形は実寸で登録されます。レッスン43では、S=1/10で作図されたベッド平面図を図形登録しました。その図形を S=1/30の平面図に配置しても、実寸で配置されるため、ベッドの実寸（幅800mm）は変わりません。

● 位置を確定する

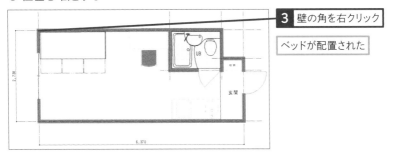

3 壁の角を右クリック

ベッドが配置された

2 続けて他の家具も配置する

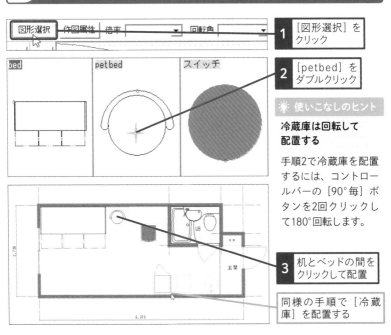

1 [図形選択] を
クリック

2 [petbed] を
ダブルクリック

🔆 使いこなしのヒント

**冷蔵庫は回転して
配置する**

手順2で冷蔵庫を配置
するには、コントロー
ルバーの [90°毎] ボ
タンを2回クリックし
て180°回転します。

3 机とベッドの間を
クリックして配置

同様の手順で [冷蔵
庫] を配置する

🔆 使いこなしのヒント

ベッドや冷蔵庫は壁にピッタリ付ける

実際には、多少の隙間が出来てしまい、
家具を壁の角にピッタリ付けて配置する
ことはできませんが、ここでは既存点を
読み取る練習も兼ね、壁の内側の角を右
クリックして配置します。

46 レイヤ名を変更して 保存しよう

レイヤ名の変更　　　　　　　　**練習用ファイル**　L46_レイヤ名.jww

各レイヤのレイヤ名は、各自で設定・変更できます。これまで、机と椅子やベッドなどの家具を配置してきたレイヤ［A］にレイヤ名「家具」を設定しましょう。レイヤ名の設定は、［レイヤ一覧］画面で行います。

1 レイヤ名を設定する

1 ［A］を右クリック

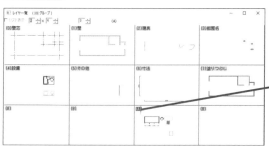

2 レイヤ番号をクリック

［レイヤ名設定］画面が表示された

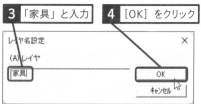

3 「家具」と入力　　**4** ［OK］をクリック

レイヤ名が変更された

使いこなしのヒント

既存のレイヤ名も変更できる

ここでは、レイヤ名が設定されていないレイヤ［A］にレイヤ名を設定する例で説明しますが、同じ操作で、既存のレイヤ名を変更することも可能です。

2 壁芯と寸法を非表示にする

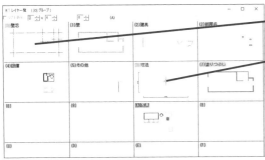

1 [壁芯] のレイヤを
クリック

2 [寸法] のレイヤを
クリック

レイヤが非表示に
なった

3 [閉じる] をクリック

作図画面が表示された

レイヤバーと図面を参照して
4 [壁芯] [寸法] のレイヤが
非表示になっていることを確認

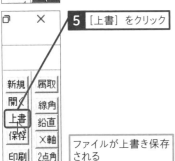

5 [上書] をクリック

ファイルが上書き保存
される

新規　属取
開　線角
上書　鉛直
保存　×軸
印刷　2点角

🔆 使いこなしのヒント

**ステータスバーを
確認しよう**

[レイヤー覧] を閉じ
ると、ステータスバー
の縮尺の右隣の [書込
レイヤ] ボタンに「[0-
A] 家具」という形で、
書込レイヤのレイヤ番
号とレイヤ名が表示さ
れます。

スキルアップ

書込レイヤ以外の状態を一括で変えられる

レイヤバーの［All］ボタンは、書込レイヤ以外のレイヤの状態を一括して切り替えます。［All］ボタンをクリックする都度、書込レイヤ以外のすべてのレイヤの状態が、［非表示］［表示のみ］［編集可能］の順に切り替わります。

基本編

第5章　レイヤを使いこなそう

すべてのレイヤが非表示になっている状態で［ALL］をクリックするとすべてのレイヤが［表示のみ］になる

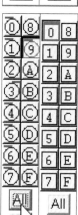

さらに［ALL］をクリックするとすべてのレイヤが［編集可能］になる

活用編

第6章

図面枠を作るには

この章では、A4サイズの図面枠を作図し、線色ごとの
印刷線幅と寸法設定を行ったうえで、図面ファイルとし
て保存します。今後は、この図面ファイルを開いて、図
面を作図すれば、常に同じ印刷線幅と寸法設定で作図
できます。

47 印刷枠を作図するには

印刷枠　　　　　　　　　　　**練習用ファイル**　L47_印刷枠.jww

同じ用紙サイズでも印刷するプリンターによって印刷できる範囲が多少異なります。普段、使用しているプリンターでA4用紙の印刷可能な範囲を把握するため、印刷枠を補助線で作図しましょう。

印刷可能範囲を示す枠を作図する

After

白紙のファイルからA4横向きの印刷枠を補助線で示した図面を作成する

1 用紙サイズを設定する

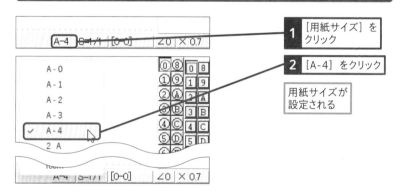

1 [用紙サイズ] をクリック

2 [A-4] をクリック

用紙サイズが設定される

💡 使いこなしのヒント

用紙サイズと縮尺を確認するには

図面の用紙サイズと縮尺は画面の右下の [用紙サイズ] ボタンと [縮尺] ボタンに表示されます。

用紙サイズと縮尺は画面の右下に表示される

2 縮尺をS=1/1にする

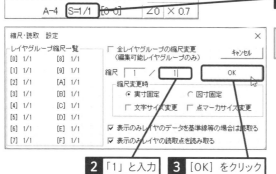

A-4 S=1/1 [0 0] ∠0 × 0.7

1 [縮尺] をクリック

[縮尺・読取　設定]
画面が表示された

縮尺・読取　設定　　　　　　　　　　　　　　×

レイヤグループ縮尺一覧
[0] 1/1　　[8] 1/1
[1] 1/1　　[9] 1/1
[2] 1/1　　[A] 1/1
[3] 1/1　　[B] 1/1
[4] 1/1　　[C] 1/1
[5] 1/1　　[D] 1/1
[6] 1/1　　[E] 1/1
[7] 1/1　　[F] 1/1

☐ 全レイヤグループの縮尺変更　　キャンセル
〈編集可能レイヤグループのみ〉

縮尺　| 1 / 1 |　　　　OK

縮尺変更時
　⊙ 実寸固定　　○ 図寸固定
　☐ 文字サイズ変更　☐ 点マーカサイズ変更

☑ 表示のみレイヤのデータを基準線等の場合は読取る
☑ 表示のみレイヤの読取点を読み取る

2 「1」と入力　　**3** [OK] をクリック

3 印刷枠の書込線を設定する

レッスン14を参考に [線属性] 画面を
表示しておく

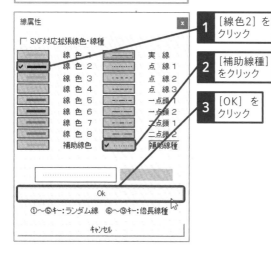

線属性　　　　　　　　　　　　　x

☐ SXF対応拡張線色・線種

　　　　　線 色 1　............　実 線
✓　　　　線 色 2　............　点 線 1
　　　　　線 色 3　----------　点 線 2
　　　　　線 色 4　- - - - -　点 線 3
　　　　　線 色 5　-・-・-・-　一点鎖 1
　　　　　線 色 6　-・-・-・-　一点鎖 2
　　　　　線 色 7　--・--・--　二点鎖 1
　　　　　線 色 8　--・--・--　二点鎖 2
　　　　　補助線色　✓ ....　補助線種

....

Ok

①～⑤キー：ランダム線　⑥～⑨キー：倍長線種

キャンセル

1 [線色2] を
クリック

2 [補助線種]
をクリック

3 [OK] を
クリック

💬 用語解説

補助線種
（ほじょせんしゅ）

補助線種は画面上に表
示され、他の線種と同
様に扱えますが、印刷
はされません。作図補
助のための線 (捨て線)
として使います。

次のページに続く➡

4 印刷枠の用紙サイズを設定する

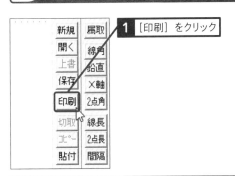

1 [印刷] をクリック

新規　属取
開く　線角
上書　鉛直
保存　X軸
印刷　2点角
切取　線長
コピー　2点長
貼付　間隔

プリンターの設定

プリンター
プリンター名(N): Canon TS5400 series HTTP　　プロパティ(P)...
状態: 準備完了
種類: Canon TS5400 series
場所: USB001
コメント:

用紙
サイズ(Z): A4
給紙方法(S): 自動選択

印刷の向き
○ 縦(O)
⊙ 横(A)

ヘルプ(H)　ネットワーク(W)...　OK　キャンセル

2 プリンターを選択

3 [A4] を選択

4 [横] をクリック

5 [OK] をクリック

A4横向きサイズの枠が
赤の実線で表示された

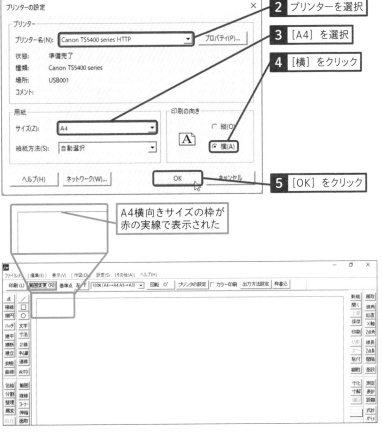

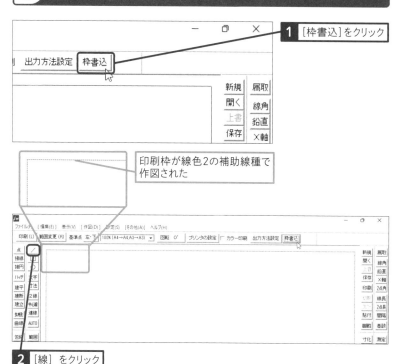

1 [枠書込]をクリック

出力方法設定　枠書込

印刷枠が線色2の補助線種で
作図された

2 [線] をクリック

🔆 使いこなしのヒント

印刷可能な範囲が表示される

[印刷] コマンドで表示される印刷枠は、
手順4の操作2で選択したプリンターで、
操作3で指定した用紙に印刷する際の印
刷可能な範囲を示します。この印刷枠の

大きさは、指定の用紙サイズよりやや小
さく、プリンター機種によっても多少異
なります。

🔆 使いこなしのヒント

印刷可能な範囲を補助線で作図する

これから作図する図面枠が、印刷可能な
範囲からはみ出すことのないように、事
前に、印刷可能な範囲を示す印刷枠を補
助線で作図しておきます。[枠書込] をク

リックすることで、表示されている印刷
枠を書込レイヤに、書込線色・線種で作
図します。

48 図面枠を作図するには

動画で見る

連続線選択　　　　　　　　　　練習用ファイル　L48_連続線選択.jww

レッスン47で作図した印刷可能範囲を示す印刷枠の3mm内側に図面枠を [線色7] の [実線] で作図しましょう。[複線] コマンドの連続線選択機能を使えば、1回の平行複写操作で作図できます。

図面枠を作図する

After

印刷枠の3mm内側に図面枠を作図する

1 図面枠の書込線を設定する

レッスン14を参考に [線属性] 画面を表示しておく

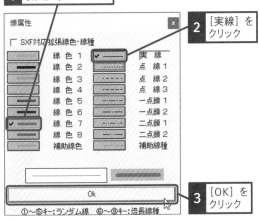

1 [緑色7] をクリック

2 [実線] をクリック

3 [OK] をクリック

※ 使いこなしのヒント

印刷枠いっぱいに作図すると印刷時に欠けることがある

印刷枠が印刷可能な最大範囲ですが、印刷枠の大きさで図面枠を作図すると、枠の辺が欠けて印刷される可能性があります。そのため、ここでは印刷枠の3mm内側に図面枠を作図します。

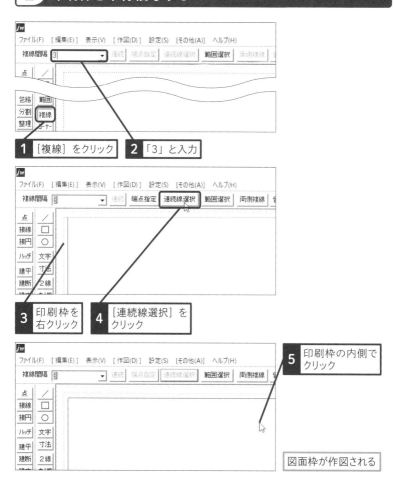

1 [複線] をクリック　2 「3」と入力

3 印刷枠を右クリック　4 [連続線選択] をクリック

5 印刷枠の内側でクリック

図面枠が作図される

使いこなしのヒント

円弧も平行複写の対象になる

[連続線選択]は、複写の対象線として線を指示した場合に限り有効です。指示した線に円弧が連続している場合には、その円弧も平行複写の対象となります。ただし、円弧が含まれる場合には、円弧が反対側にプレビュー表示されることがあります。その場合は、反対側にプレビュー表示されている複写元の円弧を右クリックしてプレビュー表示される方向を反転します。

49 重複した線を削除するには

重複整理 　　　　　　　　　　　　 **練習用ファイル** 　L49_重複整理.jww

レッスン48で作図した図面枠の右下に、レッスン44で図形登録した表題欄を配置しましょう。それにより図面枠の右辺と下辺に同一線色・線種の表題欄の右辺と下辺が重複します。[整理]コマンドを利用して重複した線を1本にしましょう。

重複している線を削除する

After

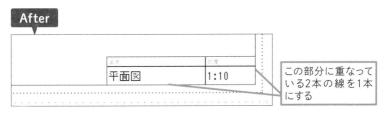

この部分に重なっている2本の線を1本にする

1 　表題欄を図面枠右下角に配置する

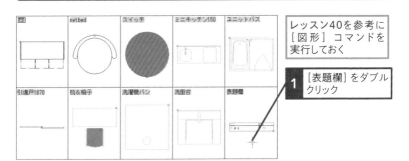

レッスン40を参考に[図形]コマンドを実行しておく

1 [表題欄]をダブルクリック

💡 使いこなしのヒント

[表題欄]は作図時と同じ大きさで配置できる

このレッスンでは、レッスン44で図形登録した図形「表題欄」を図面枠が作図されているレイヤ[0]に配置します。図形[表題欄]は、S=1/1の図面に作図し、図形

登録したものです。配置するこの図面枠もS=1/1であるため、実寸、図寸ともに作図時と同じ大きさで配置できます。

● 位置を設定する

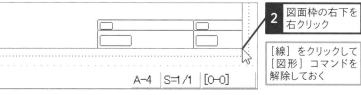

2 図面枠の右下を
右クリック

[線] をクリックして
[図形] コマンドを
解除しておく

A-4　S=1/1　[0-0]

2 重複した線を1本にする

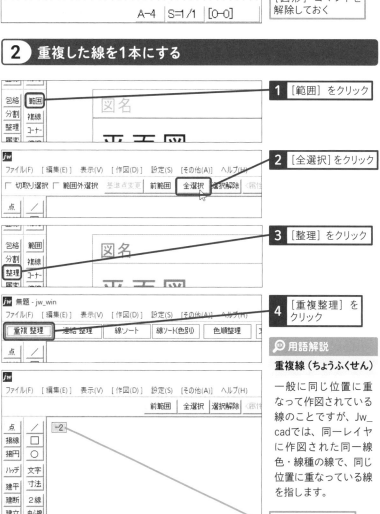

1 [範囲] をクリック

2 [全選択] をクリック

3 [整理] をクリック

4 [重複整理] を
クリック

重複線（ちょうふくせん）

一般に同じ位置に重なって作図されている線のことですが、Jw_cadでは、同一レイヤに作図された同一線色・線種の線で、同じ位置に重なっている線を指します。

重複した線2本が
削除された

50 印刷線幅を設定して図面を保存するには

印刷線幅   **練習用ファイル**   L50_印刷線幅.jww

Jw_cadの図面ファイルには、印刷線幅や文字種ごとのサイズ、寸法設定などの設定情報も保存されます。今後、この図面枠をテンプレートのように使うため、線色ごとの印刷線幅や寸法設定を行ったうえで保存します。

1 印刷時の線幅を設定する

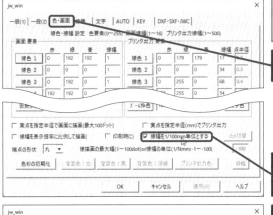

レッスン04を参考に[基本設定]画面を表示しておく

1 [色・画面]タブをクリック

2 ここをクリックしてチェックマークを付ける

3 線色1、3、4、6、8の線幅に「18」、線色2、5の線幅に「25」、線色7の線幅に「35」と入力

※ 使いこなしのヒント

mm単位で指定する

操作2のチェックマークを付けたので、[線幅]ボックスには「実際の印刷線幅×100」の数値を入力します。

● 線色6の実点サイズを変更する

4 ここをクリックしてチェックマークを付ける

線色 4					線色 4					
線色 5	192	0	192	1	線色 5	255	0	255	25	0.5
線色 6	0	0	255	1	線色 6	0	0	255	18	0.5
線色 7	0	128	128	1	線色 7	0	128	128	35	0.5

5 「0.5」と入力

6 [OK] をクリック

□ 実点を指定半径で画面に描画(最大100ドット)　☑ 実点を指定半径(mm)でプリンタ出力

| 選択色 | | | | | 背景色 | | | |
| 仮表示色 | 255 | 0 | 0 | | ズーム色 | 128 | 128 | 128 | 文字色 |

□ 実点を指定半径で画面に描画(最大100ドット)　☑ 実点を指定半径(mm)でプリンタ出力
□ 線幅を表示倍率に比例して描画(　□ 印刷時に)　☑ 線幅を1/100mm単位とする　dpi切替
端点の形状 丸 ▼　線描画の最大幅(1～100dot)or線幅の単位(1/Nmm:-1～-100)　-100
色彩の初期化　背景色:白　背景色:黒　背景色:深緑　プリンタ出力色　縮幅

[OK]　キャンセル　適用(A)　ヘルプ

> レッスン32を参考に[寸法設定]画面を表示して、寸法値の[文字種類]を「3」、[寸法線色][引出線色][矢印・点色]をそれぞれ「6」にしておく

2 図面を保存する

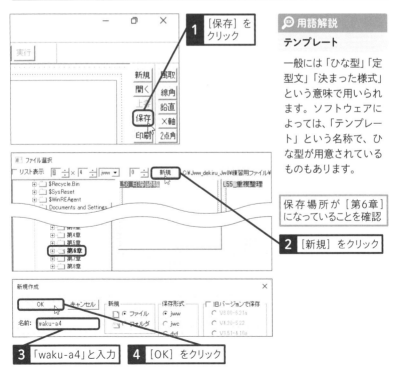

1 [保存]をクリック

実行

新規　属取
開く　線角
上書　鉛直
保存　×軸
印刷　2点角

2 [新規]をクリック

■ ファイル選択
□ リスト表示　8 ÷ × 4 ÷ jww ▼　0 ÷　新規　C:¥Jww_dekiru_Jw8¥種習用ファイル¥

田─ $Recycle.Bin　L50_印刷線幅　L55_重複整理
田─ $SysReset
田─ $WinREAgent
─ Documents and Settings

田─ 第3章
田─ 第4章
田─ 第5章
田─ **第6章**
田─ 第7章
田─ 第8章

> 保存場所が[第6章]になっていることを確認

新規作成　×
[OK]　キャンセル　新規　保存形式　□ 旧バージョンで保存
　　　　　　　　　　○ ファイル　⦿ jww　○ V5.0.0-6.21a
名前: waku-a4　○ フォルダ　○ jwc　○ V4.20-5.22
　　　　　　　　　　　　　　　○ dxf　○ V3.51-4.10a

3 「waku-a4」と入力

4 [OK] をクリック

用語解説

テンプレート

一般には「ひな型」「定型文」「決まった様式」という意味で用いられます。ソフトウェアによっては、「テンプレート」という名称で、ひな型が用意されているものもあります。

スキルアップ

［用紙サイズ］にない用紙で作図するには

Jw_cadでは、［用紙サイズ］をクリックして表示されるリストにない用紙は設定できません。A3縦サイズやB4サイズなど、リストにない用紙に作図する場合は、［枠書込］を利用します。例えば、A3縦サイズの用紙に作図したい場合は、用紙サイズをA3縦サイズが収まるA2に設定します。［印刷］コマンドで、［サイズ］を［A3］、［印刷の向き］を［縦］に指定し、A3縦サイズの印刷枠を補助線で作図します。その枠内に図面を作図してA3縦サイズの用紙設定で印刷します。

> 図面の［用紙サイズ］をA2に設定し、プリンターの［用紙］
> をA3縦にすることでA3縦の印刷枠を作成できる

活用編

第 7 章

部屋の平面図を
作るには

第6章で作図して保存したA4サイズの図面枠を開き、
縮尺を変更して別名で保存したうえで、部屋平面図を
レイヤ分けして作図しましょう。ここで作図する平面図は
S=1/100相当のものですが、ここでは、A4の図面枠
に合わせS=1/50で作図します。

51 作図の準備をするには

図面枠の設定　　　　　　　　**練習用ファイル**　L51_図面枠.jww

第6章で作図して保存したA4サイズの図面枠を開き、表題欄の図面名、縮尺を書き換えます。また、S=1/1の縮尺をこれから作図する図面の縮尺S=1/50に変更し、作図する図面用のレイヤ名を設定して、別のファイル名で保存しましょう。

作図の準備を整える

After　　図面枠の縮尺と表記を変更する

レイヤ [1] ～ [7] の
名前を変更する

1 縮尺を変更する

レッスン47を参考に [縮尺・読取　設定] 画面を表示しておく

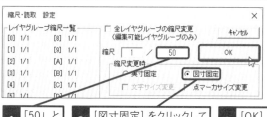

1 「50」と入力　**2** [図寸固定] をクリックしてチェックマークを付ける　**3** [OK] をクリック

2 表題欄を変更する

レッスン26を参考に [文字] コマンドを実行しておく

1 文字をクリック

2 「部屋平面図」と入力

3 Enter キーを押す

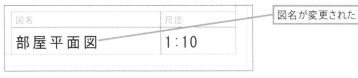

図名が変更された

図名	尺度
部屋平面図	1:50

同様の手順で尺度も変更する

3 レイヤ名を変更する

レッスン37を参考に [レイヤ一覧] 画面を表示しておく

1 レイヤ [0] を「図面枠」、レイヤ [1] を「通り芯・壁芯」、レイヤ [2] を「壁」、レイヤ [3] を「建具」に変更

2 レイヤ [4] を「設備」、レイヤ [5] を「その他」、レイヤ [6] を「部屋名」、レイヤ [7] を「寸法」に変更

3 [閉じる] をクリック

レッスン50を参考に別名で保存しておく

52 通り芯を作図するには

通り芯の作成　　　　　　　　　**練習用ファイル**　L52_通り芯.jww

レイヤ[1]（通り芯・壁芯）を書込レイヤにし、[線色6]の[一点鎖2]で、通り芯を作図しましょう。また、通り芯から1200mm外側に補助線を作図し、通り芯の出をその補助線に揃えましょう。

通り芯を作図する

After　　　　　　　通り芯を作図する

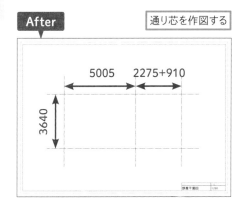

5005　　2275+910

3640

部屋平面図　1:50

💡 使いこなしのヒント

完成図を印刷したものを見ながら進めよう

ここからは細部の寸法が分かるよう、「平面図完成.jww」を印刷したものを手元に置いて、操作を進めてください。

1 書込線と書込レイヤを変更する

レッスン14を参考に書込線の線色を[線色6]、線種を[一点鎖2]にしておく

1 レイヤ[1]を右クリック

レイヤ[1]が書込レイヤになった

💡 使いこなしのヒント

通り芯の長さと位置は大まかでよい

この段階では、通り芯は適当な長さで、おおまかな位置に作図しておきます。後で長さを揃えます。作図位置も必要に応じて、後の手順で、整えます。

2 水平線と垂直線を作図する

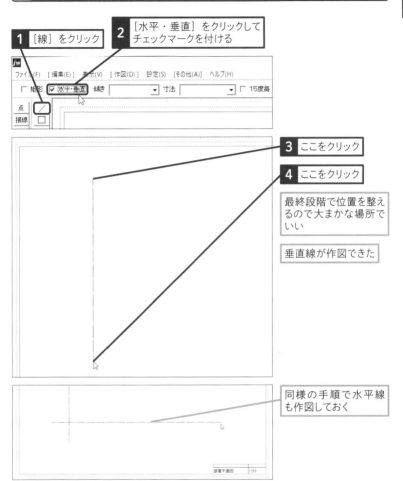

1 [線] をクリック

2 [水平・垂直] をクリックして
チェックマークを付ける

3 ここをクリック

4 ここをクリック

最終段階で位置を整え
るので大まかな場所で
いい

垂直線が作図できた

同様の手順で水平線
も作図しておく

次のページに続く➡

🔎 用語解説

通り芯（とおりしん）

建設する建物の設計、施工において基準
となる平面上の線で、一般にX方向（水
平方向）とY方向（垂直方向）に一点鎖
線で作図します。柱や壁は通り芯を基準
に配置するため、一般的に柱や壁の中心
を通る線となります。内部を仕切る間仕
切り壁や各建具なども通り芯からの寸法
で設置位置を指定します。

3 垂直線を平行複写する

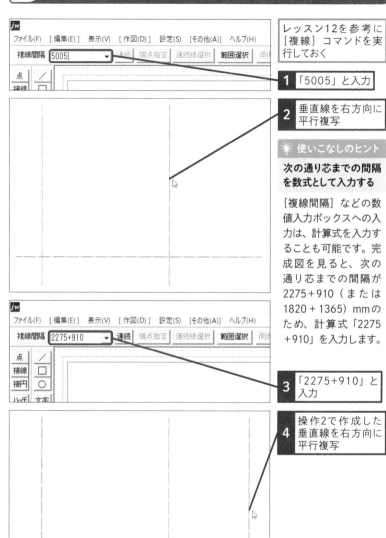

レッスン12を参考に[複線]コマンドを実行しておく

1 「5005」と入力

2 垂直線を右方向に平行複写

☀ 使いこなしのヒント

次の通り芯までの間隔を数式として入力する

[複線間隔]などの数値入力ボックスへの入力は、計算式を入力することも可能です。完成図を見ると、次の通り芯までの間隔が2275+910（または1820+1365）mmのため、計算式「2275+910」を入力します。

3 「2275+910」と入力

4 操作2で作成した垂直線を右方向に平行複写

4 水平線を平行複写する

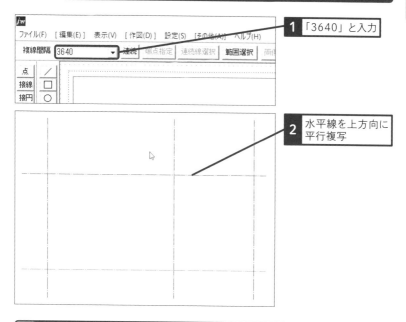

1 「3640」と入力

複線間隔 3640

2 水平線を上方向に平行複写

5 書込線を変更する

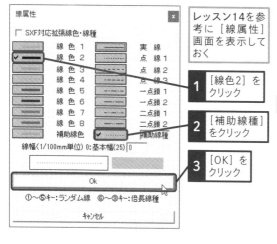

レッスン14を参考に［線属性］画面を表示しておく

1 ［線色2］をクリック

2 ［補助線種］をクリック

3 ［OK］をクリック

使いこなしのヒント

通り芯の出を揃える基準線を作図する

通り芯の出を揃えるための基準線を補助線で作図します。そのため、書込線を補助線種に変更します。補助線種は印刷されません。

次のページに続く ➡

レッスン12を参考に [複線] コマンドを実行しておく

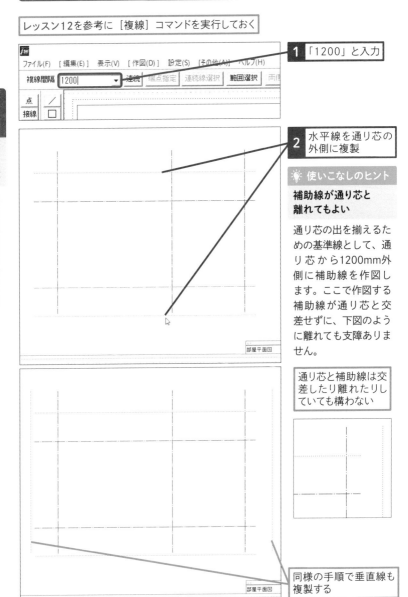

1 「1200」と入力

2 水平線を通り芯の外側に複製

💡 使いこなしのヒント

補助線が通り芯と離れてもよい

通り芯の出を揃えるための基準線として、通り芯から1200mm外側に補助線を作図します。ここで作図する補助線が通り芯と交差せずに、下図のように離れても支障ありません。

通り芯と補助線は交差したり離れたりしていても構わない

同様の手順で垂直線も複製する

活用編 第7章 部屋の平面図を作るには

7 通り芯の出を揃える

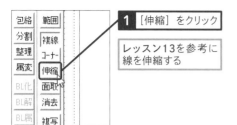

1 [伸縮] をクリック

レッスン13を参考に
線を伸縮する

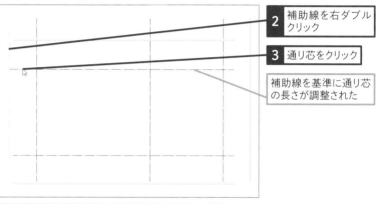

2 補助線を右ダブル
クリック

3 通り芯をクリック

補助線を基準に通り芯
の長さが調整された

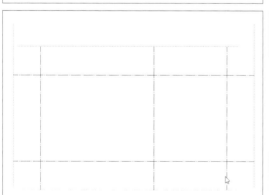

他の通り芯の長さも
外側の補助線を基準
に調整する

レッスン09を参考に [消去] コマンドを
実行して補助線を消去しておく

使いこなしのヒント

補助線は消去する

通り芯の出を揃えた
ら、不要になった4本
の補助線は、[消去]
コマンドで右クリック
して消去しましょう。

53 壁芯を作図するには

壁芯の作成　　　　　　　　　　**練習用ファイル**　L53_壁芯.jww

レイヤ [1]（通り芯・壁芯）に [線色6] の [一点鎖2] で、壁芯を作図しましょう。壁芯は [複線] コマンドを使って、通り芯を任意の長さで平行複写することで作図します。

複線コマンドで壁芯を作図する

Before

通り芯と長さの異なる壁芯を追加したい

After

複線コマンドで壁芯を追加した

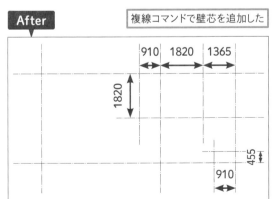

使いこなしのヒント

長さを指定して平行複写ができる

[複線] コマンドでは、指定間隔の位置に、複写対象にした線と同じ長さで平行複写されます。ここでは、始点と終点を指定して違う長さで平行複写する [端点指定] を新しく学習します。

用語解説

壁芯（かべしん）

ここでいう壁芯（かべしん）は、壁の中心を通る基準線のことです。分譲マンションの販売図面や戸建ての建物の登記簿などで建物面積を表示する方法として使われている壁芯（へきしん：壁の中心線に囲まれた部分の面積）とは別のものを指します。

1 水平方向の壁芯を作図する

レッスン14を参考に書込線を[線色6] [一点鎖2]にしておく	レッスン12を参考に[複線] コマンドを実行しておく

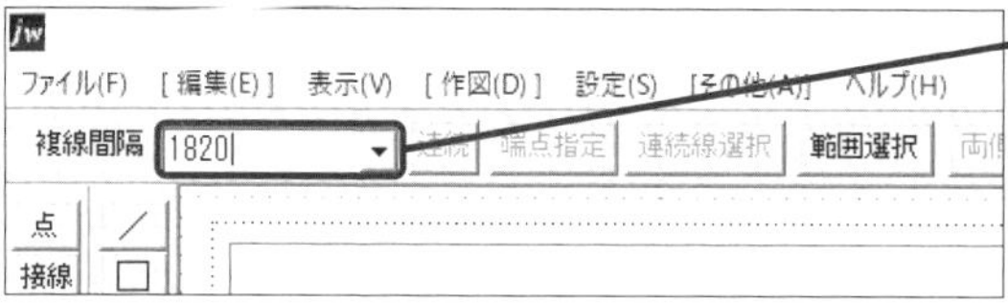

```
jw
ファイル(F) [編集(E)] 表示(V) [作図(D)] 設定(S) [その他(A)] ヘルプ(H)

複線間隔  1820        ▼   連続  端点指定  連続線選択  範囲選択  両側

点  ／
接線  □
```

1 「1820」と入力

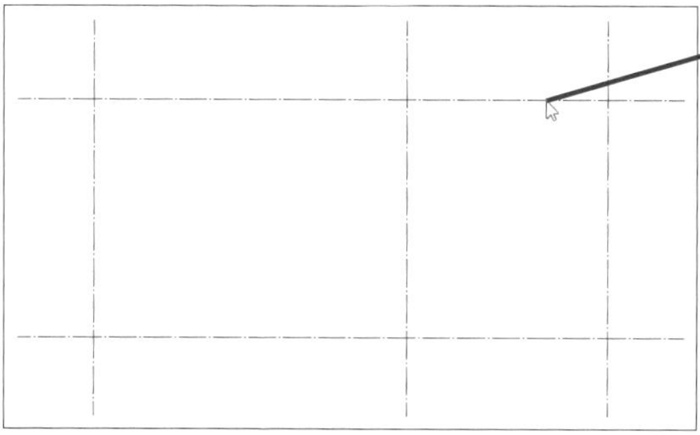

2 この通り芯を 右クリック

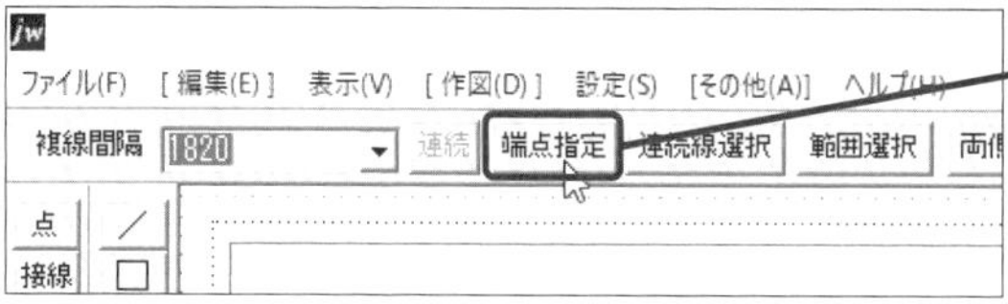

```
jw
ファイル(F) [編集(E)] 表示(V) [作図(D)] 設定(S) [その他(A)] ヘルプ(H)

複線間隔  1820        ▼   連続  端点指定  連続線選択  範囲選択  両側

点  ／
接線  □
```

3 [端点指定]を クリック

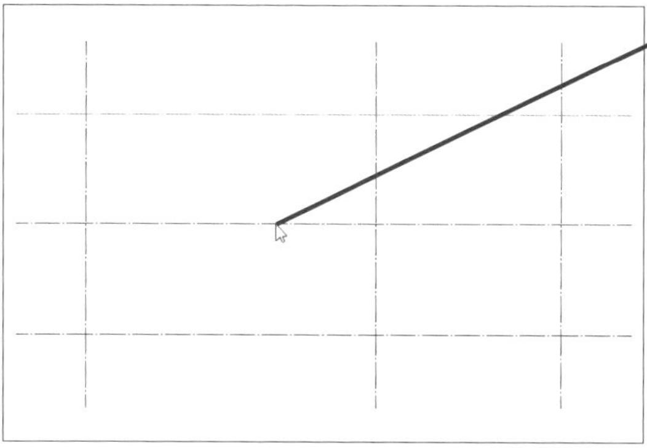

4 始点位置をクリック

次のページに続く ➡

● 終点と方向を指定する

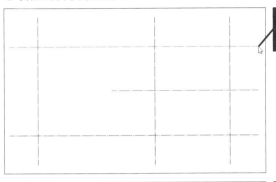

5 終点位置として上の通り芯の右端点を右クリック

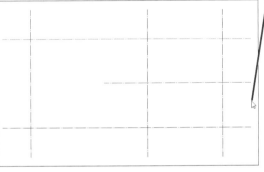

6 作図方向をクリック

壁芯が作図される

2 同間隔で垂直方向の壁芯を作図する

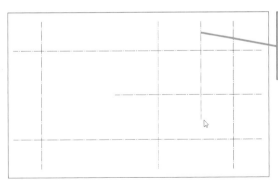

手順1を参考に中央の通り芯を1820mm右に平行複写し、右端の通り芯の上端点を始点として壁芯を作成

3 複線間隔を変更して壁芯を作図する

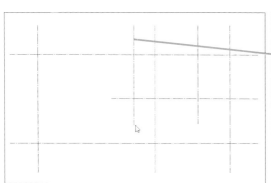

複線間隔を設定する

[複線間隔] を「910」
にしておく

手順1を参考に中央の
通り芯を複製し、左側
の通り芯の上端点を始
点として壁芯を作成

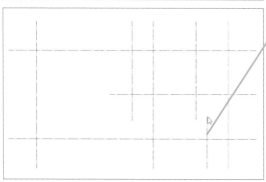

手順1を参考に右の通
り芯を複製し、中央の
通り芯の下端点を始点
として壁芯を作成

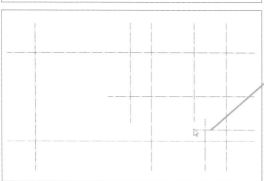

[複線間隔] を「455」
にしておく

手順1を参考に下の通
り芯を複製し、上の通
り芯の右端点を基準と
して壁芯を作成

54 各部の寸法を記入するには

寸法の一括処理　　　　　　　　　　　練習用ファイル　L54_一括寸法.jww

レイヤ［7］（寸法）を書込レイヤにし、通り芯・壁芯間の寸法を記入しましょう。
寸法の記入方法はレッスン31で学習していますが、ここでは、複数の線の間の
寸法を一括して記入する便利な［一括処理］も学習しましょう。

効率よく寸法を記入する

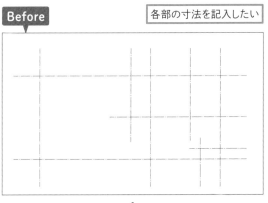

Before | 各部の寸法を記入したい

💡 使いこなしのヒント

**寸法を記入することで
間隔を確認できる**

通り芯・壁芯を作図し
たこの段階で、通り芯・
壁芯間の寸法を記入す
ることで、通り芯間の
間隔を誤って作図して
いないかを早い段階で
確認できます。

一括処理などを使ってすばやく
寸法を記入できる

After

1 上側に壁芯間の寸法を一括記入する

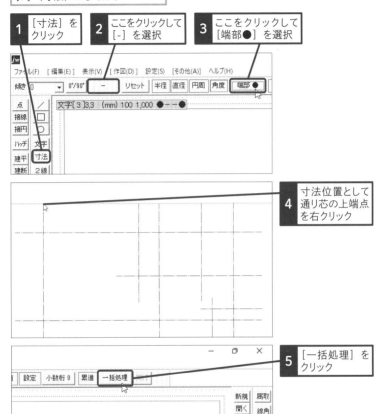

レッスン52を参考に書込レイヤを
[7](寸法)にしておく

1 [寸法]を
クリック

2 ここをクリックして
[-]を選択

3 ここをクリックして
[端部●]を選択

4 寸法位置として
通り芯の上端点
を右クリック

5 [一括処理]を
クリック

次のページに続く →

⚠ ここに注意

手順1で書込レイヤの変更を忘れないよ
うにしましょう。書込レイヤはレイヤバー
(凹表示)で確認するほか、ステータスバー
の[書込レイヤ]ボタンの表示でも確認
できます。

[書込レイヤ]ボタンの表示で
書込レイヤを確認できる

A-4 S=1/50 [0-7]寸法 ∠0

● 始線と終線を指定して実行する

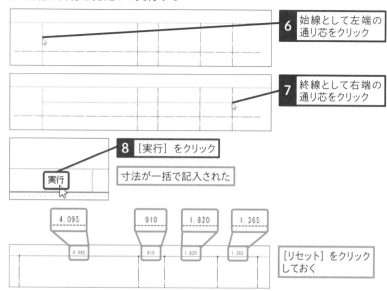

6 始線として左端の通り芯をクリック

7 終線として右端の通り芯をクリック

8 [実行] をクリック

実行

寸法が一括で記入された

4,095　910　1,820　1,365

4,095　910　1,820　1,365

[リセット] をクリックしておく

使いこなしのヒント

一括処理の対象を追加したり除外したりするには

操作8で寸法一括処理を実行する前に、操作6、操作7でクリックした線とその間の赤い点線に交差した線が対象として選択色表示になります。この段階で、別の線をクリックすることで、寸法記入の対象に追加したり、選択色の線をクリックすることで対象から除外したりできます。

ここに注意

引出線タイプ [=(1)] と [=(2)] では、基準点として右クリックした点から下側（傾きが90°のときは右側）に引出線開始位置と寸法線位置のガイドラインを表示します。基準点の上側（または左側）に表示する場合には、手順2の操作2のように基準点を2回右クリックします。基準点を右クリックしてマウスポインターを動かした場合には、ガイドラインは下側に表示されます。その場合は、[クリアー] ボタンをクリックして基準点指示からやり直してください。

1回めの右クリックでは寸法線の記入位置が下側に表示される

4,095

2 外側に全体の寸法を記入する

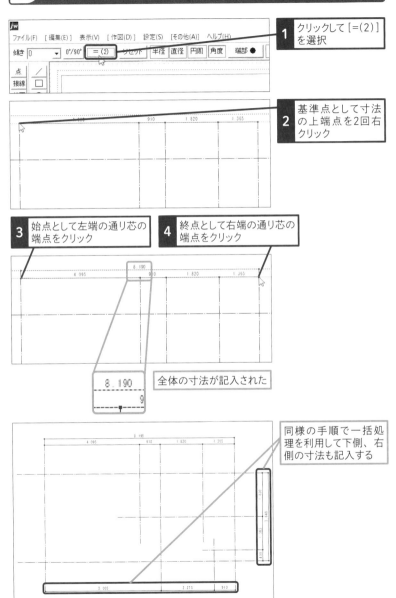

1 クリックして [=(2)] を選択

2 基準点として寸法の上端点を2回右クリック

3 始点として左端の通り芯の端点をクリック

4 終点として右端の通り芯の端点をクリック

全体の寸法が記入された

同様の手順で一括処理を利用して下側、右側の寸法も記入する

55 目盛を表示するには

目盛の表示 **練習用ファイル** L55_目盛の表示.jww

壁の作図や建具の配置の際に便利に点を指示できるよう、910mm間隔で目盛を表示しましょう。ここでは、作図済みの通り芯の交点に合わせ、910mm間隔の目盛点とその1/2（455mm）の目盛点を表示します。

図面に目盛を表示する

Before 作図の目安になる目盛を表示したい

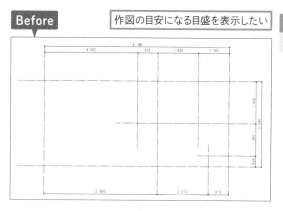

After 455 910 黒と水色の目盛が表示できた

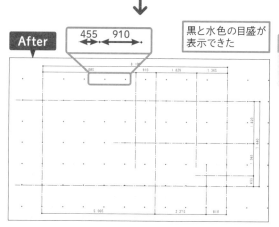

📖 用語解説

目盛（めもり）

Jw_cadでは、作図の目安として、一定間隔で点を表示する機能があります。この点は印刷されませんが、右クリックで読み取ることができます。これを「目盛」と呼びます。目盛は、図寸（mm）指定が基本ですが、実寸（mm）での指定もできます。

💡 使いこなしのヒント

目盛の間隔を確認しておこう

このレッスンでは、910mm間隔の目盛点（黒）と、それを2等分する目盛点（水色）を表示するように設定します。

1 目盛を設定する

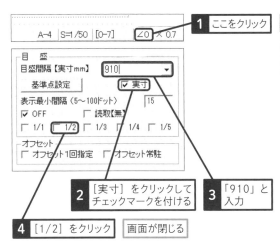

A-4 S=1/50 [0-7]   ∠0   × 0.7

1 ここをクリック

目　盛
目盛間隔【実寸mm】 910
基準点設定 　　　　　　　☑ 実寸
表示最小間隔（5～100ドット）   15
☑ OFF　　　　　□ 読取【無】
□ 1/1 □ 1/2 □ 1/3 □ 1/4 □ 1/5
オフセット
□ オフセット1回指定 □ オフセット常駐

2 [実寸] をクリックして
チェックマークを付ける

3 「910」と
入力

4 [1/2] をクリック　　画面が閉じる

2 基準点を設定する

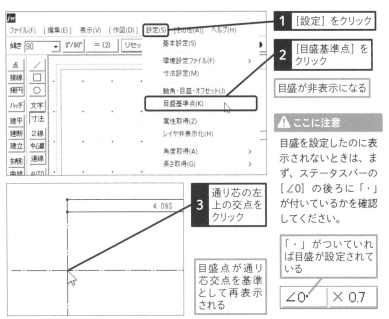

ファイル(F) [編集(E)] 表示(V) [作図(D)] 設定(S) [その他(A)] ヘルプ(H)

傾き 90 ▼ 0°/90° = (2) リセッ

点　／
接線　□
接円　○
ハッチ　文字
建平　寸法
建断　2線
建立　中心線
多角形　連線
曲線　AUTO

基本設定(S)　　　　　▶
環境設定ファイル(F)　　>
寸法設定(M)
軸角・目盛・オフセット(J)
目盛基準点(K)
属性取得(Z)
レイヤ非表示化(H)
角度取得(A)　　　　　>
長さ取得(G)　　　　　>

1 [設定] をクリック

2 [目盛基準点] を
クリック

目盛が非表示になる

3 通り芯の左上の交点を
クリック

4.095

目盛点が通り芯交点を基準として再表示される

56 壁線を作図するには

2線　　　　　　　　　　　　**練習用ファイル**　L56_2線.jww

レイヤ［2］（壁）を書込レイヤにし、［線色2］の［実線］で、通り芯・壁芯からの振分け75mmの壁を作図しましょう。ここでは、基準線の両側に指定間隔の平行線を作図する［2線］コマンドを利用して壁を作図します。

通り芯をもとに壁線を作図する

Before　芯の両側に線を手早く作図したい

用語解説

振分け（ふりわけ）

ここでは、通り芯や壁芯などの基準線からその両側の壁線までの間隔を示すために用いています。一般に「75mm振分け」は基準線を中心とした厚さ150mmの壁のことです。

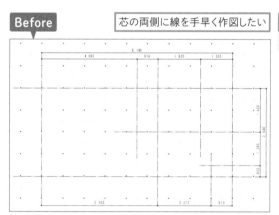

↓　芯振分け75mmの壁線を作図できた

After

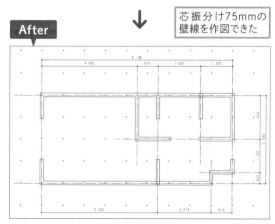

1 2線コマンドを実行する

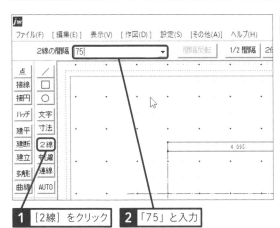

1 [2線] をクリック
2 「75」と入力

🗩 **用語解説**

留線常駐（とめせんじょうちゅう）・留線出（とめせんで）

[2線] や [複線] コマンドで、2本の線の端部に作図される線が「留線」です。「留線出」は、本来の線端部から留線までの間隔で、「留線常駐」は留線を作図する機能を継続する指定です。

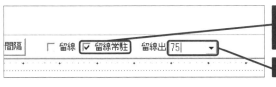

3 [留線常駐] をクリックしてチェックマークを付ける

4 「75」と入力

2 基準線と始点を設定する

レイヤ [2] を書込レイヤにしておく

レッスン14を参考に書込線を[線色2][実線]にしておく

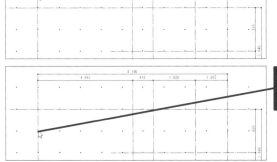

1 基準線として左側の通り芯をクリック

2 始点として開口上に相当する目盛点を右クリック

次のページに続く →

3 上側の壁線を作図する

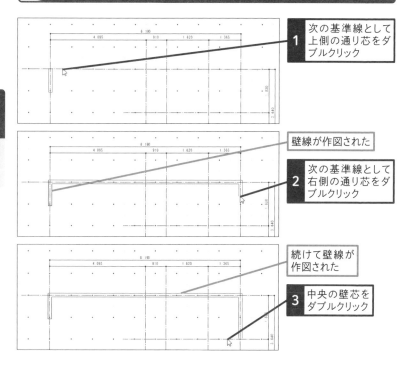

1 次の基準線として上側の通り芯をダブルクリック

壁線が作図された

2 次の基準線として右側の通り芯をダブルクリック

続けて壁線が作図された

3 中央の壁芯をダブルクリック

☀ 使いこなしのヒント

基準線をダブルクリックしてつなげていく

[2線] コマンドでは、基準線をクリックし、始点と終点を指示することで、基準線の両側に指定間隔で平行線を作図します。手順3の操作1のように終点を指示せずに、次の基準線をダブルクリックすることで現在プレビュー表示されている2線につなげて次の2線を作図できます。

☀ 使いこなしのヒント

作図した壁線の終点部分を確認しよう

作図した壁線の終点部分を見てみましょう。手順1の操作3、操作4で指定した通りの位置に留線が作図されています。

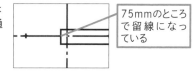

75mmのところで留線になっている

4 終点を指定する

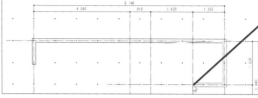

1 壁芯との交点を右クリック

壁線が確定した

5 下側の壁線を作図する

手順2、手順3と同様の手順で下のヒントを参考に
下側の壁線を作図する

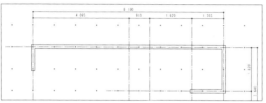

1 基準線として通り芯をダブルクリック

下のヒントを参考に基準線を順にダブルクリックする

下側の壁線が確定した

💡 使いこなしのヒント

基準線をダブルクリックしてつなげる

手順5の操作1の後、始点を指示し、右図
の順に基準線をダブルクリックで指示し、
終点として下図の目盛点を右クリックし
ます。

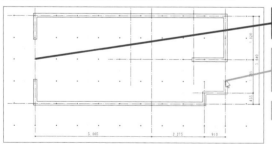

❶～❹の順に
ダブルクリック
して基準線に
設定する

57 壁線をつなげて作図するには

指示線包絡　　　　　　　　　　　　**練習用ファイル**　L57_指示線包絡.jww

動画で見る

レッスン56で作図した壁線からつなげて、内側の壁線を同じ間隔（壁芯から75mm振分け）で作図します。基準線を指示した後、始点指示時に作図済みの壁線を右ダブルクリックすることで、作図済みの壁線からつなげて壁線を作図できます。

壁線を途中から分岐させる

Before　上下の壁線につながった壁線を作図したい

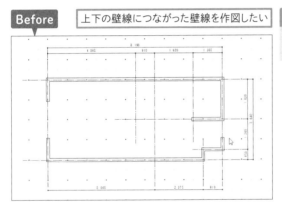

After　壁線を分岐させて作図できた

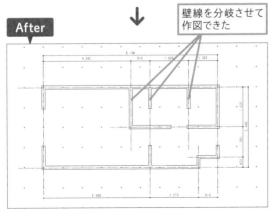

📖 用語解説

包絡処理（ほうらくしょり）

壁と壁、柱と壁の線が重なったり、交差したりした部分を、それらが一体化するように一括して処理するCADの機能です。Jw_cadの[包絡]コマンドでは、柱、壁の線に限らず、同じレイヤに同じ線色・線種で作図されている線を対象として処理を施します。

1 始点を指定する

レッスン56を参考に［2線］をクリックして
壁芯をクリックしておく

| 1 | 基準線として左側の壁芯をダブルクリック |
| 2 | 始点として壁線を右ダブルクリック |

壁線がつながった

2 追加の壁線を作図する

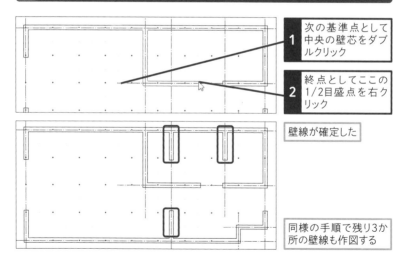

1 次の基準点として中央の壁芯をダブルクリック

2 終点としてここの1/2目盛点を右クリック

壁線が確定した

同様の手順で残り3か所の壁線も作図する

⚠ ここに注意

手順1操作2の始点指示時や終点指示時に、点ではなく、既存線を右ダブルクリックすることで既存線につなげた2線を作図します。既存の線を右ダブルクリックする位置に注意が必要です。

58 建具を配置するには

| 建具の配置 | 練習用ファイル | L58_建具の配置.jww |

レイヤ［3］（建具）に、図形として用意されている窓、ドアなどの建具を配置します。ここでは、開口部中心の目盛点を指示して配置します。目盛点を指示しやすいよう、通り芯・壁芯線が作図されているレイヤ［1］を非表示にして行いましょう。

ドアや引き戸などの建具を配置する

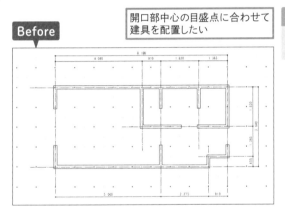

Before

開口部中心の目盛点に合わせて建具を配置したい

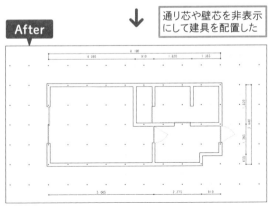

After

通り芯や壁芯を非表示にして建具を配置した

💡 使いこなしのヒント

作業の工程を意識してレイヤを描き分けよう

通り芯、壁芯は、すべてレイヤ［1］に作図しているため、レイヤ［1］を非表示にすることで、作図画面から一時的に消すことができます。作図画面を見やすいように、そのレイヤに作図されている点を右クリックで読取らないように、あるいは、消去操作をする際にそのレイヤに作図されているものを消さないようにといった場合に、レイヤを描き分けてあると便利です。

1 引違戸を配置する

レッスン39を参考にレイヤ1を非表示にし、レイヤ3を書込レイヤにしておく

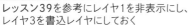

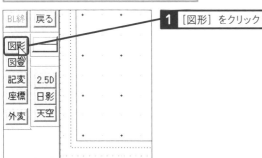

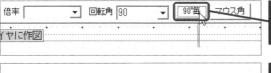

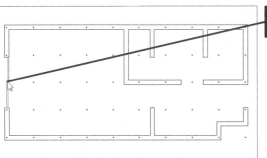

1 [図形] をクリック

図形ファイルを読み込みます。

2 [引違戸1670] をダブルクリック

3 ここをクリックして [回転角] を [90] にする

4 開口中心の目盛点を右クリック

⚠ ここに注意

建具を配置するレイヤ [3] を書込レイヤにすることと、通り芯・壁芯が作図されているレイヤ [1] を非表示にすることを忘れないようにしましょう。

58 建具の配置

次のページに続く→

できる 165

2 片開戸を配置する

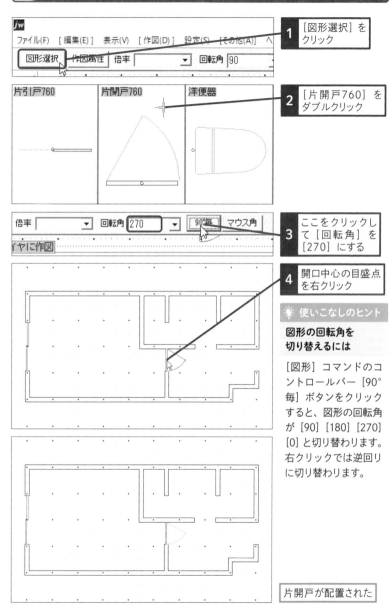

1 [図形選択] をクリック

2 [片開戸760] をダブルクリック

3 ここをクリックして [回転角] を [270] にする

4 開口中心の目盛点を右クリック

使いこなしのヒント

図形の回転角を切り替えるには

[図形] コマンドのコントロールバー [90°毎] ボタンをクリックすると、図形の回転角が [90] [180] [270] [0] と切り替わります。右クリックでは逆回りに切り替わります。

片開戸が配置された

3 片引戸を左右反転して配置する

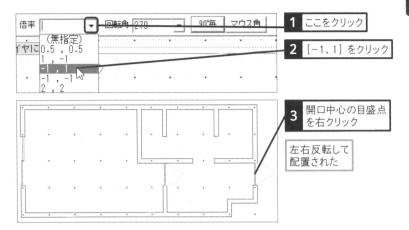

1 ここをクリック

2 [−1、1] をクリック

3 開口中心の目盛点を右クリック

左右反転して配置された

4 片引戸を2か所に配置する

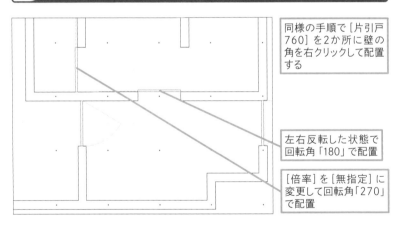

同様の手順で [片引戸760] を2か所に壁の角を右クリックして配置する

左右反転した状態で回転角「180」で配置

[倍率] を [無指定] に変更して回転角「270」で配置

使いこなしのヒント

図形の倍率を変えて配置するには

[図形] コマンドのコントロールバー [倍率] ボックスに、登録時の図形の大きさを「1」とした倍率を入力することで、図形の大きさを変えて配置できます。倍率は、横方向の倍率と縦方向の倍率を「,」で区切って入力します。横方向と縦方向は、サムネイル表示の姿に対する横と縦です。

59 バスやトイレを配置するには

衛生機器の配置　　　　　　　　　**練習用ファイル**　L59_衛生機器配置.jww

レイヤ [4]（設備）に、図形として用意されている洋便器、ユニットバスなどの設備機器を配置します。ここでは、壁の角などを右クリックして配置します。誤って目盛点を読み取らないよう、目盛を非表示にして行いましょう。

バスやトイレなどの衛生機器を配置する

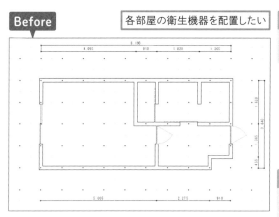

Before

各部屋の衛生機器を配置したい

After

目盛点を非表示にして
衛生機器を配置した

💡 使いこなしのヒント

**目盛の表示を
切り替えるには**

[軸角・目盛・オフセット設定] 画面の [OFF] をクリックすることで、画面が閉じ、作図画面の目盛が非表示になります。

💡 使いこなしのヒント

**中心点を取得して
配置する**

手順2では、洋便器の基準点を後ろの壁の中心に合わせて配置します。壁線の中心には右クリックで読取れる点はありません。[中心線取得] コマンドを利用することで、壁線の中心点（中点と呼ぶ）を読取り、洋便器の基準点を合わせて配置できます。

1 目盛を非表示にする

レッスン55を参考に［軸角・目盛・オフセット　設定］画面を表示しておく

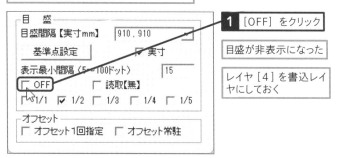

```
目盛
目盛間隔【実寸mm】      910,910
  基準点設定              ☑ 実寸
表示最小間隔（5～100ドット）   15
☐ OFF      ☐ 読取【無】
☐ 1/1  ☑ 1/2  ☐ 1/3  ☐ 1/4  ☐ 1/5
オフセット
☐ オフセット1回指定  ☐ オフセット常駐
```

1 ［OFF］をクリック

目盛が非表示になった

レイヤ［4］を書込レイヤにしておく

2 洋便器を壁線の中点に合わせて配置する

レッスン40を参考に［図形］をクリックしておく

［図形選択］をクリックしてファイル選択画面を表示しておく

片開戸760　　洋便器　　冷蔵庫

1 ［洋便器］をダブルクリック

```
倍率 [      ▼] 回転角 [270 ▼] [90°毎] マウス角
```

2 回転角を［270］に設定

```
jw
ファイル(F) [編集(E)] 表示(V) [作図(D)] 設定(S) [その他(A)] ヘルプ(H)
  図形選択  作図属性  倍率          基本設定(S)
点  /  ●書込レイヤに作図          環境設定ファイル(F)    >
                              寸法設定(M)
建立                           角度取得        >
多角形  連線                    長さ取得(G)      >
曲線  AUTO
                              中心点取得(P)
包絡  範囲                      線上点・交点取得(U)
公割                           円周1/4点取得(O)
```

3 ［設定］をクリック

4 ［中心点取得］をクリック

次のページに続く➡

● 配置場所を指定する

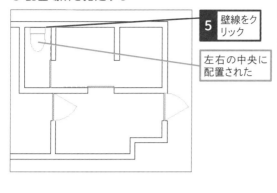

5 壁線をクリック

左右の中央に配置された

☀ 使いこなしのヒント

間違えて配置した場合は [戻る] で操作を取り消す

図形を配置する際に、本来右クリックするところをクリックしてしまったり、違う位置に配置されてしまったりした場合には、[戻る] をクリックして図形の配置を取り消し、配置位置の指示をやり直してください。

3 ユニットバスを配置する

[図形選択] をクリックして [ファイル選択] 画面を表示しておく

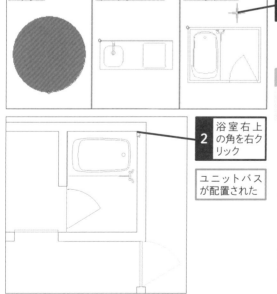

スイッチ　　　ミニキッチン150　　ユニットバス

1 [ユニットバス] をダブルクリック

2 浴室右上の角を右クリック

ユニットバスが配置された

☀ 使いこなしのヒント

ユニットバスも同じ角度で配置する

手順2で配置した [洋便器] で [回転角] を「270」にしたため、[ユニットバス] も270°回転してプレビュー表示されます。ユニットバスの入り口が洗面室側に向いていることを確認したうえで、浴室の右上角を右クリックして配置してください。

活用編

第7章 部屋の平面図を作るには

[図形選択] をクリックして [ファイル選択]
画面で [洗濯機パン] を選択しておく

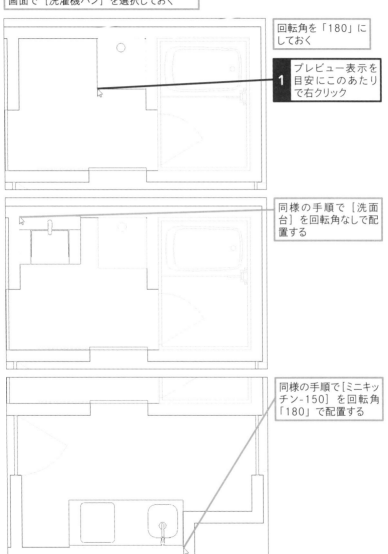

回転角を「180」に
しておく

1 プレビュー表示を
目安にこのあたり
で右クリック

同様の手順で [洗面
台] を回転角なしで配
置する

同様の手順で[ミニキッ
チン-150] を回転角
「180」で配置する

玄関収納と框の線を追加するには

外形線と見切線　　　　　　　**練習用ファイル**　L60_外形線.jww

レイヤ［5］（その他）に［線色1］の［実線］で、玄関収納の外形線と上がり框の線を作図しましょう。すでに学習している［線］コマンドの［水平・垂直］や［複線］コマンドの［端点指定］を利用して作図します。

玄関収納の外形線と框の線を作図する

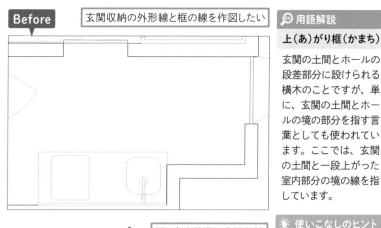

Before　玄関収納の外形線と框の線を作図したい

After　　↓　開口部を基準に玄関収納と框の線を記入できた

🔎 用語解説

上（あ）がり框（かまち）

玄関の土間とホールの段差部分に設けられる横木のことですが、単に、玄関の土間とホールの境の部分を指す言葉としても使われています。ここでは、玄関の土間と一段上がった室内部分の境の線を指しています。

💡 使いこなしのヒント

玄関収納の外形線の長さについて

ここで作図する玄関収納の外形線は、奥行を玄関側の壁の長さとし、ミニキッチンの右端までをその横幅として作図します。

1 [線] コマンドで収納の外形線を作図する

レッスン39を参考にレイヤ [5] を書込レイヤにしておく	レッスン14を参考に書込線を [線色1] [実線] に変更しておく

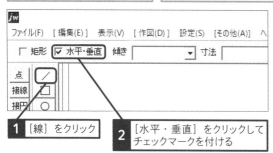

1 [線] をクリック	2 [水平・垂直] をクリックして チェックマークを付ける

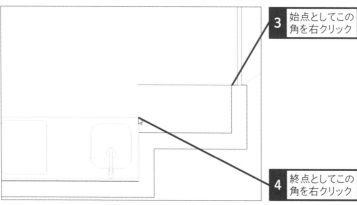

3 始点としてこの 角を右クリック

4 終点としてこの 角を右クリック

玄関収納の水平線が 作図された

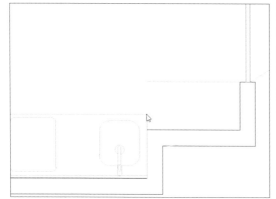

💡 **使いこなしのヒント**

玄関収納の外形線は ミニキッチンの右端に 合わせる

玄関収納の幅にあたる 外形線は、玄関開口の 角を始点として、ミニ キッチンの右端まで作 図します。

次のページに続く →

● 垂直方向の線も作図する

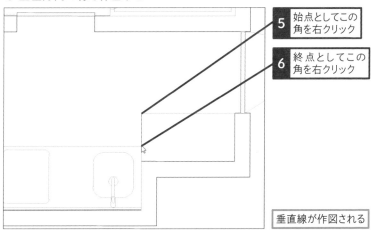

5 始点としてこの角を右クリック

6 終点としてこの角を右クリック

垂直線が作図される

2 [複線] コマンドで上がり框の線を作図する

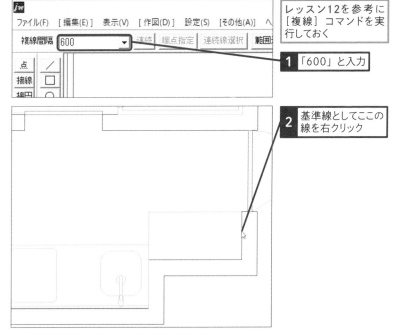

レッスン12を参考に[複線]コマンドを実行しておく

1 「600」と入力

2 基準線としてここの線を右クリック

● 端点を指定して作図方向を指定する

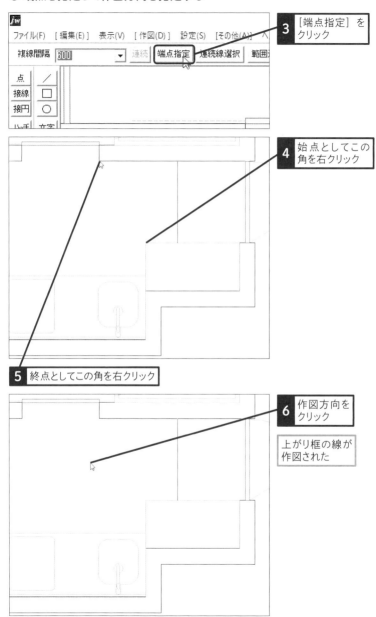

3 [端点指定] を
クリック

4 始点としてこの
角を右クリック

5 終点としてこの角を右クリック

6 作図方向を
クリック

上がり框の線が
作図された

61 平面図を完成するには

平面図の完成　　　　　　**練習用ファイル**　L61_移動.jww

レイヤ［6］（部屋名）に［文字種4］で部屋名を記入します。部屋名が記入できたら、すべてのレイヤを編集可能にし、平面図が図面枠の中央に位置するよう、［移動］コマンドで調整しましょう。

部屋名を記入して位置を整える

Before　　各部屋の名前を記入して仕上げたい

💡 **使いこなしのヒント**

部屋名の記入と微調整を行う

このレッスンでは各部屋の部屋名を記入します。さらに、部屋平面図が図面枠の片側に寄っていたりする場合には、その位置が図面枠のほぼ中央になるように、平面図全体を移動します。

After　↓　文字を追加して平面図を中央に配置した

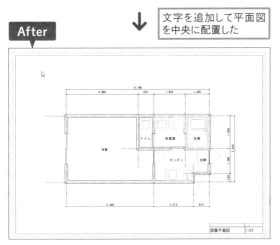

1 浴室に部屋名を記入する

レッスン39を参考に書込レイヤをレイヤ［6］にしておく

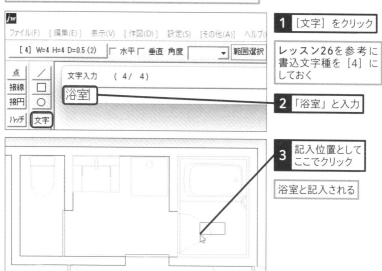

1 ［文字］をクリック

レッスン26を参考に書込文字種を［4］にしておく

2 「浴室」と入力

3 記入位置としてここでクリック

浴室と記入される

2 位置を揃えて部屋名を書き換え複写する

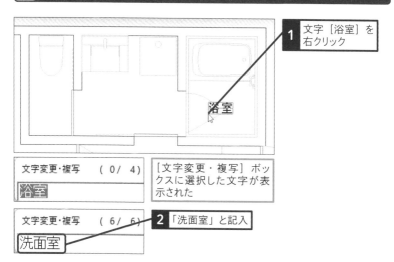

1 文字［浴室］を右クリック

［文字変更・複写］ボックスに選択した文字が表示された

文字変更・複写　　（ 0/ 4）

浴室

文字変更・複写　　（ 6/ 6）

洗面室

2 「洗面室」と記入

次のページに続く→

● 文字の上下の位置を揃える

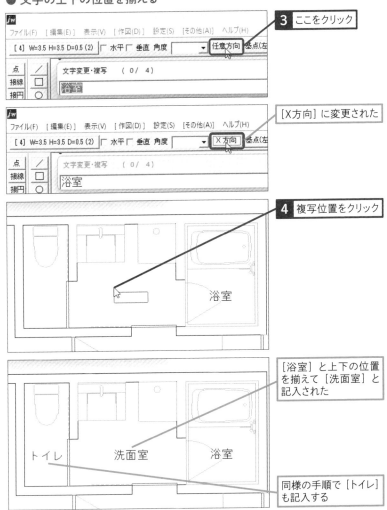

3 ここをクリック

[X方向]に変更された

4 複写位置をクリック

浴室

[浴室]と上下の位置を揃えて[洗面室]と記入された

トイレ　　　洗面室　　　浴室

同様の手順で[トイレ]も記入する

◆ 使いこなしのヒント

文字の複写方向を水平方向に固定するには

手順2の操作3で[任意方向]ボタンをクリックする都度、[X方向](画面の水平方向に固定)[Y方向](画面の垂直方向に固定)[XY方向](水平または垂直方向のマウスの移動距離の長い方に固定)[任意方向](固定なし)に切り替わります。

● 他の部屋名も入力する

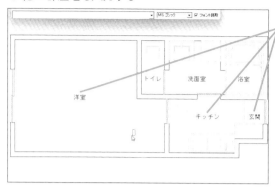

同様の手順で［洋室］
［キッチン］［玄関］
も記入する

3 すべてのレイヤを編集可能にする

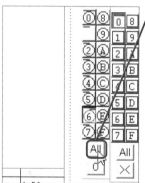

1 ［ALL］を右クリック

次のページに続く ➡

使いこなしのヒント

**すべてのレイヤを
編集可能にする**

手順4以降で平面図全
体を移動することでレ
イアウトを整えます。
そのため、ここですべ
てのレイヤを編集可能
にします。レイヤバー
の［All］ボタンを右ク
リックすると、すべて
のレイヤが一括して編
集可能になります。

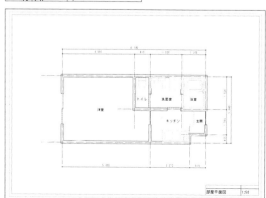

すべてのレイヤが編集
可能になった

4 平面図の要素をすべて選択する

1 [範囲] をクリック

⚠ **ここに注意**

文字を含む図を選択するときの選択枠の終点指示は、クリックと右クリックでは結果が異なります。手順4の操作3では必ず右クリックしてください。左クリックした場合には、選択枠内の文字が選択されません。

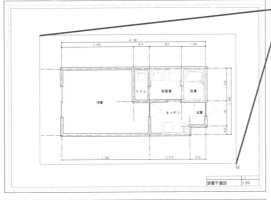

2 ここをクリック

3 ここを右クリック

💡 **使いこなしのヒント**

選択されている要素を追加・除外するには

終点を右クリックすると、選択枠に全体が入るすべての要素が選択され、選択色になります。この段階で、線・円をクリック、文字は右クリックすることで、追加選択したり、選択されている要素を除外したりできます。

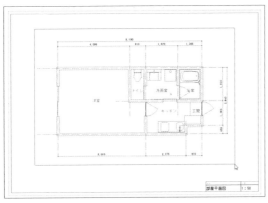

図面全体が選択された

5 図面枠の中央に移動する

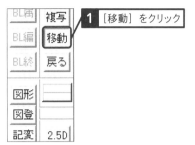

1 [移動] をクリック

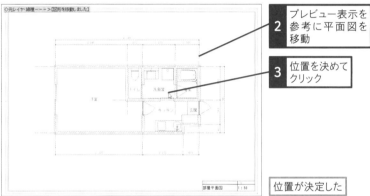

◇元レイヤ:線種----＞[図形を移動しました]

2 プレビュー表示を参考に平面図を移動

3 位置を決めてクリック

位置が決定した

使いこなしのヒント

プレビュー表示を目安にほぼ中央に移動する

[移動] コマンドでは、選択した要素を指定位置に移動します。基本的な操作は[複写] コマンドと同じです。ここでは、自動的に決められた移動の基準点にマウスポインターを合わせ、移動対象の平面図がプレビュー表示されます。プレビュー表示を目安に、平面図が図面枠のほぼ中央になるよう、移動先をクリックしましょう。

使いこなしのヒント

作図が完了してからもレイアウトは変更できる

全て作図が完了した後でも、図面のレイアウトは自由に変更できます。はじめに作図する通り芯の位置に特別注意を払わなくともよいのは、こうした機能があるからです。「壁はどうやって描くのだっけ?」「元の線と違う長さで平行複写するには、どうするのだっけ?」という場合には、該当するレッスンのページを開き、そのレッスン用の練習用ファイルを使えば、その操作だけを再び練習できます。

スキルアップ

［属取］でレイヤを非表示にするには

非表示にしたい通り芯・壁芯がどのレイヤに作図されているのか分からないときは、［属取］コマンドを2回クリックして、作図画面左上に［レイヤ非表示化］と表示されたら、通り芯をクリックしてください。クリックした要素が作図されているレイヤが非表示になります。ただし、それが書込レイヤの場合は、［書込レイヤです］と表示され変化しません。

活用編

第7章 部屋の平面図を作るには

［レイヤ非表示化］と表示されたら
非表示にしたい要素をクリックする

```
Jw  S-Chap07.jww - jw_win
ファイル(F)  [編集(E)]  表示(V)  [作図(D)]  設定(S)  [その他(A)]  ヘルプ(H)
□ 切取り選択 □ 範囲外選択  基準点変更  前範囲  全選択  選択解除 〈属性選択〉
```

点	／
接線	□
接円	○
ハッチ	文字
建平	寸法
建断	2線
建立	中心線
多角形	連線
曲線	AUTO
包絡	範囲
分割	複線
整理	コーナー

レイヤ非表示化

4. 095

活用編

第8章

図面を流用・編集するには

一度描いた図は、再び描かなくてよいのがCADです。作図済みの部屋平面図を反転複写してアパートの1フロアの図面を作成したり、作図済み図の一部を切り取りコピーして部分詳細図を作図したり、様々な流用ができます。この章では、こうした流用に役立つ編集操作を学習しましょう。

62 図面を回転移動するには

| 図面の回転 | **練習用ファイル** 図面の回転.jww |

部屋名の入った平面図を90°回転しましょう。[移動] コマンドで回転角を指定
して移動します。部屋名の文字も90°回転するので、回転移動後に、[整理]
コマンドを使って、全ての文字の角度を一括して水平方向（0°）に変更します。

活用編 第8章 図面を流用・編集するには

図面を90°回転させる

Before 文字が入った図面を回転したい

↓

After

文字の向きも正しく
回転できた

使いこなしのヒント

**部屋の名前も
90°回転する**

[移動] コマンドで文
字も含めて90°回転移
動するため、手順1、
手順2の実行後は部屋
名も90°に傾きます。

使いこなしのヒント

先に範囲を選択する

[複写] コマンドと同
様に、移動対象を選択
した後、[移動] コマ
ンドをクリックします。
[移動] コマンドをク
リックすると、自動的
に決められた基準点に
マウスポインターが合
わせられて、移動対象の
平面図がプレビュー表
示されます。

1 図面全体を選択する

レッスン61を参考に［範囲］を
クリックしておく

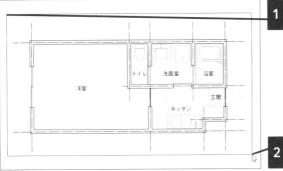

1 始点としてここを
クリック

2 終点としてここを
右クリック

図面全体が選択された

⚠ ここに注意

クリックした場合、選
択枠内の文字要素は選
択されません。Escキー
を押して、終点指示を
取り消してから、終点
を右クリックし直して
ください。

3 ［移動］をクリック

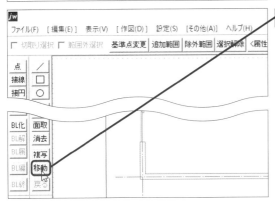

次のページに続く ➡

できる 185

2 回転して移動する

1 「90」と入力

2 移動先をクリック

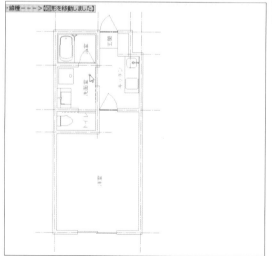

90度回転して移動した

3 文字の向きを一括変更する

レッスン61を参考に［範囲］をクリックしておく

1 ［前範囲］を
クリック

手順1で選択していた範囲が選択された

2 ［整理］をクリック　　3 ［文字角度整理］をクリック

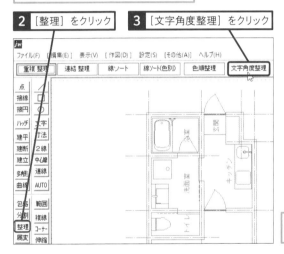

文字の向きが一括で
水平方向に変更される

使いこなしのヒント

直近で選択した範囲が選択される

［前範囲］をクリックすると、直近に選
択した対象（ここでは手順1で選択した
平面図）が選択され、選択色で表示され
ます。

使いこなしのヒント

文字の角度を一括で変更できる

［整理］（データ整理）コマンドの［文字
角度整理］では、選択されている文字の
角度を［軸角］の角度（この図では0°）
に一括変更します。

63 図面を反転複写するには

動画で見る

反転

練習用ファイル L63_反転複写.jww

作図済みのアパートの1室の平面図を右側に反転複写しましょう。[複写] コマンドの [反転] で、基準線を指示することで、線対称に複写することができます。複写で逆向きになった引違戸は、左右反転移動をして修正します。

図面を左右反転して複写する

Before

図面を反転して
隣接させたい

After

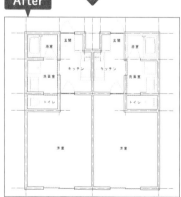

反転複写して引違戸の
向きなども修正した

1 反転して複写する

レッスン62を参考に図面全体を選択しておく

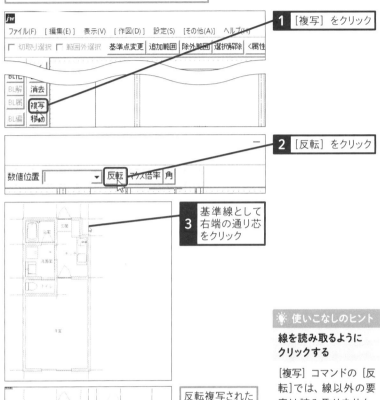

1 [複写] をクリック

jw
ファイル(F) [編集(E)] 表示(V) [作図(D)] 設定(S) [その他(A)] ヘルプ(H)
□ 切取り選択 □ 範囲外選択 基準点変更 追加範囲 除外範囲 選択解除 〈属性

BL化
BL解 消去
BL属 複写
BL編 移動

2 [反転] をクリック

数値位置 [　　　] ▼ 反転 マウス倍率 角

3 基準線として右端の通り芯をクリック

反転複写された

※ 使いこなしのヒント

線を読み取るようにクリックする

[複写] コマンドの [反転]では、線以外の要素は読み取りません。誤って、線の無い位置でクリックして [図形がありません] と表示された場合でも、[戻る] コマンドで取り消す必要はありません。改めて、基準線にする通り芯をクリックし直しましょう。

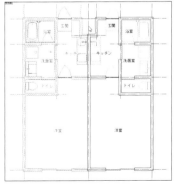

次のページに続く➡

できる 189

2 交差した壁線を整形する

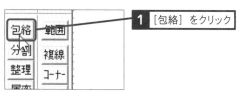

1 [包絡]をクリック

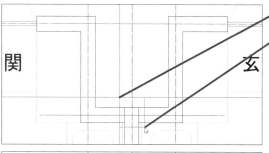

2 ここをクリック

3 ここをクリック

関　玄

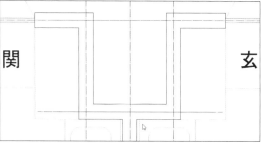

壁線の重複部分が整形された

関　玄

同様の手順で下側の2箇所も整形する

使いこなしのヒント

**同じレイヤの同じ
線色・線種を一括で
処理できる**

[包絡](包絡処理)
コマンドでは、対象
を包絡選択枠で囲む
ことで、[コーナー]
[伸縮]コマンドなど
に相当する整形処理
を一括で行います。処
理の対象は、同じレイ
ヤに作図された同じ線
色・線種の線どうしに
限られます。

3 引違戸の向きを修正する

レッスン61を参考に［範囲］をクリックしておく

1 引違戸を右クリック

レッスン61を参考に［移動］をクリックしておく

ファイル(F) ［編集(E)］ 表示(V) ［作図(D)］ 設定(S) ［その他(A)］ ヘルプ(H

□ 複写 ／ 作図属性 任意方向 基点変更 倍率 ▼ 回転角

2 ［基点変更］を
クリック

3 基準点として開口の
左角を右クリック

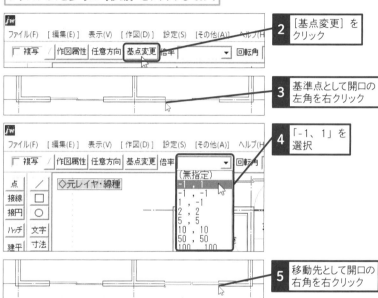

ファイル(F) ［編集(E)］ 表示(V) ［作図(D)］ 設定(S) ［その他(A)］ ヘルプ(H

□ 複写 ／ 作図属性 任意方向 基点変更 倍率 ▼ 回転角

点 ／ ◇元レイヤ・線種
接線 □
接円 ○
ハッチ 文字
建平 寸法

（無指定）
-1 , 1
-1 , -1
1 , -1
2 , 2
5 , 5
10 , 10
50 , 50
100 , 100

4 「-1、1」を
選択

5 移動先として開口の
右角を右クリック

引違戸の向きが左右反転される

4 重複した線を整理する

レッスン61を参考に図面
全体を選択しておく

レッスン49を参考に［整理］
をクリックしておく

ファイル(F) ［編集(E)］ 表示(V) ［作図(D)］ 設定(S) ［その他(A)］ ヘルプ(H

重複 整理 連結 整理 線ソート 線ソート(色別) 色順整理

点 ／

1 ［連結整理］を
クリック

重複した線が
整理される

64 他の図面の一部を複写するには

他図面の複写　　　　　**練習用ファイル**　L64_他図面複写_01〜02.jww

敷地図に、別の図面ファイルに作図されている平面図を複写しましょう。別の図面ファイルに作図されている図面の任意部分を、編集中の図面に複写するには［コピー］＆［貼付］を利用します。

他の図面の一部を複写する

Before

敷地図に平面図を追加したい

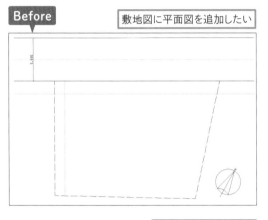

After

別ファイルの平面図を複写して追加できた

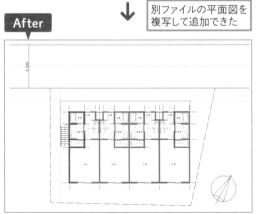

💡 使いこなしのヒント

実寸法が保持される

作図中の図面に別の図面ファイルの一部を複写したい場合や、別々の図面ファイルに作図されている図面を1枚の図面としてまとめたい場合は、［コピー］＆［貼付］を利用します。［コピー］＆［貼付］では、コピー元図面の実寸法を保持して貼り付けます。そのため、2つの図面の縮尺が異なっていても問題ありません。

1 平面図をコピーする

L64_他図面複写_02.jww

レッスン05を参考にJw_cadを起動し、「L72_他図面複写_02.jww」を開く

新しい画面でファイルが開いた

レッスン61を参考に［範囲］をクリックしておく

1 始点としてここをクリック

2 終点としてここを右クリック

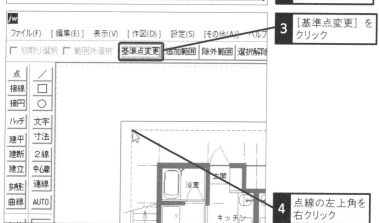

3 ［基準点変更］をクリック

4 点線の左上角を右クリック

使いこなしのヒント

Jw_cadを複数起動しても作業ができる

このレッスンでは、先にコピー元の図面を開いてコピー指示をした後、コピー先の図面を開いて貼付け指示しますが、Jw_cadを一旦最小化し、2つ目のJw_cadを起動してもう1つの図面ファイルを開き、2つのJw_cad間で［コピー］&［貼付］を行うことも可能です。

次のページに続く➡

● [コピー] を実行する

5 [コピー] をクリック

2 敷地図に平面図を貼り付ける

L64_他図面複写_01.jww

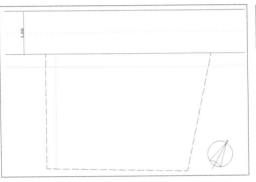

> レッスン05を参考に「L72_他図面複写_01.jww」を開いておく

1 [貼付] をクリック

💡 使いこなしのヒント

図と同じ割合で文字の大きさを変更するには

文字の大きさは図寸で管理されているため、操作3で大きさを変更します。また、[◆元レイヤに作図]にチェックマークを付けることで、コピー元と同じレイヤ分けで貼付けされます。この設定は、Jw_cadを終了するまで有効です。

● [貼付] を実行する

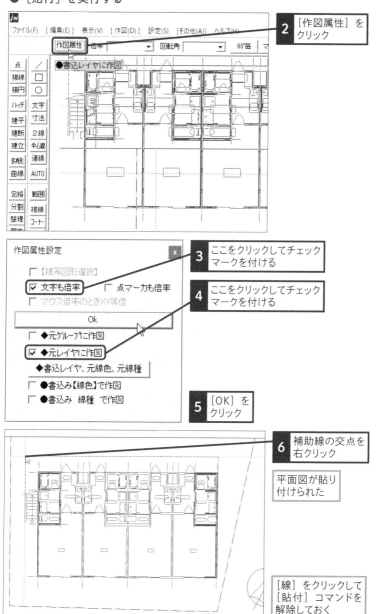

2 [作図属性] を
クリック

作図属性設定

□ 【複写図形選択】
☑ 文字も倍率　□ 点マーカも倍率
□ マウス倍率のときXY等倍

Ok

3 ここをクリックしてチェック
マークを付ける

4 ここをクリックしてチェック
マークを付ける

□ ◆元グループに作図
☑ ◆元レイヤに作図
◆書込レイヤ、元線色、元線種
□ ●書込み【線色】で作図
□ ●書込み 線種 で作図

5 [OK] を
クリック

6 補助線の交点を
右クリック

平面図が貼り
付けられた

[線] をクリックして
[貼付] コマンドを
解除しておく

65 大きさを変更して複写するには

倍率を変えた複写　　　　　　L65_倍率変更.jww

作図済みの引違戸を、幅の違う開口に収まるよう大きさを変更して複写しましょう。また、作図済の表を0.6倍の大きさに変更しましょう。それぞれ、[複写]と[移動]コマンドで倍率を指定して行います。

図面の一部の倍率を変えて複写・移動する

Before

図面の一部の大きさを変えて複写・移動したい

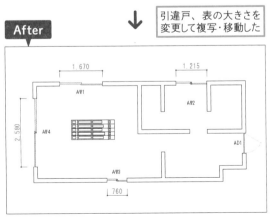

After

引違戸、表の大きさを変更して複写・移動した

☀ 使いこなしのヒント

倍率を指定して大きさを変更する

幅1670mmの引違戸を、倍率を指定することで大きさ変更し、幅の違う他の開口に複写します。

1 引違戸の幅を変更して複写する

レッスン61を参考に［範囲］をクリックしておく

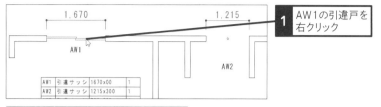

1 AW1の引違戸を右クリック

レッスン23を参考に［複写］をクリック

ファイル(F) ［編集(E)］ 表示(V) ［作図(D)］ 設定(S) ［その他(A)］ ヘルプ(H)

☑ 複写 ／ 作図属性 任意方向 基点変更 倍率 15/1670,1 ▼ 回転角 ▼

点 ／

2 「1215/1670, 1」と入力

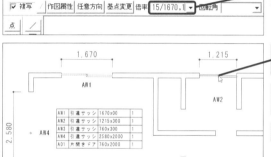

3 AW2の基準点を右クリック

寸法に合わせて引違戸が縮小できた

使いこなしのヒント

[倍率] に入力した数式を確認しよう

[倍率] には、元の図の大きさを1として、「横方向の倍率」と「縦方向の倍率」を「,」(カンマ)で区切って入力します。計算式の「÷」(割る)は「/」を、「×」(掛ける)は「＊」を入力します。

同様の手順でAW3は「760/1670,1」、AW4は「2580/1670, 1」を倍率に入力し、回転角を90°にして複写する

次のページに続く ➡

2 表を0.6倍の大きさにする

レッスン61を参考に［範囲］をクリックしておく

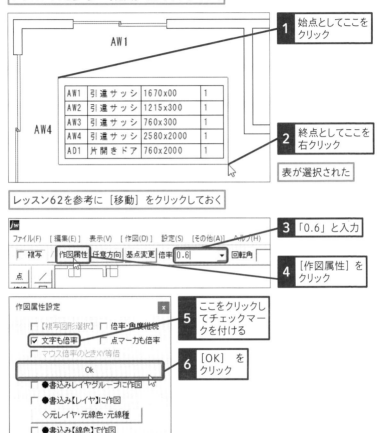

1 始点としてここを
クリック

AW1

AW1	引違サッシ	1670x00	1
AW2	引違サッシ	1215x300	1
AW3	引違サッシ	760x300	1
AW4	引違サッシ	2580x2000	1
AD1	片開きドア	760x2000	1

AW4

2 終点としてここを
右クリック

表が選択された

レッスン62を参考に［移動］をクリックしておく

```
jw
ファイル(F) [編集(E)] 表示(V) [作図(D)] 設定(S) [その他(A)] ヘルプ(H)
□複写  作図属性 任意方向 基点変更 倍率 0.6    ▼ 回転角
点   /
```

3 「0.6」と入力

4 ［作図属性］を
クリック

```
作図属性設定                  x
□【複写図形選択】 □ 倍率・角度継続
☑ 文字も倍率     □ 点マーカも倍率
□ マウス倍率のときXY等倍
       Ok
□ ●書込みレイヤグループに作図
□ ●書込み【レイヤ】に作図
   ◇元レイヤ・元線色・元線種
□ ●書込み【線色】で作図
□ ●書込み 線種 で作図
```

5 ここをクリックし
てチェックマー
クを付ける

6 ［OK］を
クリック

☀ 使いこなしのヒント

文字の倍率も変更される

手順2の操作6を実行すると移動対象の表
のプレビュー表示が変化し、文字も0.6
倍の大きさに変更されて表示されます。

大きさ変更された文字の文字種は「任意
サイズ」になります。

活用編 第8章 図面を流用・編集するには

3 表の移動先を指示する

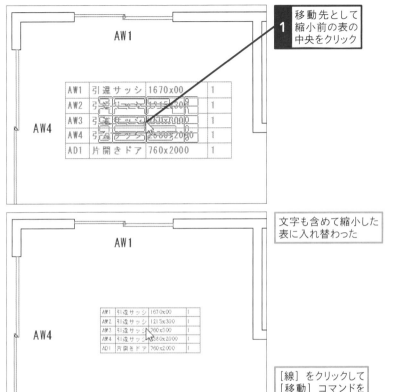

移動先として
縮小前の表の
中央をクリック **1**

文字も含めて縮小した
表に入れ替わった

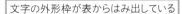

[線] をクリックして
[移動] コマンドを
解除しておく

使いこなしのヒント

文字の外形枠が表からはみ出す

手順2の操作3の後、マウスポインターに
表が右図のようにプレビュー表示され、
表内の文字の外形枠が表からはみ出して
います。操作3の指示で表の枠（線）は
0.6倍の大きさになりますが、図寸で管理
されている文字の大きさは変わりません。
図と同じ割合で文字の大きさも変更する
ため、操作4〜6を行います。

文字の外形枠が表からはみ出している

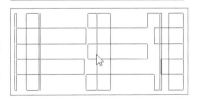

図面の一部を伸縮するには

動画で見る

パラメトリック　　　　**練習用ファイル**　L66_パラメトリック.jww

作図済みの平面図の部屋の奥行を広げましょう。また、窓の位置をずらしましょう。いずれも、図の一部を伸縮することで、図全体の幅や高さを変更する[パラメ]（パラメトリック変形）コマンドで行います。

図面の一部のみ伸縮したい

Before　[洋室]の奥行きを広げて窓を下に移動したい

```
        8,190
4,095      910   1,820   1,365

                トイレ  洗面室  浴室   1,820
   洋室                              3,640
                      玄関   1,365
                キッチン         455

5,005        2,275   910
```

↓

After　[洋室]の奥行きと窓の位置を変更できた

```
        8,645
4,550      910   1,820   1,365

                トイレ  洗面室  浴室   1,820
   洋室                              3,640
                      玄関   1,365
                キッチン         455

5,460        2,275   910
```

使いこなしのヒント

パラメトリック変形とは

[パラメ]（パラメトリック変形）コマンドは、図の一部の線を伸び縮みさせることで図全体の長さ（幅）を変更します。はじめに対象を範囲選択しますが、このとき、伸び縮みする線の片端点が選択枠に入るように囲みます。

使いこなしのヒント

画像や文字は伸縮できない

パラメトリック変形では編集可能なレイヤに作図されているすべての要素が対象になります。ただし、伸縮するのは、線（曲線の部分を含む）とソリッド（円ソリッドは除く）のみで、円弧や画像、文字、ブロックなどは伸縮の対象にはなりません。

1 [パラメ] コマンドを実行する

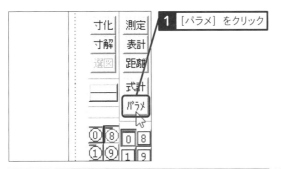

1 [パラメ] をクリック

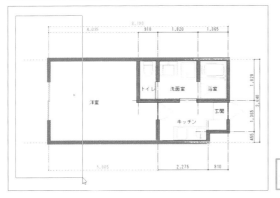

2 始点としてここを
クリック

3 終点としてここを
右クリック

[洋室] の左側が
選択された

次のページに続く ➡

2 [洋室]の大きさを決定する

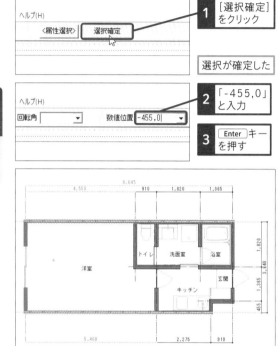

1 [選択確定]をクリック

選択が確定した

2 「-455,0」と入力

3 Enterキーを押す

💡 使いこなしのヒント

変形後の移動距離を入力する

[数値位置]に、X方向（横方向）とY方向（縦方向）の移動距離を「,」（カンマ）で区切って入力します。XとYの数値は、右と上は＋（プラス）値で、左と下は－（マイナス）値で指示します。

[洋室]が左に455mm伸びた

3 窓を移動する

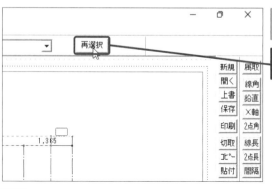

続けて窓の位置を変更する

1 [再選択]をクリック

● 窓を下に300mm移動する

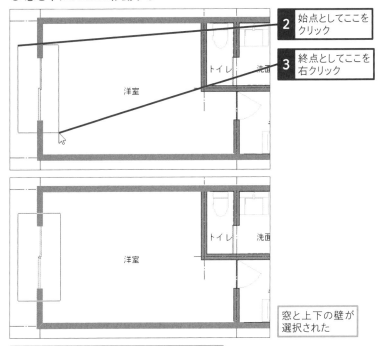

2 始点としてここを
クリック

3 終点としてここを
右クリック

洋室

トイレ　洗面

窓と上下の壁が
選択された

手順2を参考に［選択確定］をクリックしておく

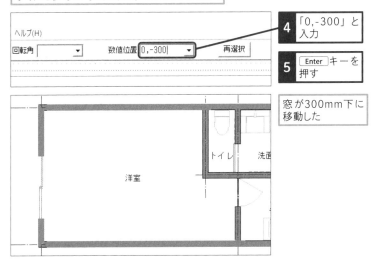

ヘルプ(H)

回転角 ▼　数値位置 0,-300 ▼　再選択

4 「0,-300」と
入力

5 Enter キーを
押す

窓が300mm下に
移動した

洋室

トイレ　洗面

スキルアップ

パラメトリック変形は様々な作図に応用できる

パラメトリック変形は、様々なシーンで利用できます。例えば、この平面図で、上側の通り芯の出を変更したい場合には、寸法部全体と通り芯の片端点が選択枠に入るように囲んでパラメトリック変形します。また、ソファやベンチの座面部分の幅だけを伸ばして、作図済みの2人掛けのソファの図から3人掛けのソファを作成するといったこともできます。

この部分を選択してパラメトリック変形することで、通り芯を伸ばしたり縮めたりできる

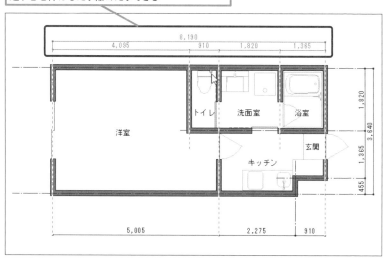

活用編

第 9 章

図面に加筆するには

この章では、躯体にコンクリートハッチングや馬目地ハッチングを施したり、図面の一部を塗りつぶしたりといった、図面を見栄えよく整えるための機能を学習します。また、画像ファイルを挿入して、図面に合わせて調整する方法も紹介します。

67 躯体にハッチングするには

躯体ハッチング　　　　　　　　練習用ファイル　L67_躯体ハッチ.jww

平面図の躯体部分に3本線のコンクリートハッチングを［線色6］の［実線］で
作図しましょう。ハッチングを作図する範囲を指定し、［ハッチ］コマンドで、ハッ
チングの種類や間隔を指定することで作図します。

躯体部分にハッチングをしたい

Before｜躯体にハッチングをしたい

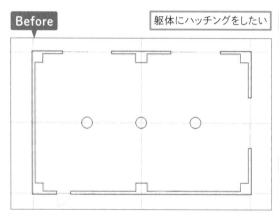

↓

After｜コンクリートハッチングを施した

用語解説

ハッチング

元々の意味は、細かく
平行線を引くことです
が、製図においては、
指定した範囲を斜線や
特定のパターンで埋め
ることを意味します。

使いこなしのヒント

**ハッチングの線色と
線種を設定する**

ハッチングは書込線
色・線種で作図される
ため、コマンドを実行
する前に書込線色・線
種を、作図するハッチ
ングの線色・線種に指
定しておきます。

1 ハッチングする範囲を選択する

レッスン14を参考に［線色6］［実線］に指定しておく

ファイル(F)　[編集(E)]　表示(V)　[作図(D)]　設定(S)　[その他(A)]　ヘルプ(H

□ 切取り選択　□ 範囲外選択　基準点変更　前範囲　全選択　選択解除

点	／
接線	□
接円	○

| 多角形 | |
| 曲線 | AUTO |

包絡	範囲
分割	複線
整理	コーナー

1 ［範囲］をクリック

● 部屋全体を選択する

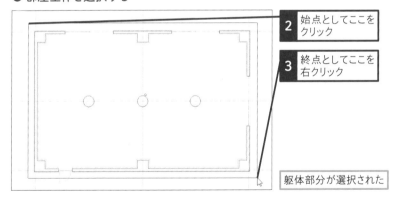

2 始点としてここをクリック

3 終点としてここを右クリック

躯体部分が選択された

ハッチングの種類を確認しよう

ここで学習する［ハッチ］コマンドは、ハッチングを施す範囲（「ハッチ範囲」と呼ぶ）とハッチングの種類を指定することで、書込線色・線種でハッチングを作図します。ハッチングの種類には［1線］［2線］［3線］［馬目地］［図形］の5種類が用意

されています。ここでは［3線］を使ってコンクリートハッチングを作図します。

ハッチングは5種類が用意されている

○ 1線　○ 2線　⊙ 3線　○ ┬┬　○ 図形

67

躯体ハッチング

［範囲］で範囲指定をする

ハッチ範囲の指定は、［範囲］コマンドで行うか、あるいは［ハッチ］コマンド選択後に行います。ここでは、［範囲］コマンドで先に指定します。

次のページに続く ➡

できる **207**

2 ハッチングの設定をする

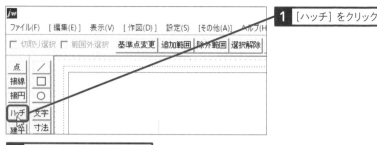

1 [ハッチ] をクリック

2 ここをクリックしてオンにする

3 [角度] が「45」、[ピッチ] が「10」、[線間隔] が「1」になっていることを確認

💡 使いこなしのヒント

範囲が閉じている場合は [範囲] で選択できる

この図のように閉じた連続線に囲まれた範囲にハッチングを作図する場合は、[範囲] コマンドの範囲選択枠で囲むことで、選択できます。この練習用ファイルでは、範囲選択がしやすいよう、あらかじめ、ハッチ範囲を示す躯体線以外のレイヤを [表示のみレイヤ] に設定しています。

💡 使いこなしのヒント

[ピッチ] と [線間隔] の示す箇所を覚えよう

[ピッチ] [線間隔] は縮尺に関係なく印刷したときの寸法（図寸）で指定します。ここで選択した [3線] の [角度] [ピッチ] [線間隔] は右図の通りです。

ピッチと線間隔はそれぞれ下記の箇所を指す

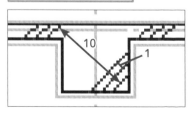

3 躯体にコンクリートハッチングする

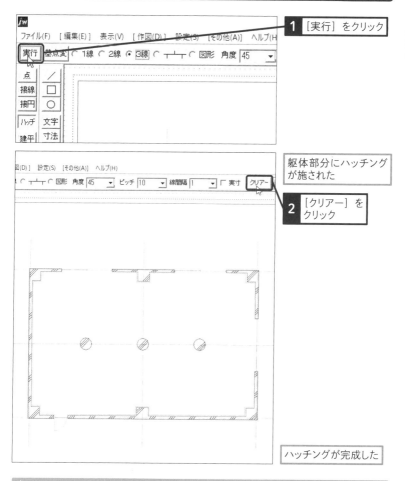

1 [実行] をクリック

躯体部分にハッチング
が施された

2 [クリアー] を
クリック

ハッチングが完成した

💡 **使いこなしのヒント**

ハッチングの線は他の線と区別できる

[ハッチ] コマンドで作図したハッチング
の線は、1本ごとに独立した線要素です。
通常の線要素と同様に消去や伸縮などの
編集ができます。そのため、作図済みの
ハッチングの線の種類やピッチを変更す

る機能はありません。ただし、[ハッチ]
コマンドで作図したハッチングの線には、
「ハッチ属性」という特別な性質が付加さ
れており、他の線と区別できます。

68 床面にハッチングするには

動画で見る

床面ハッチング　　　　　　　　　　練習用ファイル　　L68_床面ハッチ.jww

平面図の床面に、600mm×300mmのタイルを馬目地貼りで、レイヤ [9] に [線色1] の [実線] でハッチングしましょう。ハッチ範囲が閉じた連続線で囲まれていない場合には、[ハッチ] コマンドで、その外形線を1本ずつ指示します。

床面にハッチングをする

Before　　　　　　　　　床面にハッチングをしたい

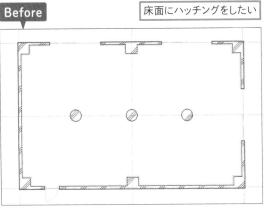

用語解説

馬目地（うまめじ）

目地は部材間の継ぎ目のことです。石やタイルを貼る際に、縦か横に1/2ずつずらす貼り方を馬目地と呼びます。[ハッチ] コマンドでは記号で表示されます。

After　　↓　　目地ハッチングを施せた

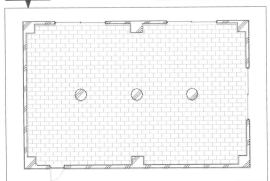

使いこなしのヒント

レイヤ[9]とレイヤ[3]を使うのはなぜ？

後から編集操作がしやすいよう、何も作図されていないレイヤ [9] を [書込レイヤ] にしてハッチングを作図します。馬目地ハッチングは、建物内部の仕上げ線の内側に作図するため、ハッチ範囲の指示に必要な仕上げ線が作図されているレイヤ [3] を [編集可能レイヤ] にします。

1 レイヤと線属性を設定する

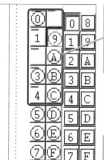

レッスン39を参考にレイヤ [9] を [書込レイヤ]、レイヤ [3] を [編集可能レイヤ]、レイヤ [2] とレイヤ [8] を [非表示レイヤ] にしておく

レッスン14を参考に [線色1] [実線] に指定しておく

※ 使いこなしのヒント

書込線色と線種を設定しておく

この段階で書込線色・線種を、作図するハッチングの線色・線種に指定しておきます。

68

床面ハッチング

2 ハッチングの設定をする

1 [ハッチ] をクリック

2 ここをクリックしてオンにする

※ 使いこなしのヒント

実寸で数値指定をする

[ハッチ] コマンドの数値指定は、基本的に図寸で行います。ただし、[実寸] にチェックマークを付けることで、実寸での指定ができます。手順2で選択したハッチ種類の [縦ピッチ] と [横ピッチ] は右図のように実寸で指定します。

縦ピッチと横ピッチは下記の部分を指している

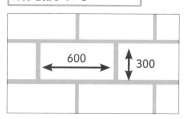

次のページに続く →

できる **211**

● 数値を入力する

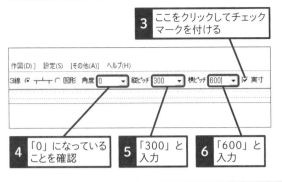

3 ここをクリックしてチェックマークを付ける

作図(D) 設定(S) [その他(A)] ヘルプ(H)

3線 ⊙ ┬┴┬ ⃝ 図形 角度 0 ▼ 縦ピッチ 300 ▼ 横ピッチ 600 ▼ ☑ 実寸

4 「0」になっていることを確認

5 「300」と入力

6 「600」と入力

3 ハッチングの範囲を選択する

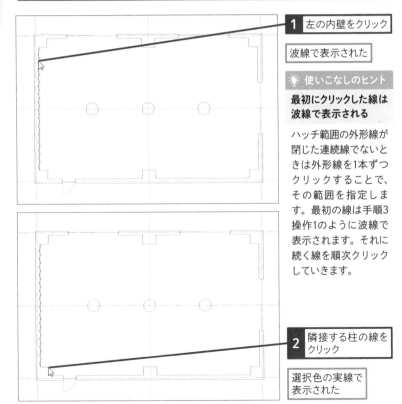

1 左の内壁をクリック

波線で表示された

💡 使いこなしのヒント

最初にクリックした線は波線で表示される

ハッチ範囲の外形線が閉じた連続線でないときは外形線を1本ずつクリックすることで、その範囲を指定します。最初の線は手順3操作1のように波線で表示されます。それに続く線を順次クリックしていきます。

2 隣接する柱の線をクリック

選択色の実線で表示された

● 続けて選択する

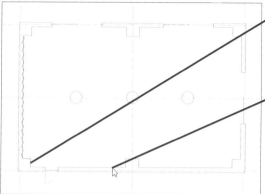

> **3** 連続する柱を
> クリック

> 続けて実線で
> 表示された

> **4** この壁の線を
> クリック

💡 使いこなしのヒント

**開口部をまたいで
外形線がつながる**

手順3の操作3でクリックした柱の線と操作4でクリックする壁の線は、間に開口があり、連続していませんが、操作4の線をクリックすることで、選択色の操作3の線と操作4の線が交点位置でつながり、ハッチ範囲の外形線になります。

> 柱の線まで実線で
> 表示された

> 同様の手順で次の
> 内壁の線、柱の線
> をクリックして一周
> する

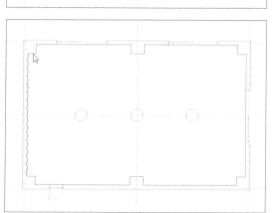

次のページに続く ➡

4 範囲を確定し、中抜き指示をする

1 最初の波線をクリック

💡 使いこなしのヒント

Esc キーで操作を戻せる

ハッチ範囲の外形線として違う線をクリックしてしまったり、途中で、いくつか前のクリック指示が間違っていることに気づいたりした場合はEscキーを何度か押して、指示操作を間違ったところまで取り消し、そこから指示をし直してください。

ハッチ範囲が閉じた

2 円を右クリック

円が中抜き用に選択された

活用編

第**9**章 図面に加筆するには

5 指定点を通る目地ハッチングを施す

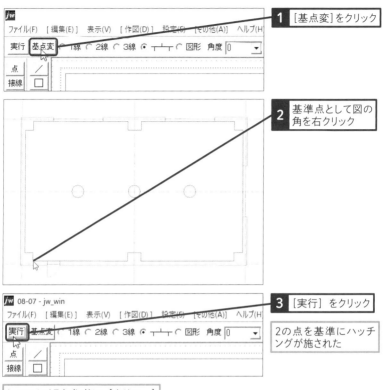

1 [基点変]をクリック

2 基準点として図の角を右クリック

3 [実行] をクリック

2の点を基準にハッチングが施された

レッスン67を参考に [クリアー] をクリックしておく

☀ 使いこなしのヒント

[基点変] で基準点を変更できる

[基点変] で、ハッチングの基準点を指定できます。基準点は、ハッチングの線が必ず通る点です。ここで指定した馬目地の場合、基準点に600mm×300mmの目地の左下角を合わせてハッチングします。

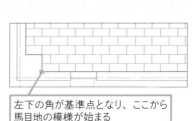

左下の角が基準点となり、ここから馬目地の模様が始まる

69 図面の一部を 塗りつぶすには

ソリッド　　　　　　　　　　　　　**練習用ファイル**　L69_ソリッド.jww

平面図の壁をグレーで塗りつぶしましょう。また、トイレの塗りつぶし部と同じ色で、洗面室、浴室も塗りつぶしましょう。塗りつぶしは、[多角形] コマンドの [任意] を選択し、[ソリッド図形] にチェックマークを付けることで行います。Jw_cadでは、塗りつぶした部分を「ソリッド」と呼びます。

壁や水回りを塗りつぶす

Before　壁と水回りのエリアに色を付けたい

↓　壁は濃いグレー、水回りは青で統一できた

After

💡 **使いこなしのヒント**

[表示のみレイヤ] は読み取られない

練習用ファイルでは塗りつぶしの指示が行いやすいように、壁芯の作図されているレイヤ[1]、寸法が作図されているレイヤ[7] を [表示のみレイヤ] としています。塗りつぶしの対象を指示する際、[表示のみレイヤ] の線は読取りされません。

📖 **用語解説**

ソリッド

Solid（ソリッド）は、固体状、中身の詰まった、硬質等々の意味を持ち、ファッション、音楽など様々な分野で使われていますが、Jw_cadにおけるソリッドは、塗りつぶし部のことを指します。

1 色を選択する

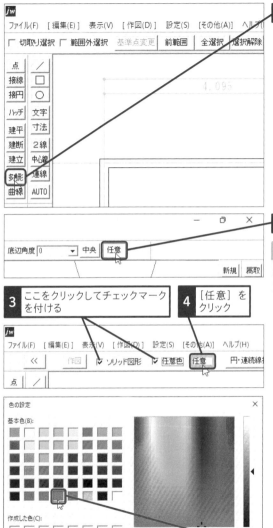

1 [多角形]をクリック

2 [任意]をクリック

3 ここをクリックしてチェックマークを付ける

4 [任意]をクリック

5 ここをクリック

6 [OK]をクリック

💡 使いこなしのヒント

モノクロ印刷の場合も グレーで塗りつぶされる

ここでは、壁を濃いグレーで塗りつぶすため、[任意色]にチェックマークを付け、[色の設定]パレットで濃いグレーを選択します。任意色で塗りつぶすため、図面のすべての線を黒で印刷するモノクロ印刷をした場合にも、壁は濃いグレーで塗りつぶされます。

次のページに続く ➡

2 壁を塗りつぶす

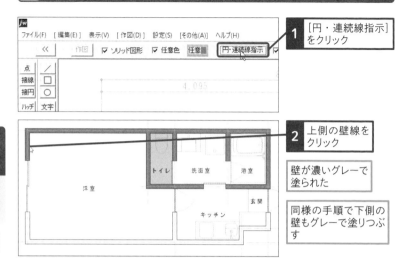

1 [円・連続線指示] をクリック

2 上側の壁線を クリック

壁が濃いグレーで 塗られた

同様の手順で下側の 壁もグレーで塗りつぶ す

3 色を取得する

1 [円・連続線指示] をクリック

🔆 使いこなしのヒント

1度の指示で塗りつぶしたソリッドをまとめて1要素とするには

手順2では指定範囲を三角形のソリッド に分割して塗りつぶします。1度の指示 で塗りつぶしたソリッドを1要素として扱 えるようにするには、[曲線属性化]に チェックマークが付いていることを確認 しておきます。

コントロールバーの［曲線属性化］に チェックマークが付いていることを確認 しておく

ヘルプ(H)

円・連続線指示　☑ 曲線属性化　☐ 線形

● 図面から色を選択する

2 Shift キーを押しながら [トイレ] のソリッド部分を右クリック

ソリッド部分の色が選択された

色取得 16763025

---

4 レイヤを非表示にする

1 [属取] を2回クリック

2 洗面台をクリック

洗面台が作図されたレイヤ4が非表示になった

⏱ 時短ワザ

[属取] でレイヤを非表示にできる

塗りつぶし範囲の指示がしやすいよう、洗面器などが作図されているレイヤを非表示にします。[属取] コマンドを2回クリックすると、作図画面左上に [レイヤ非表示化] と表示され、クリックした要素が作図されているレイヤを非表示にします。書込レイヤの要素をクリックした場合には、[書込レイヤです]と表示され、非表示にはできません。

次のページに続く➡

1 始点として浴室の右下角を右クリック

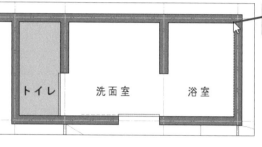

2 次の点として浴室内の角を右クリック

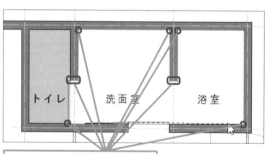

各部の点を右クリックして1周する

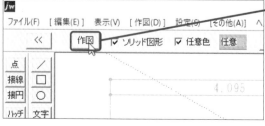

3 [作図] をクリック

● 作図結果を確認する

指示した頂点に囲まれたエリアが
同じ色で塗りつぶされた

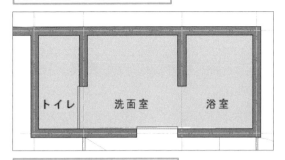

トイレ　　洗面室　　浴室

レッスン39を参考に全てのレイヤを
編集可能にする

☀ 使いこなしのヒント

色を変更するには

ステータスバーの操作メッセージに
[[Shift] + (L):色変更] と表示されて
いるように、[Shift]キーを押しながら既
存のソリッドをクリックすると、そのソ
リッドの色を現在のコントロールバーの
[任意] の色に変更します。

[Shift]キー＋左クリックで
色を変更できる

[Shift]+(L):色変更

☀ 使いこなしのヒント

部屋名がソリッドに隠れた場合は

部屋名がソリッド部に隠れてしまった場
合は、[基設] コマンドをクリックして
[jw_win] 画面の [一般(1)] タブの [画
像・ソリッドを最初に描画] にチェック
マークを付けてください。

[画像・ソリッドを最初に描画] に
チェックマークを付ける

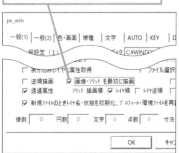

70 画像を挿入するには

| 画像の挿入 | **練習用ファイル** | L70_画像挿入.jww |

作図済みの図面に画像を挿入しましょう。Jw_cadでは、BMP形式の画像に限り、[画像編集] コマンドで挿入することができます。ここでは、画像の挿入方法と合わせて、挿入した画像の大きさ変更やトリミングなどの方法も学習します。

図面に画像を挿入する

Before

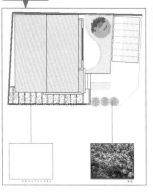

画像ファイルを挿入したい

After ↓

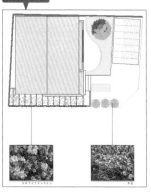

枠線に合わせて画像を挿入できた

🔍 用語解説

BMP

Windows標準の画像形式またはその形式の画像ファイルのことを指します。

☀️ 使いこなしのヒント

BMP形式以外の画像を扱うには

BMP形式以外のファイルは、画像処理ソフトなどでBMP形式にする必要があります。JPEG形式については、JPEG形式に対応した「SusiePlug-in」を [jww] フォルダーにインストールすることで画像の挿入が可能になります。

● Susie Plug-inのダウンロード（窓の杜）

https://forest.watch.
impress.co.jp/library/
software/susie/

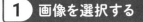

1 画像を選択する

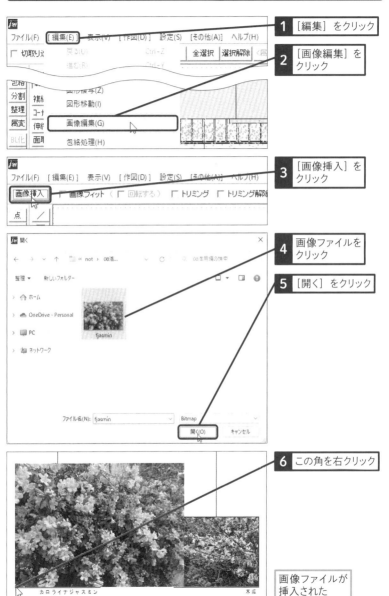

1 [編集] をクリック

2 [画像編集] を クリック

3 [画像挿入] を クリック

4 画像ファイルを クリック

5 [開く] をクリック

6 この角を右クリック

画像ファイルが 挿入された

70

画像の挿入

次のページに続く ➡

2 画像を枠に合わせて大きさ変更する

1 ここをクリックしてチェックマークを付ける

2 画像の左下を右クリック

3 画像の右上を右クリック

4 長方形の左下を右クリック　　5 長方形の右上を右クリック

使いこなしのヒント

[倍率] を使っても画像の大きさを変更できる

手順2では、[画像編集] コマンドの [画像フィット] で大きさを変更しましたが、他の要素と同じように、レッスン65で学習した [移動] コマンドの [倍率] を指定することでも、画像の大きさを変更できます。

● 作図結果を確認する

> 画像の大きさが変わったが、天地に余白ができた

> レッスン36を参考に[戻る]をクリック

3 画像を移動する

作図(D)] 設定(S) [その他(A)] ヘルプ(H)

回転する〉 □ トリミング □ トリミング解除 ☑ 移動 画像同梱

> 1 ここをクリックしてチェックマークを付ける

> 2 画像の中心にしたい箇所をクリック

💡 使いこなしのヒント

見せたい部分を中央にする

画像の枠からはみだした部分を図面から消して調整します。操作3では見せたい部分が枠のほぼ中央になるように画像を移動しましょう。

> 3 長方形の中央をクリック

💡 使いこなしのヒント

縦横比が異なる場合は余白が生じる

元の画像とフィットさせる範囲の縦横比が異なる場合、画像の縦横比を保ち、画像の長い辺の方向（ここでは横）を基準に大きさを変更します。そのため、画像の上下に余白ができました。ここでは、用意された枠に画像がぴったり収まるように、[戻る]コマンドで、画像フィットを取り消して、他の方法を使います。

次のページに続く→

4 トリミングする

1 ここをクリックしてチェックマークを付ける

🔍 用語解説

トリミング

ここでの「トリミング」は、画像の不要な部分を切り落とすという意味合いです。

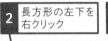

2 長方形の左下を右クリック

3 長方形の右上を右クリック

画像がトリミングされた

💡 使いこなしのヒント

画像自体は加工されない

[トリミング]では、画像上で長方形の枠の対角2点を指示することで、指示した範囲を残し、その外側の部分を隠します。 Jw_cadで行う[トリミング]は、画像の指示した範囲をJw_cad図面上で表示するもので、画像自体は加工されません。

5 同梱して保存する

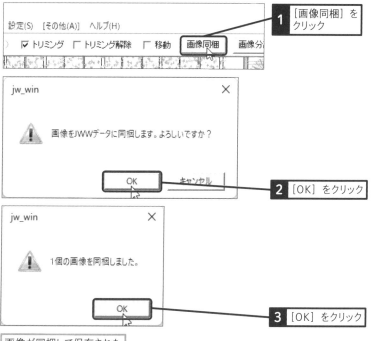

1 [画像同梱] をクリック

jw_win ×

⚠ 画像をJWWデータに同梱します。よろしいですか？

OK キャンセル

2 [OK] をクリック

jw_win ×

⚠ 1個の画像を同梱しました。

OK

3 [OK] をクリック

画像が同梱して保存された

図面ファイルを上書き保存しておく

🔆 使いこなしのヒント

トリミングを解除するには

[トリミング] では、画像自体は加工され ないため、[トリミング解除] にチェック マークを付けて、トリミングされた画像 をクリックすることでトリミング前の画 像全体の表示に戻せます。

⚠ ここに注意

[画像同梱] をせずに図面ファイルを保存 すると、作図画面左上に [同梱されてい ない画像データがあります。Jwwデータ を渡す場合、画像ファイルも一緒に受け 渡す必要があります。] とメッセージが表 示されます。画像同梱せずに、保存した 図面ファイルを他のパソコンで開くと画 像は表示されません。

スキルアップ

ハッチングの際に［計算できません］と表示される

［ハッチ］コマンドの実行中に開口部で離れた同一線上の線をクリックすると、［計算できません］と表示されます。このように開口部で離れている場合、次の線としてクリックするのは、同一線上の線ではなく、同一線上の線と交差する線をクリックします。

同一線上の線をクリックすると［計算できません］と表示され、
外形線がつながらない

計算できません

● 交差する線をクリックする

この線まで続けてクリックした

1 同一線上の線と交差する線を
クリック

外形線がつながった

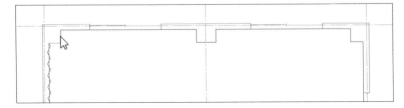

活用編

第10章

効率よく
作図するには

第7章の平面図作図では、「2線」コマンドで壁を作図しましたが、それが壁を作図する唯一の方法ではありません。作図する壁の構造や形状によっても効率よく作図する方法は異なります。この章では、壁、開口部を作図する複数の方法など作図のバリエーションを体験しましょう。

71 寸法値を編集するには

寸法値の編集	練習用ファイル	L71_寸法値編集.jww

寸法値と寸法線が1セットになった寸法図形の寸法値は、文字として扱えないため、[文字] コマンドでの移動や書き換えはできません。[寸法] コマンドの [寸法値] で、移動や書き換えを行います。

寸法値の移動と書き換えをする

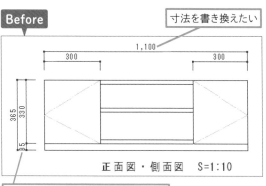

Before

寸法を書き換えたい

正面図・側面図　S=1:10

寸法値を見やすい場所に移動したい

After

「幅：1000 ～ 1500」と書き換えた

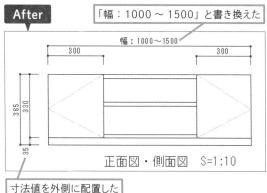

正面図・側面図　S=1:10

寸法値を外側に配置した

💡 使いこなしのヒント

ステータスバーの操作メッセージを確認しよう

[寸法] コマンドの [寸法値] には、2点間の寸法値のみの記入、寸法値の移動、寸法値の書き換えなど、複数の機能があります。マウスのクリック、右クリック、右ダブルクリックなどでそれらの機能を使い分けます。

[寸法値] をクリックするとステータスバーに各種の操作メッセージが表示される

【寸法値】の始点指示(L)

移動寸法値指示(R)

---

1 寸法値を移動する

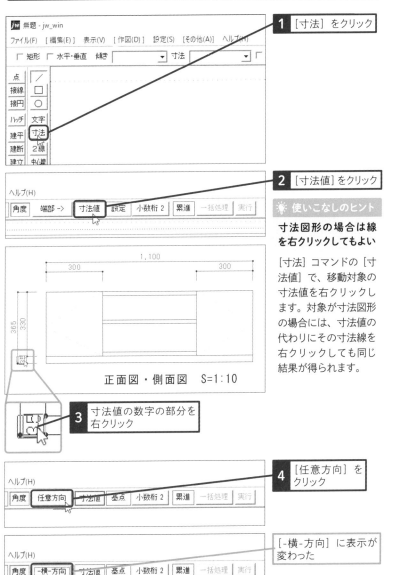

1 [寸法] をクリック

Jw 無題 - jw_win

ファイル(F) [編集(E)] 表示(V) [作図(D)] 設定(S) [その他(A)] ヘルプ(H)

□ 矩形 □ 水平・垂直 傾き [▼] 寸法 [▼] □

点	/
接線	□
接円	○
ハッチ	文字
建平	寸法
建断	2線
建立	中心線

2 [寸法値] をクリック

ヘルプ(H)

| 角度 | 端部 -> | 寸法値 | 設定 | 小数桁 2 | 累進 | 一括処理 | 実行 |

使いこなしのヒント

寸法図形の場合は線を右クリックしてもよい

[寸法] コマンドの [寸法値] で、移動対象の寸法値を右クリックします。対象が寸法図形の場合には、寸法値の代わりにその寸法線を右クリックしても同じ結果が得られます。

1,100
300   300

365
330

正面図・側面図　S=1:10

3 寸法値の数字の部分を右クリック

4 [任意方向] をクリック

ヘルプ(H)

| 角度 | 任意方向 | 寸法値 | 基点 | 小数桁 2 | 累進 | 一括処理 | 実行 |

[-横-方向] に表示が変わった

ヘルプ(H)

| 角度 | -横-方向 | 寸法値 | 基点 | 小数桁 2 | 累進 | 一括処理 | 実行 |

次のページに続く→

2 移動先を指定する

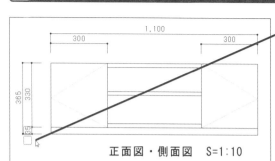

1,100
300   300

365
330
35

正面図・側面図　S=1:10

1 寸法線の外を
クリック

💡 使いこなしのヒント

**寸法線と寸法値は
離れていても
セットになっている**

寸法値と寸法線の位置
が離れても、寸法図形
であることには変わり
ありません。寸法線(ま
たは寸法値)を消去す
れば、セットになって
いる寸法値(または寸
法線)も消去されます。

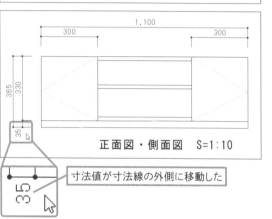

1,100
300   300

365
330
35

正面図・側面図　S=1:10

寸法値が寸法線の外側に移動した

35

3 寸法値を書き換える

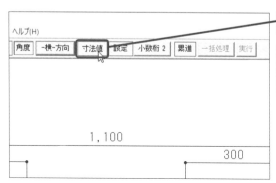

ヘルプ(H)

| 角度 | −横−方向 | 寸法値 | 設定 | 小数桁2 | 累進 | 一括処理 | 実行 |

1,100

300

1 [寸法値]をクリック

💡 使いこなしのヒント

**寸法値だけ
書き換えたい場合は**

図面自体の大きさは変
更せずに寸法値だけを
書き換えたい場合は、
[寸法] コマンドの [寸
法値] で書き換えます。

● 寸法図形を解除して書き換える

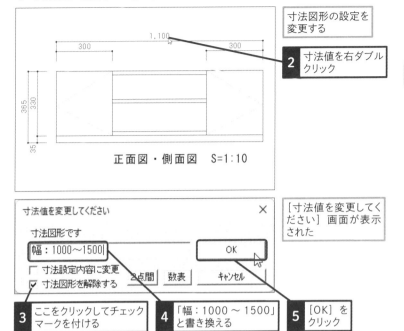

寸法図形の設定を
変更する

2 寸法値を右ダブル
クリック

正面図・側面図　S=1:10

寸法値を変更してください　　×

寸法図形です

幅：1000〜1500|

☐ 寸法設定内容に変更
☑ 寸法図形を解除する

[OK]　2点間　数表　キャンセル

[寸法値を変更してく
ださい] 画面が表示
された

3 ここをクリックしてチェック
マークを付ける

4 「幅：1000 〜 1500」
と書き換える

5 [OK] を
クリック

寸法値が書き換えできた

幅 ： 1000〜1500

幅：1000〜1500

正面図・側面図　S=1:10

💡 使いこなしのヒント

**寸法図形を忘れずに
解除しよう**

手順3の操作3で［寸
法図形を解除する］に
チェックマークを付け
ずに変更した寸法値
は、移動時に寸法線の
実寸法に戻ります。操
作2で右ダブルクリッ
クした寸法値が文字要
素の場合は、チェック
マークを付ける必要は
ありません。

72 壁線を一括で作図するには

動画で見る

一括作図　　　　　　　　　　　　　　　　練習用ファイル　L72_一括作図.jww

基準線から両側に75mm振分けの壁線を［複線］コマンドの［留線付両側複線］を利用して一括で作図します。一括作図のためには、あらかじめ、壁芯を作図し、開口部分の壁芯を消去しておきます。

75mm振分けの壁の壁線を一括で作図したい

Before

開口部分を消した壁芯が作図されている

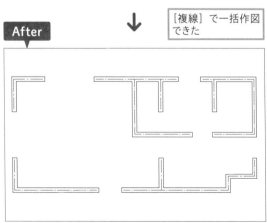

↓　［複線］で一括作図できた

After

使いこなしのヒント

［2線］コマンドとの違いを確認しよう

第7章の平面図作図では、［2線］コマンドで、基準線から75mm振分けの壁を作図しましたが、「複線」コマンドの［留線付両側複線］を利用しても、同じ形状の壁を作図できます。その場合には、左図のようにあらかじめ、開口部分の基準線を部分消しして、壁の中心線となる線のみを残した状態にしておきます。

使いこなしのヒント

作図されていないレイヤを選ぶ

後から編集操作がしやすいよう、何も作図されていないレイヤ［2］を書込レイヤにし、書込線を［線色2］の［実線］にして作図します。

1 ［複線］で作図する

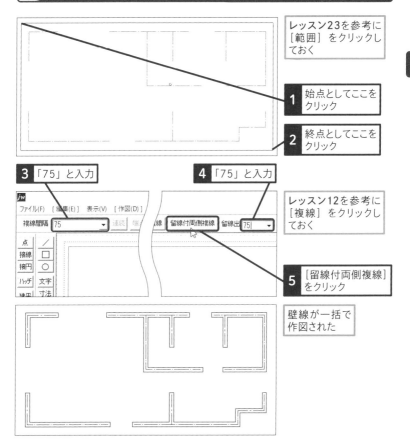

レッスン23を参考に
［範囲］をクリックし
ておく

1 始点としてここを
クリック

2 終点としてここを
クリック

3 「75」と入力 ----- **4** 「75」と入力

```
fw
ファイル(F) [編集(E)] 表示(V) [作図(D)]
複線間隔 75        ▼  連続  端  線  留線付両側複線  留線出 75  ▼
点    /
接線  □
接円  ○
ハッチ 文字
線平  寸法
```

レッスン12を参考に
［複線］をクリックし
ておく

5 ［留線付両側複線］
をクリック

壁線が一括で
作図された

🔍 用語解説

留線（とめせん）

両側に作図された複線の端点同士を結ぶ
線を指します。［留線出］には、基準線端
点から留線までの間隔を指定します。

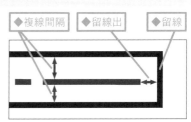

◆複線間隔　　◆留線出　　◆留線

2線の間隔 | 練習用ファイル | L73_2線の間隔.jww

レッスン72では、[複線] コマンドで、同間隔振分けの壁を一括作図しましたが、基準線からの振分けが異なる場合には、[2線] コマンドを利用して作図します。このレッスンでは外壁75mm、内壁150mmの壁を作図しましょう。

外側と内側の振分けが異なる壁線を作図する

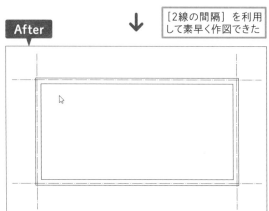

Before

外側75mm、内側150mmの壁線を作図したい

After

[2線の間隔] を利用して素早く作図できた

🔆 使いこなしのヒント

外側と内側で厚みを変える

作図済みの通り芯の両側に、外側の厚みが75mm、内側の厚みが150mmになるように、2線を作図します。[2線] コマンドは、第7章の平面図作図でも利用しましたが、新しく、異なる振分け寸法の指定方法と、基準線に対する振分けの反転方法を学習します。

壁芯の外側と内側で厚みを変えて作図する

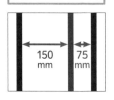

150 mm　75 mm

1 2線の間隔を設定する

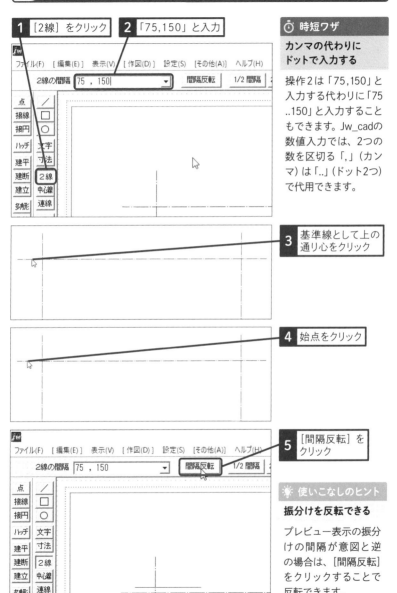

1 [2線] をクリック

2 「75,150」と入力

2線の間隔 `75 , 150`

間隔反転　1/2間隔

3 基準線として上の通り心をクリック

4 始点をクリック

5 [間隔反転] をクリック

2線の間隔 `75 , 150`

間隔反転　1/2間隔

次のページに続く ➡

○ 時短ワザ

カンマの代わりにドットで入力する

操作2は「75,150」と入力する代わりに「75..150」と入力することもできます。Jw_cadの数値入力では、2つの数を区切る「,」(カンマ) は「..」(ドット2つ)で代用できます。

☀ 使いこなしのヒント

振分けを反転できる

プレビュー表示の振分けの間隔が意図と逆の場合は、[間隔反転]をクリックすることで反転できます。

2 壁線を作図する

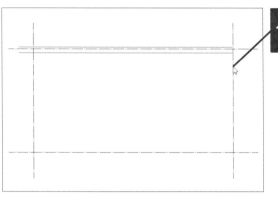

1 次の基準線として右の通り芯をダブルクリック

壁線が作図された

2 次の基準線として下の通り芯をダブルクリック

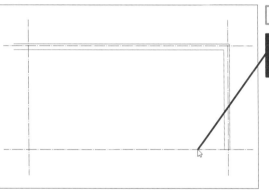

3 次の基準線として左の通り芯をダブルクリック

☀ 使いこなしのヒント

基準線を次々とダブルクリックしてつなげる

終点を指示せずに、次の基準線をダブルクリックすることで、現在プレビュー表示されている2線につなげて次の2線を作図できます。

● 2線の作図を完了する

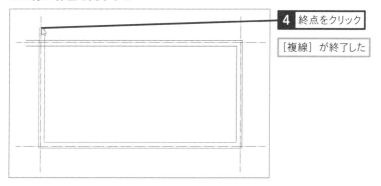

4 終点をクリック

[複線] が終了した

3 [包絡] で角を仕上げる

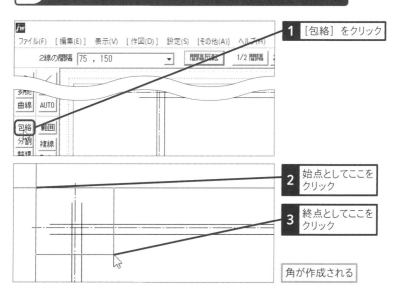

1 [包絡] をクリック

2 始点としてここを
クリック

3 終点としてここを
クリック

角が作成される

※ 使いこなしのヒント

同じレイヤで同じ線色・線種の直線を一括で整形する

角は、[コーナー] コマンドで整えること
ができますが、ここでは同じレイヤに同
じ線色・線種で作図された直線どうしの
整形を一括してできる [包絡] コマンド

を使用して、手順3のように整形します。
[包絡] コマンドの更なる活用法は次の
レッスン74で詳しく学習します。

74 コーナーや伸縮を一括で 処理するには

包絡の活用 　　　練習用ファイル　L74_包絡活用.jww

[包絡]（包絡処理）コマンドでは、[コーナー][伸縮]コマンドで数手間かけて整形する形に一括処理します。ここでは、同じレイヤに同一線色・線種で作図した壁と柱の重なる部分の処理や、線の伸縮や連結に相当する処理を行います。

柱と壁の線を一括で処理したい

Before

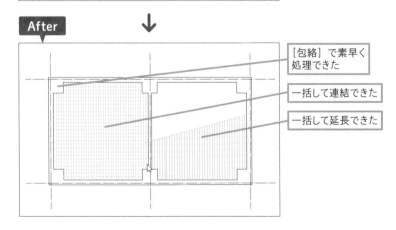

柱と壁の線を素早く処理したい

点線をつなげたい

線を斜線まで伸ばしたい

↓

After

[包絡]で素早く処理できた

一括して連結できた

一括して延長できた

1 コーナーと柱部分を一括して処理する

レッスン63を参考に [包絡] を
クリックしておく

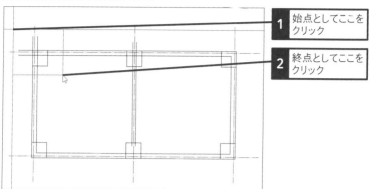

1 始点としてここを
クリック

2 終点としてここを
クリック

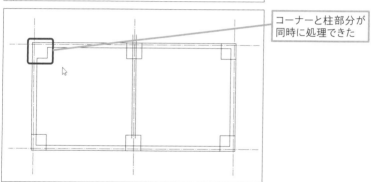

コーナーと柱部分が
同時に処理できた

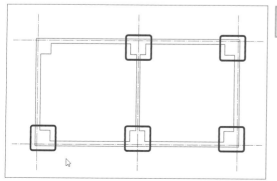

同様の手順で他の柱も
処理する

次のページに続く →

2 線を一括して延長する

レッスン38を参考にレイヤ8を
書込レイヤにしておく

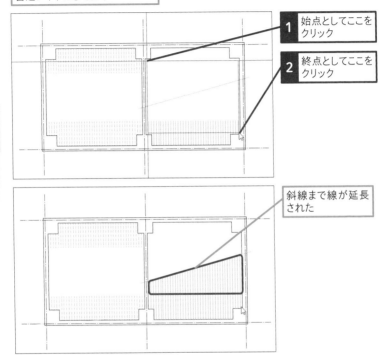

1 始点としてここを
クリック

2 終点としてここを
クリック

斜線まで線が延長
された

活用編

第10章

効率よく作図するには

☀ 使いこなしのヒント

線の伸縮やコーナー処理も一括でできる

[包絡] コマンドでは、壁と柱の処理の他にも [伸縮] コマンドの基準線までの伸縮に相当する処理や、[コーナー] コマンドにおける角の作成や線の連結に相当する処理を一括処理できます。いずれも、対象とする線が同一レイヤに同一線色・線種で作図されていることが前提です。

☀ 使いこなしのヒント

基準線を含めて囲むだけで処理できる

伸縮の基準線とその線まで伸縮する線の端部を手順2の操作1、操作2のように、包絡範囲枠で囲むことで、一括伸縮ができます。

3 線を一括して連結する

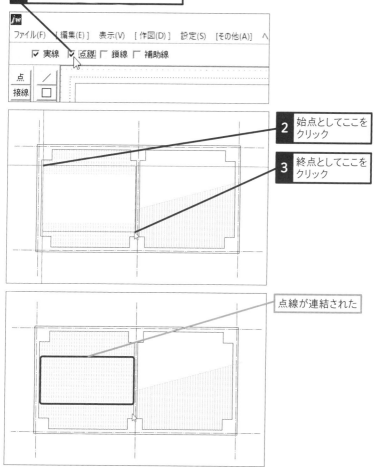

1 ここをクリックしてチェックマークを付ける

ファイル(F) [編集(E)] 表示(V) [作図(D)] 設定(S) [その他(A)]

☑ 実線 ☑ 点線 □ 鎖線 □ 補助線

点 接線

2 始点としてここをクリック

3 終点としてここをクリック

点線が連結された

点線を包絡の対象にするには

包絡の対象とする線は、コントロールバーでチェックマークを付けた線種に限ります。ここでは、点線の一括連結をするため、[点線]にもチェックマークを付けます。

壁の開口を素早く処理するには

動画で見る

中間消去　　　　　　　　　　　練習用ファイル　　L75_中間消去.jww

レッスン56や72では、始めから開口部分をよけて壁を作図しましたが、壁を作図してから開口部をあけることもできます。ここでは、開口部左右も含め躯体線と仕上げ線を作図済みの図で、[包絡] コマンドで開口部をあける手順を紹介します。

[包絡] コマンドで開口部をあける

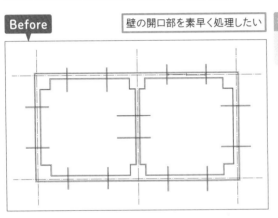

Before

壁の開口部を素早く処理したい

After

↓

[包絡] を使って処理できた

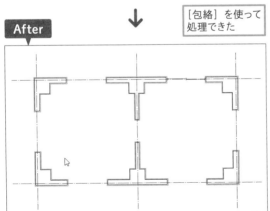

💡 使いこなしのヒント

躯体線と仕上げ線を確認しよう

このレッスンの練習用ファイルでは、躯体線を [線色2] の [実線] でレイヤ [2] に、仕上げ線を [線色7] の [実線] でレイヤ [3] に作図しています。開口部分の左右の躯体線、仕上げ線も、それぞれレイヤ [2] とレイヤ [3] に適当な長さで作図しています。

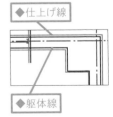

◆仕上げ線

◆躯体線

1 中間消去で処理する

レッスン63を参考に［包絡］をクリックしておく

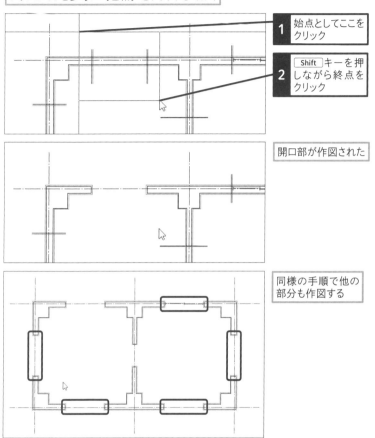

1 始点としてここを
クリック

2 Shift キーを押
しながら終点を
クリック

開口部が作図された

同様の手順で他の
部分も作図する

「建具属性」を持つ建具は包絡の対象にならない

図面右上の作図済みの建具は、レッスン
76で学習する［建平］（建具平面）コマ
ンドで作図した建具です。［建平］コマン
ドで作図した建具には、「建具属性」と呼
ばれる、特別な性質が付加されます。「建

具属性」を持つ建具は、包絡の対象にな
りません。そのため、包絡範囲枠で囲ん
でもその形状が包絡されて変形すること
はありません。

76 開口幅に合わせて建具を配置するには

建具平面　　　　　　　　　　　　　　**練習用ファイル**　　L76_建具平面.jww

第7章の平面図作図では、建具は［図形］コマンドで、図形として用意された建具を選択して配置しました。ここでは、建具を配置するもう1つの方法として、［建平］（建具平面）コマンドを紹介します。［建平］コマンドでは、あらかじめ用意された建具の平面の見込、枠幅、内法寸法を実寸で指定して作図できます。

開口部の幅に合わせて作図する

Before　　　開口部に合わせて引違戸を作図したい

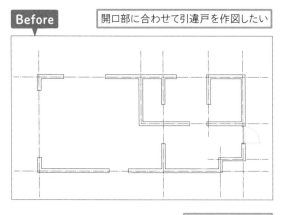

↓　　　建具平面を使って素早く作図できた

After

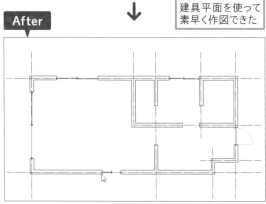

1 建具平面を選択する

レッスン38を参考にレイヤ[3]を書き込みレイヤにしておく

レッスン14を参考に書込線を[線色5]、[実線]にしておく

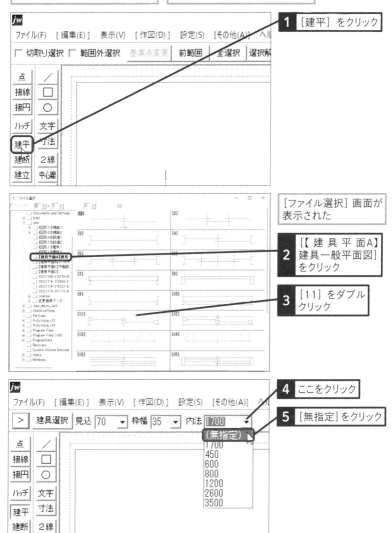

1 [建平]をクリック

[ファイル選択]画面が表示された

2 【建具平面A】建具一般平面図をクリック

3 [11]をダブルクリック

4 ここをクリック

5 [無指定]をクリック

（無指定）
1700
450
600
800
1200
2600
3500

次のページに続く➡

2 引違戸を作図する

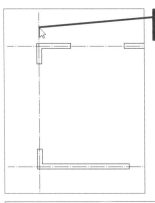

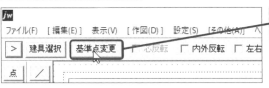

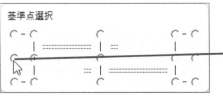

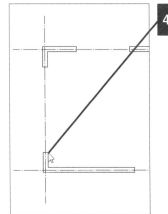

1 基準線として左端の通り芯をクリック

使いこなしのヒント

最初に基準線を指示する

[建平] コマンドでは、手順2の操作1で基準線を指示します。建具は、この基準線上に作図されます。

2 [基準点変更] をクリック

[基準点選択] 画面が表示された

3 ここをクリック

使いこなしのヒント

基準点は15箇所に変更できる

ここでは、開口の両端部を指示して、建具の幅を決めるため、基準点を外端 (そとば) の中央にします。建具平面の基準点は、[基準点選択] 画面で、15ヵ所に変更できます。

4 始点として開口部下角を右クリック

● 開口部に合わせて位置を指定する

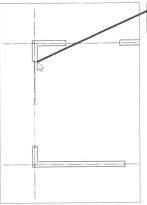

5 終点として開口部上角を右クリック

**開口のどの角を
右クリックしてもよい**

手順2の操作1で基準線を指示しているため、操作3で指示した基準点を操作1の基準線上に合わせることが確定しています。そのため、操作4では、開口の下図3ヵ所のどの点を右クリックしても結果は同じになります。

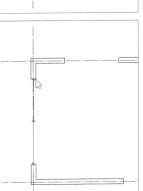

開口部に合わせて引違戸が作図された

この3点のどれを右クリックしても同じ操作になる

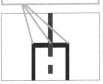

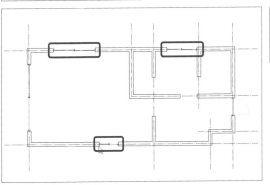

同様の手順で開口部ごとに基準線を設定し、基準点を右クリックして引違戸を作図する

スキルアップ

包絡範囲枠に入れる範囲に注意しよう

包絡範囲枠に入れる範囲によって、包絡の結果が異なります。

● 左と上の線端部を入れない場合

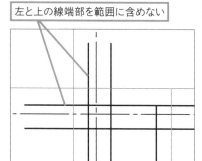

左と上の線端部を範囲に含めない

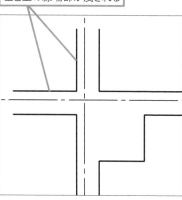

左と上の線端部が残される

● 左の線端部を入れない場合

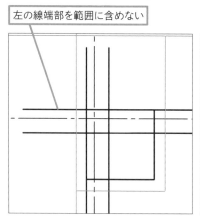

左の線端部を範囲に含めない

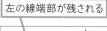

左の線端部が残される

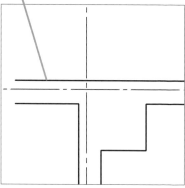

索引

索引

できるサポートのご案内

本書の記載内容について、無料で質問を受け付けております。受付方法は、電話、FAX、ホームページ、封書の4つです。なお、A.～D.はサポートの範囲外となります。あらかじめご了承ください。

受付時に確認させていただく内容

① **書籍名・ページ**
  『できるポケット Jw_cad 8
   基本&活用マスターブック』
② **書籍サポート番号→501616**
  ※本書の裏表紙（カバー）に記載されています。
③ **お客さまのお名前**
④ **お客さまの電話番号**
⑤ **質問内容**
⑥ **ご利用のパソコンメーカー、
   機種名、使用OS**
⑦ **ご住所**
⑧ **FAX番号**
⑨ **メールアドレス**

サポート範囲外のケース

A. 書籍の内容以外のご質問（書籍に記載されていない手順や操作については回答できない場合があります）
B. 対象外書籍のご質問（裏表紙に書籍サポート番号がないできるシリーズ書籍は、サポートの範囲外です）
C. ハードウェアやソフトウェアの不具合に関するご質問（お客さまがお使いのパソコンやソフトウェア自体の不具合に関しては、適切な回答ができない場合があります）
D. インターネットやメール接続に関するご質問（パソコンをインターネットに接続するための機器設定やメールの設定に関しては、ご利用のプロバイダーや接続事業者にお問い合わせください）

問い合わせ方法

電話 （受付時間：月曜日～金曜日 午前10時～午後6時まで ※土日祝休み）

0570-000-078

電話では、上記①～⑤の情報をお伺いします。なお、**通話料はお客さま負担**となります。対応品質向上のため、通話を録音させていただくことをご了承ください。一部の携帯電話やIP電話からはご利用いただけません。

FAX （受付時間：24時間）

0570-000-079

A4サイズの用紙に上記①～⑧までの情報を記入して送信してください。質問の内容によっては、折り返しオペレーターからご連絡をする場合もあります。

インターネットサポート （受付時間：24時間）

https://book.impress.co.jp/support/dekiru/

上記のURLにアクセスし、専用のフォームに質問事項をご記入ください。

封書

〒101-0051
**東京都千代田区神田神保町一丁目105番地
  株式会社インプレス
  できるサポート質問受付係**

封書の場合、上記①～⑦までの情報を記載してください。なお、封書の場合は郵便事情により、回答に数日かかる場合もあります。

■著者

ObraClub（オブラクラブ）

設計業務におけるパソコンの有効利用をテーマとして活動。Jw_cadやSketchUpなどの解説書を執筆する傍ら、会員を対象にJw_cadに関するサポートや情報提供などを行っている。主な著作に『できる Jw_cad 8』『できる イラストで学ぶJw_cad』『できるゼロからはじめるJw_cad 8超入門』（インプレス刊）『はじめて学ぶJw_cad 8』『やさしく学ぶJw_cad 8』『CADを使って機械や木工や製品の図面をかきたい人のためのJw_cad8製図入門』『Jw_cadの「コレがしたい！」「アレができない！」をスッキリ解決する本』『Jw_cad 8 逆引きハンドブック』（エクスナレッジ刊）などがある。

素材提供	株式会社 LIXIL・有限会社ワカスギ
Special Thanks	清水治郎・田中善文

STAFF

シリーズロゴデザイン	山岡デザイン事務所 <yamaoka@mail.yama.co.jp>
カバー・本文デザイン	伊藤忠インタラクティブ株式会社
カバーイラスト	こつじゆい
本文イメージイラスト	ケン・サイトー
DTP制作	町田有美・田中麻衣子
校正	トップスタジオ
編集制作	トップスタジオ
デザイン制作室	今津幸弘 <imazu@impress.co.jp>
	鈴木　薫 <suzu-kao@impress.co.jp>
制作担当デスク	柏倉真理子 <kasiwa-m@impress.co.jp>
デスク	荻上　徹 <ogiue@impress.co.jp>
編集長	藤原泰之 <fujiwara@impress.co.jp>

■商品に関する問い合わせ先

このたびは弊社商品をご購入いただきありがとうございます。本書の内容などに関するお問い合わせは、下記のURLまたは二次元バーコードにある問い合わせフォームからお送りください。

https://book.impress.co.jp/info/

上記フォームがご利用いただけない場合のメールでの問い合わせ先
info@impress.co.jp

※お問い合わせの際は、書名、ISBN、お名前、お電話番号、メールアドレスに加えて、「該当するページ」と「具体的なご質問内容」「お使いの動作環境」を必ずご明記ください。なお、本書の範囲を超えるご質問にはお答えできないのでご了承ください。

● 電話やFAXでのご質問は、254ページの「できるサポートのご案内」をご確認ください。また、封書でのお問い合わせは回答までに日数をいただく場合があります。あらかじめご了承ください。
● インプレスブックスの本書情報ページ https://book.impress.co.jp/books/1122101149 では、本書のサポート情報や正誤表・訂正情報などを提供しています。あわせてご確認ください。
● 本書の奥付に記載されている初版発行日から1年が経過した場合、もしくは本書で紹介している製品やサービスについて提供会社によるサポートが終了した場合はご質問にお答えできない場合があります。

■落丁・乱丁本などの問い合わせ先

FAX　03-6837-5023
service@impress.co.jp
※古書店で購入された商品はお取り替えできません。

できるポケット

Jw_cad 8 基本 & 活用マスターブック

2023年3月11日　初版発行

著　者　ObraClub&できるシリーズ編集部

発行人　小川 亨

編集人　高橋隆志

発行所　株式会社インプレス
　　　　〒101-0051　東京都千代田区神田神保町一丁目105番地
　　　　ホームページ　https://book.impress.co.jp/

印刷所　図書印刷株式会社
ISBN978-4-295-01616-8　C3004

がんばる自分に
ごほうび旅

ことりっぷ co-Trip 海外版
プサン へ

ようこそ。

今日も1日お疲れ様でした。
何だか最近、疲れることが増えてきたりしていませんか？
そんなときはちょこっと旅に出かけてみるのもいいものです。
少しの間、面倒なことは全部忘れて、リフレッシュ。
立ち止まった旅の街角で、心にひびく何かに出会えたら、
明日もまたがんばれます。

いってきます。

プサンに行ったら……

さて、なにをしましょうか？

**観光も買い物も楽しめる南浦洞をさんぽしたり、
港の景色を眺めて、屋台で食べ歩き。
チムジルバンで美肌磨きもお忘れなく。**

韓国第2の都市プサン。海
雲台リゾート、港町、人情の
街……。いえいえ、プサン
の魅力はそれだけではあり
ません。ソウルよりも物価
が安く、ビューティー体験
や、グルメ、お買い物までお
得。福岡からは高速船でわ
ずか3時間という気軽さも
魅力ですよ。

夏の海雲台ビーチはこの人気！
パラソルでびっしり埋まる ➡**P.58**

check list

- ☐ プサンの名物市場を歩く➡**P.32**
- ☐ 繁華街、南浦洞を散策➡**P.52**
- ☐ 釜山タワーから街を一望➡**P.55**
- ☐ 海雲台で海風に吹かれる➡**P.58**
- ☐ プサンのサントリーニ島をおさんぽ➡**P.60**
- ☐ 映画＆ドラマのロケ地めぐり➡**P.76**
- ☐ チムジルバンで美を磨く➡**P.82**
- ☐ スパ＆マッサージで全身メンテ➡**P.86**
- ☐ 広安大橋の夜景にうっとり➡**P.88**
- ☐ カジノにトライ➡**P.90**
- ☐ 慶州で世界遺産めぐり➡**P.92**

洗練されたチムジルバンで、
ゆったり、のんびり極楽時間 ➡**P.82**

きらきら光る広安大橋を見ながら
一杯。いい思い出になりそう ➡**P.88**

ここでしかできない経験を。自分だ
けの香水作りにトライしてみて
➡**P.80**

ヒンヨウル文化村をのんびり歩きな
がらカフェめぐり！ ➡**P.60**

チャガルチ市場には新鮮な魚介が並び、
眺めるだけでも楽しい ➡**P.32**

プサンに行ったら……

なにを食べましょうか？

港町プサンはおいしい食の宝庫です。
鮮度抜群の魚介はもちろん、
本場の焼肉、冷麺といった定番もご賞味あれ。

プサンといえば韓国きっての港町。刺身やフグ、海鮮鍋といった海産物のイメージが強いですが、実はホルモンや牛カルビなど焼肉も美味。パジョンやミルミョン、クッパッなど名物料理もめじろ押しです。屋台の数も種類も多いので、ぶらぶら食べ歩きも楽しんでみて。

ジューシーなサムギョプサルは
野菜たっぷり韓国スタイルで ➡**P.20**

check list

- [ ] プサンのトレンドグルメ ➡**P.18**
- [ ] 定番の焼肉 ➡**P.20**
- [ ] プサンならではの海鮮料理 ➡**P.26**
- [ ] 美人度アップの美肌スープ ➡**P.28**
- [ ] 麺料理エトセトラ ➡**P.30**
- [ ] 屋台料理に挑戦 ➡**P.34**
- [ ] プサン名物の朝食 ➡**P.36**
- [ ] シービュー自慢のレストラン ➡**P.38**

一度は味わいたいお刺身。プリプリ
の食感がたまりません ➡**P.26**

見た目も味もパーフェクトなベーカ
リーが増えています ➡**P.19**

かわいすぎる韓国雑貨を買って、自分
の部屋も韓国風にしたい♪ ➡**P.68**

なにを買いましょうか？

美肌効果の高い韓国コスメはやっぱり魅力。
市場や地下街はとってもリーズナブルなんです。
さんぽしながら、大人買いを楽しみましょう。

韓国で何が楽しいって、やっぱりショッピング。免税店やファッションビルでは、旬のアイテムが勢揃いしています。価格のわりに効果大な韓国コスメ、シートパックはもはや韓国ノリと並ぶ代表的なおみやげ品。市場にも掘り出し物があります。

check list

- [ ] 買い物天国！西面をナビ ➡**P.56**
- [ ] プサン最大の繊維市場 ➡**P.62**
- [ ] 絶対行きたい免税店 ➡**P.66**
- [ ] 韓国雑貨を探しましょう ➡**P.68**
- [ ] 女子度が上がる韓国コスメ ➡**P.70**
- [ ] スーパー＆デパ地下みやげ ➡**P.74**

伝統雑貨や日用品が並ぶ
国際市場を歩く ➡**P.53**

ことりっぷ co-Trip 海外版

プサン

Contents

●食べる

●買う

●見どころ&街歩き

●ビューティ

■エンターテインメント

●ホテル

まずはプサンの概要について知りましょう

旅行へ行く前に、プサンの基本的な情報をおさえておきましょう。
フライト時間や通貨、交通手段などについてひととおり旅行前に知っておけば、
よりスムーズに旅を楽しむことができます。

BUSANキホン情報Q&A

 Q 日本からプサンまでどのくらいかかるの?

 A 飛行機なら約1〜3時間

成田、関西、中部、福岡、新千歳などの空港から直行便があり、福岡から約1時間、成田から約2時間30分。札幌からでも3時間ほど。関西や九州からは船便もあり、ルートによって3〜19時間とさまざま。

 Q 観光には最低何日必要?

 **A** 日帰りもできます

丸1日あれば、市内中心部は大体楽しめます。福岡からクイーンビートル号 ➡**P.101**で日帰り旅も可能です。

 Q トイレは日本と同じ?

A 日本と同様、水洗トイレ

韓国では使用した紙を流せないトイレが多いので、紙用のゴミ箱が置いてあったらそこに捨てましょう。ポケットティッシュも持ち歩くと安心です。

Q ビザは必要?

A 短期観光なら必要ありません

日本国籍の場合、90日以内の観光や商用ならビザは不要。K-ETAの登録(2024年末までは登録免除)とICパスポート、帰りの航空券が必要です。

 Q おもな交通手段は?

A 地下鉄とタクシー

市内を地下鉄が網羅しているので、エリア間の移動は地下鉄が便利。ただし、プサンはタクシー料金が安いので、場合によって使い分けましょう。

 Q 時差はあるの?

A 時差はなし

韓国は日本と時差がないので、国内旅行の感覚で気軽に旅ができます。

 Q 言葉と文字は?

 A 韓国語&ハングル

ただし、観光客の多いエリアでは日本語が通じることもあります。文字は独自のハングル。

 Q 通貨とレートは?

 A 1000W=約110円(2023年12月現在)

通貨はW(ウォン)。物価は日本とあまり変わりませんが、ショッピングなどは割安感があります。紙幣は1000W〜5万Wの4種類。硬貨は10〜500Wの4種類が流通しています。

 500W
 50000
 100W
 10000
 50W
 5000
 10W
 1000

Q チップは必要?

A 基本的に不要

チップの習慣はありません。カジノでゲームに大勝ちした場合は、チップを渡した方がスマート。

 Q お酒とたばこは何歳からOK?

 A 満19歳から

喫煙と飲酒は満19歳から。人が集まる公共の場所は基本的に禁煙で、公園やバス停、路上など屋外の一部も含まれます。吸う前に確認しましょう。

ベストシーズンは?

春の3~5月、秋の9~11月

日本同様に四季があり、季節の移り変わりがはっきりしています。夏は高温多湿で日本の九州とほぼ変わらない気候ですが、冬は海に面した海洋性気候であるのと、南部に位置するため、気候が温暖。冬季の平均気温が氷点下になることはありませんが、吹雪や大雪に見舞われる日もあります。降水量はソウルに比べるとやや多めで、3~9月頃など雨量の多い時期が多少長いです。観光のベストシーズンは春の3~5月と、秋の9~11月。

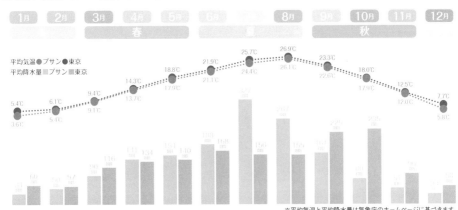

| 平均気温●プサン●東京 |
| 平均降水量■プサン■東京 |

※平均気温と平均降水量は気象庁のホームページに基づきます。

おもな祝祭日をチェック!

祝祭日は店が休みとなることもあるので、注意が必要。特に旧正月(ソルナル)、秋夕(チュソク)は日本の正月やお盆にあたり、ほとんどの店が休みになるので、旅行は避けたほうが無難。

1月1日	元日	8月15日	クァンボッチョル (光復節/解放独立記念日)
2月9~12日	ソルナル (旧正月)	9月16~18日	チュソク (秋夕/日本でいうお盆)
3月1日	サミルジョル (三・一節/独立運動記念日)	10月3日	ケチョンジョル (開天節/建国記念日)
5月5日	オリニナル (子供の日)	10月9日	ハングルの日
5月15日	釈迦生誕日	12月25日	ソンタンジョル (聖誕節/クリスマス)
6月6日	ヒョンチュンイル (顕忠節/戦没者追悼日)	※祝祭日や年中行事は年によって異なる。 上記は2024年のもの。	

ここが違う! 日韓の文化

韓国は、日本からいちばん近い外国。顔立ちや文化は似ているところも多いが、もちろん違う部分も。ここではその違いの一部を紹介します。

	日本	韓国
結婚後の姓	夫婦同姓	夫婦別姓
グラスへの酒の注ぎ足し	OK	NG
車の通行	左側	右側
茶碗	持つ	持たない
恋愛	草食系	情熱的
伝統衣装	着物	チマチョゴリ
キリスト教徒	少ない	多い
辛いもの	ワサビの文化	トウガラシの文化
学校	3学期制	2学期制

水道水は飲めるの?

韓国政府は「韓国の水道水は飲用に適している」との見解を発表しているが、洗顔や歯磨き程度にして、飲用用にはミネラルウォーターを購入する人が多い。コンビニで、1000~1500Wくらいで買え、種類も豊富。

その他のプサンの基本情報は◉P.106をチェック

プサンの街はこんな感じです

韓国第2の都市プサンは、釜山港を中心に発展した港町。
ひとつひとつの街はこぢんまりしていて、
地下鉄を使えば、他エリアへも短時間で移動できるんです。

プサン 부산
言語 韓国語
面積 769.86㎢
人口 330万2740人

●ソウル
慶州 P.92
釜山
● 済州島

百貨店や大型施設が集まる、
若者に人気の繁華街
地下鉄の乗り換え駅でアクセスも◎

西面
ソミョン／서면

ロッテ百貨店 釜山本店 ➡ **P.56**
NCデパート ➡ **P.57**
セブン・ラック・カジノ ➡ **P.91**

釜山港に面したプサンの中心地。
メインストリートの光復路と、
国際市場＆チャガルチ市場をめぐろう

南浦洞
ナンポドン／남포동

チャガルチ市場 ➡ **P.32**
光復路 ➡ **P.52**　ビフ広場 ➡ **P.52**
国際市場 ➡ **P.53**
龍頭山公園＆釜山タワー ➡ **P.54**

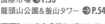

豊かな自然と
おしゃれスポットが共存

影島
ヨンド／영도

ヒンヨウル文化村 ➡ **P.60**

日本人に人気の
エリアは
1位 南浦洞
2位 西面
3位 海雲台 です

街歩きのヒント

プサンの街は、意外にコンパクト。短い滞在期間中に、効率的&リーズナブルにめぐるには、地下鉄が便利です。各エリアの主要観光地の近くには、たいてい地下鉄駅があり、気軽に訪れることができます。韓国らしい情緒を感じたいなら郊外へ。1日を世界遺産の街、慶州 ➡ P.92 で過ごすのもおすすめです。

6

韓国有数のリゾート。
美しい海を眺めて、
のんびりと楽しもう

海雲台

ヘウンデ／해운대

プサンエックス・ザ・スカイ ➡ P.16
海雲台ブルーラインパーク ➡ P.16
海雲台海水浴場 ➡ P.58
月見の丘 ➡ P.59

5

世界最大のS.C.、
新世界百貨店を擁する、
注目の再開発エリア

センタムシティ

Centumcity

新世界百貨店 センタムシティ店
➡ P.64
ロッテ百貨店 センタムシティ店
➡ P.65

4

若者でにぎわう
ナイトスポット
広安大橋の夜景を
見ながらお酒を一杯

広安里

クァンアンリ／광안리

広安大橋 ➡ P.88
夜景が楽しめる店 ➡ P.89

旅のしおり

"ちょっとそこまで" 気分で行きましょう
安くて、おいしいプサンの2泊3日

日本から近く、とくに博多からは、国内旅行感覚で行けるのがプサン。
ちょっと食事に、買い物に、自分磨きに……と、
贅沢な"ワンテーマ旅行"だって、プサンは自由自在なんです。

1日め

到着日は中心部の南浦洞を散策。
プサンの雰囲気をつかみましょう。

15:00 西面エリアのホテルに
チェックインして、南浦洞へ

🚇地下鉄1・2号線 西面駅
↓
🚇地下鉄1号線 南浦駅

15:30 まずはプサン最大の市場、
国際市場へ。

16:30 国際市場をのぞきつつ、
ぶらぶら歩いて、ビフ広場へ
大行列のホットッ店を発見。
これは試してみなきゃ！

ホットッはフワフワや
モチモチ生地と
種類豊富

17:00 有名なチャガルチ市場で、
プサンの珍しい魚介を見学。
海産物や干物をあれこれ物色

17:30 南浦洞のメインストリート
光復路を散策。
トレンドアイテムやコスメを
ハンティングします

市場にはお魚を
ねらう猫もいまし
た。かわいい

西面のホテルにチェックイン。ま
ずはいちばんの繁華街、南浦洞
へ。地下鉄に乗れば15分ほど

ビフ広場⮕P.34
には、屋台がずら
り。んんっ？ 大行
列のホットッ店を
発見！

ローカル最大の
国際市場⮕P.53
をチェック。伝統
小物などはおみ
やげにもぴったり

かわいい古着屋も
ある！

プサン名物の
タンミョンも発見！

珍しい魚に興味
津々……。食べた
くなったらその場で
さばいてもらい市
場の2階で食事を
できる⮕P.32

服好きにはたまら
ないファッション
ストリートやロッ
テ百貨店もある

光復路⮕P.52にはアク
セサリーやコスメ、おし
ゃれなセレクトショップ
の店が連なる。話題の
お店はお姉さんに教え
てもらいましょう

12

18:00 観光客に大人気の
ロッテ・マートに訪れたら、
いろいろありすぎて
たくさん買ってしまうかも!?

🚇地下鉄1号線 南浦駅
　↓
🚇地下鉄1・2号線 西面駅

西面に着いたら、おみやげや
購入品をホテルに置いてから
出かけると楽ですよ

19:30 韓国の初日ディナーは
やっぱり焼肉♪
オヌルキメティッコギで
おいしいお肉をいただきま～す

21:00 マッサージで
スッキリしましょう

23:00 ちょっぴりカジノ体験
ビギナーズラックで勝てるかも!?

種類が多すぎて
悩んじゃう！

ロッテ百貨店にあるチェーン
店、ロッテ・マート➡P.75で、夜食
や必要なものを購入しよう！
おみやげ探しにもぴったりです

初日は焼肉！ プサンで
大流行中のティッコギ
➡P.21をいただきます。
ボリュームたっぷりなの
にコスパも抜群！

全身マッサージが受けられる姜
東孝エステ➡P.87へ。チムジル
バンやアカスリもできます。

サウナやお風呂を楽しみたいな
ら、韓国の伝統的なスパランド、チ
ムジルバン➡P.82がおすすめ。極
上のエステを受けたい…という人
は、シム・スパ➡P.86へ。丁寧な
施術でお肌がつるつるに。

大当たりしたら
どうしよう

エステでスッキリしたけれ
ど、まだ遊び足りない！ セ
ブン・ラック・カジノ➡P.91
でちょっぴり運試ししてみ
ようかな

大満足の初日。夜食を少しだけつ
まんでから、眠りに落ちました

今日のごほうび
最新コスメの大人買い　4万W
おなかいっぱい食べた焼肉　5000W～
マッサージ　13万W

2日め

西面でお買い物三昧。
その後は違うエリアも散策してみて

9:00 2日目の朝食は
プサンならではのメニューを
食べに行きます

10:00 ロッテ免税店・百貨店で、
ひたすらショッピング

🚇地下鉄1・2号線 西面駅
↓
🚇地下鉄2号線 海雲台駅

12:00 かわいすぎる雑貨屋さんを
発見! おしゃれなアイテ
ムが見つかるかも?

13:00 立ち寄った海雲台市場で
お昼ごはんをいただきます

14:00 大人気の観光列車に
乗って、海雲台を満喫
しましょう

🚇地下鉄2号線 海雲台駅
↓
🚇地下鉄2号線 広安駅

17:00 広安里へ移動。
おしゃれなベーカリー店が
集まるストリートを散策

18:00 すてきなアイテムがそろう
雑貨店で、お気に入りを
見つけましょう

すっきりとした味わい

河東ジェチョッ➡P.37の
シジミスープは朝食にぴ
ったり

店のロゴが入ったグラス

ナチュラルなイ
ンテリアがそろう
ルフト・マンショ
ン➡P.68。エコ
バッグは自分用
に買いたい人気
アイテム

ロッテ百貨店➡P.56と
ロッテ免税店➡P.67で
お買い物。免税店では
かわいい財布をみつけ
ちゃった。買おうか迷い
ます……

みんな大好きキンパッ
を購入。本場の味は
やっぱり最高!

廃線を再利用した海雲台ブル
ーラインパーク➡P.16は、写真映
えスポットとしても大人気。スカ
イカプセルは、プライベート感が
あるのでおすすめ!

停車駅のひとつ、青沙
浦駅周辺にはおしゃれ
なカフェが点在。おさ
んぽがてら、立寄って

ベーカリーが集まる
パンチョン洞へ。老
舗からおなじみの
チェーン店まであり、
さんぽしているだけ
でも楽しい

雑貨店で造花のチ
ューリップを購入!
海などで写真を撮
れば、映え度アップ

19:00 有名人の訪れる刺身店
チョンマルチャウン・
フェッチッで夜ごはん

20:30 飲食やショッピングを
楽しめる新しい複合施設、
ミラク・ザ・マーケットへ

刺身盛り合わせに
は20種以上のおか
ずがつく！最後の
夜には少し贅沢を

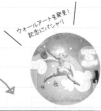

ウォールアートを発見！
記念にパシャリ

今日のごほうび
ブランド財布　30万W
ロッテ免税店で、フェイスパックまとめ買い　US$17
めちゃウマだった刺身のコース　5万W
おしゃれな雑貨屋さんで買ったエコバッグ　2万8千W

夕食後にミラク・ザ・マーケッ
ト⇒P.41へ。館内奥は一
面が窓ガラスになっていて、
景色を見ながらひと休みす
るのが気持ちいい

3日め

あっという間のプサン旅行。飛行
機の人は、朝が早いので大変かも。

8:00 飛行機で帰る人は
空港へ向かいましょう
船の人はもう少し楽しめますよ

船で帰る人へは、東莱へ足をのば
すのもおすすめ。帰り際には旅客タ
ーミナルへ向かう前にハナロマート
⇒P.75へ行っておくと、おみやげが
まとめ買いできます。ターミナルに
は免税店もあります。

温泉地の東莱
には足湯も
あります

この旅の収穫

↓ お気に入りの
アイテムはコレ！

雑貨、コスメ、ファッションなど、安くてかわいい
おみやげがいっぱい買えました。

キムトンケラーメン。
ほどよい辛さで、濃い
めのスープが特徴。
4袋入り5390W

↑
友だちへの
おみやげはコレ！

ディスプレイもか
わいい、ルフト・
マンションのエ
コバッグ

アップヘアに合
わせたいピアス
1万3000W

おいしかった
のはコレ！

ビフ広場の大
人気ホットッ

HAY

ヘイのトート
バッグ1万
2000W

辛さがちょうど
いいトッポッキ。
市場ならではの
美味しさ

HERA

ヘラのグロスとティ
ルティルのクッ
ションファンデ。日
本でも大人気

TIRTIR

15

My favorite
プサン
My
フェイバリット

最旬スポットで
すてきな写真を撮りましょう

プサン旅行に行ったら外せないのが、海沿いを走る観光列車や、
街と海を一望できるランドマークタワーなど、
壮大な景色が楽しめるスポット。カメラを持って訪れましょう。

窓辺に座ってプサンならではの
爽やかな海の写真を撮ろう

帰りは海辺列車を
楽しむのもおすすめ

停留所近くにある
青沙浦タリットル
展望台はマストで
行きたい

新たなプサン観光の目玉となる注目スポット
海雲台ブルーラインパーク
ヘウンデブルーラインパーク／해운대블루라인파크

2020年に誕生した、尾浦〜青沙浦、松亭
間を結ぶ観光列車。地上を走る「海辺列
車」と、空中のレールを走る最大4人乗り
の「スカイカプセル」がある。

MAP 付録P.8 F-3　　　　　　　　海雲台

㉑海雲台区タルマジギル62番ギル13（尾浦乗り場）㉓地
下鉄2号線202中洞駅7番出口から徒歩16分（尾浦乗り場）
☎051-701-5548（スカイカプセル）🕘9:30〜19:00（尾浦乗
り場）※夜間延長の場合あり㊡無休💴スカイカプセルは
1〜2人乗り往復5万500W〜、海辺列車は1回券7000W

シティ＆オーシャンビューを
満喫できる展望台
プサンエックス・ザ・スカイ
BUSAN X the SKY／부산 엑스 더 스카이

韓国で2番目の高さを誇る高層ビ
ル、LCTランドマークタワーの98
〜100階に位置する。100階の展
望台から見下ろす景色は圧巻。

MAP 付録P.8 F-4　　　　　　　　海雲台

㉑海雲台区タルマジギル30 LCTランド
マークタワー　C棟98〜100階㉓地下鉄
2号線202中洞駅7番出口から徒歩13分
☎051-731-0098🕘10:00〜21:00 ※最
終受付は閉館30分前㊡無休

画像提供: Busan X the SKY

世界一高い位置に
ある98階のスターバ
ックスでティータイ
ムを楽しんで

プサンの夜景を見ながら
ロマンティックな
ディナーを

3棟のLCTランドマークタワ
ーは高さ411.6m

プサンの楽しみといえば
やっぱりグルメです

港町プサンは、韓国有数の海産物の宝庫。
魚介のおいしさはいうまでもなく、ほおばるたびに口の中に肉汁が広がる焼肉、
次の日お肌ぷるぷるの美肌スープに、癒しの伝統茶……。
プサンのグルメは、どれもマシッソヨ（おいしい）！
屋台フードから、名物料理まで、お腹いっぱいいただきましょう。

ジューシーな
お肉が
たまりません〜

まずはプサンのトレンドグルメを味わいに行きましょう

旅の楽しみのひとつで絶対に外せないグルメ。
王道もいいけれど、せっかく行くならトレンドグルメにも注目してみましょう。
新しいグルメとの出会いがきっとあるはずです。

やわらかバンズとジューシーパテのコンビネーション！大きな口で思いっきりかぶりついて

本格バーガーショップが増えてます！

オールマイゴッドバーガー。外はカリッと、中はジューシーな手作りパテをふわふわバンズでサンド。単品9900W、セット1万5900W

バーガーズ・オールマイティー
Burgers Almighty

プサンを中心に展開するハンバーガーショップ。話題の複合施設、ミラク・ザ・マーケット内にも店舗があり、テイクアウトして景色を眺めながら食べるのが◎。サイドメニューも充実している。

MAP 付録P.9 B-3　　　　　広安里

所 水営区民楽水辺路17番ギル56 ミラク・ザ・マーケット2F 交 地下鉄2号線 207 民楽駅1番出口からタクシーで10分 ☎ 051-753-2023 営 11:00〜20:30（土・日曜は〜21:00）休 無休

レトロだけど新しいニュートロスポット

芳醇なコーヒーの香りが広がる店内

自家製の角砂糖が入ったエスプレッソ6500W（左）とエチオピア産の豆を使ったコーヒー 7000W（右）

奥ではコーヒーの講習やスタッフの打ち合わせが行われる

モモス・ロースタリー＆コーヒーバー
MOMOS ROASTERY & COFFEEBAR

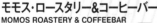

船着場だった建物を改装してオープン。白を基調としたミニマルな店内には、焙煎機やコーヒーの講習を行うラボなどもある。

MAP 付録P.3 B-4　　　　　影島

所 影島区蓬莱ナル路160 交 地下鉄1号線 111 南浦駅からタクシーで6分 ☎ 070-5129-0184 営 9:00〜18:00 休 無休

コーヒーをいれる間、作業工程を説明してくれるサービスも実施

パン好き必見のエリア、パンチョン洞

水営区南川洞(ナムチョンドン)は、老舗からチェーン店まで多種多様なベーカリーが点在するエリア。その名をもじってパンチョン洞とも呼ばれているため、パン好きは注目です。

ベーカリーが集まるパンチョン洞へ

定番からピスタチオやチョコレートなどアレンジを加えたものまで種類豊富にそろえる。各3500W〜

丸いクロワッサン、ニューヨークロール。クリームが入っている

シックな外壁がより店のおしゃれ感を引き出している

種類豊富なパンがずらりと並ぶ店内。数席だけテーブル席も用意してある

メトゥル・アティジョン
Maitre Artisan

パリの街角のような雰囲気のベーカリー。フランスから直輸入した小麦や天然酵母を使用するクロワッサンが人気。

MAP 付録P.9 A-4　　広安里

🏠 水営区南川洞路22番ギル21
🚇 地下鉄2号線 211 南川駅1番出口から徒歩5分　📞 070-8829-0513　🕐 9:00〜20:00　🈀 月曜

ふわとろクリームラテがかわいい!

まるでデザートのような見た目の、インスタ映えドリンク!

エスプレッソの上にアーモンド風味の手作りクリームをのせたドリンク、モウヴシュベナー

モウヴ
Mouv

2022年3月にオープンしたカフェ。ふわとろクリームラテや、クロワッサンとドーナツをかけ合わせたクロナッツなどのスイーツを楽しめる。

MAP 付録P.6 F-1　　西面

🏠 釜山鎮区田浦大路246番ギル25　🚇 地下鉄2号線 218 田浦駅8番出口から徒歩9分
📞 0507-1333-6552　🕐 12:00〜20:00 (土・日曜は〜21:00)　🈀 月曜

プサン発! クラフトビールが人気

自慢のクラフトビールを飲みに行こう。好みの味がきっと見つかるはず

定番のIPAのほか、さまざまなフレーバーがそろう

カルメギ・ブリューイング
GALMEGI BREWING

プサン初のクラフトビール醸造所で、本店が水営にある。自家製のビールはどれも香り豊か。

MAP 付録P.9 A-3　　広安里

🏠 水営区広南路58 2F
🚇 地下鉄2号線 210 金蓮山駅5番出口から徒歩5分
📞 051-627-4328　🕐 16:00〜翌1:00 (金・土曜は14:00〜)　🈀 日曜

モウヴにはおみやげとしても人気の伝統菓子、薬菓を使ったクロナッツもあるので、ぜひチェックしてくださいね。

韓国といえば焼肉ですよね
本場の人気店にご案内します

韓国へ行ったら真っ先に食べたいのは、やっぱり焼肉。
豚肉、牛肉、それぞれの人気店を紹介します。
薬味と野菜をたっぷりのせて、サンチュで巻いていただきましょう。

豚肉
テジコギ 돼지고기

韓国では牛より豚の焼肉のほうが一般的。
リーズナブルなサムギョプサル（三枚肉）
や味付きテジカルビでおなかいっぱいに

1 食感の違う肉を堪能できるティッコギ1人前5000W（注文は3人前～）。一緒に混ぜて焼き上げる玉ねぎとネギキムチも絶品 **2** 熟成させたテジヤンニョンカルビ1万1000W（200g）は3人前から注文可 **3-A** 黒豚骨付きサムギョプサル＆モクサル（550～600g）5万9000W **3-B** ピンクソルトやステーキシーズニングなど4種類の塩につけるとおいしさアップ **4** サムギョプサル（150g）1万3000W。肉厚の三枚肉は脂まで旨みたっぷり。キムチとともに味わって

20

サムギョプサルのおいしい食べ方

サムギョプサルは脂が多いので、弱火でじっくり焼いて、脂を落とします。表→裏→表を焼き、両面に焦げ目がつき、脂身がカリカリになったら、いただきましょう。

並んででも食べたい絶品ティッコギ

オヌルキメティッコギ
오늘김해뒷고기

プサンで人気のティッコギ（骨周りのそぎ落とし肉）専門店。1人前5000Wとおいしいティッコギをリーズナブルに味わえることで有名。

ココが人気
コスパが最高なうえ、色々な部位を一度に食べられるのもうれしい。

MAP 付録P.6 D-2　　　　　　　　西面

住 釜山鎮区東川路85番ギル16 交 地下鉄1・2号線 119 219 西面6番出口から徒歩6分 ☎ 010-2101-3808 営 16:00〜24:00 休 無休

オリジナルの漬けだれが絶品

トンガッ
돈갑

自家製の味噌やコチュジャン、国内産の塩を用いたオリジナルの漬けだれが好評。肉は焦げ付きを防ぐという、ピアノ線でできた網で焼く。

ココが人気
親戚の養豚場から仕入れる鮮度抜群のデジカルビがおすすめ。

MAP 付録P.2 B-3　　　　　　　　慶星大

住 南区龍沼路13番ギル37 交 地下鉄2号線 212 慶星大・釜慶大駅1番出口から徒歩3分 ☎ 0507-1343-8244 営 17:00〜22:00 休 無休

高品質な豚肉をじっくり味わえる

チェジュ オクタプ
제주옥탑

韓国各地に支店をもつ有名豚焼肉専門店。済州島産の上質な黒豚を使用したサムギョプサルなどを楽しめる。優しい味わいのおこげスープも人気。

ココが人気
肉と脂の比率にこだわったサムギョプサルはしつこくない味わい。

MAP 付録P.6 D-2　　　　　　　　西面

住 釜山鎮区西田路10番ギル43 2F 交 地下鉄1・2号線 119 219 西面駅2番出口から徒歩5分 ☎ 0507-1331-5341 営 14:00〜23:30 休 無休

厚さ3センチの絶品サムギョプサル

コギクンヌン男子
コギクンヌンナムジャ／고기굽는남자

大邱に本店がある焼肉店。肉はすべてスタッフに焼いてもらうシステム。国産肉を使用しており、大邱の工場で3段階熟成しているとあって評判。

ココが人気
脂身が少なく弾力があり、旨みが詰まっているモクサルも人気。

MAP 付録P.5 A-3　　　　　　　　南浦洞

住 中区光復路6番ギル3-1 交 地下鉄1号線 110 チャガルチ駅3番出口から徒歩6分 ☎ 051-253-5933 営 16:30〜24:00 休 無休

韓国の焼肉の食べ方をご紹介します　本場韓国で焼肉を食べるなら、食べ方も韓国流で。これであなたも焼肉通!?

1. 肉を焼きます
店員さんが、手際よく鉄板または金網にのせて焼いてくれます。

2. ひと口大に切ります
半分くらい焼けたところで、はさみで食べやすい大きさに切ってもらいます。自分で切ることも。

野菜に包んで
3. 召し上がれ
葉野菜の上に肉と好みの薬味をのせたら、くるりと包んでいただきます。

野菜 あれこれ　焼肉で出されるおもな野菜を紹介。

サンチュ
상추
焼肉では定番の葉野菜。レタスに似た味

トウガラシ
コチュ/고추
辛みそのもの。はさみで切って食べても◎

エゴマの葉
ケンニプ/깻잎
青じそに似た風貌。苦みと香りが独特

チンゲンサイ
チョンゲンチェ/청경채
みずみずしくてクセがない。歯ごたえあり

焼肉とともに出るコチュジャンは各店の自家製。ネギや韓国味噌を混ぜたりと、それぞれ味が異なります。お気に入りを探してみましょう。

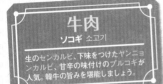

韓国といえば焼肉ですよね
本場の人気店にご案内します

牛肉
ソコギ 소고기

生のセンカルビ、下味をつけたヤンニョンカルビ、甘辛の味付けのプルコギが人気。韓牛の旨みを堪能しましょう。

1-A韓牛入りの石テンジャンチゲ7000W。石鍋でぐつぐつ煮込み、ごはんを入れてポックンパッにするのがおすすめ　**1-B**3週間熟成させた最高級ランクの韓牛熟成ロース（100g）2万6000W（2人前から注文可）　**2**2日間熟成させて旨みを引き出す生カルビ4万2000W（180g、注文は2人前〜）　**3**秘伝のたれに漬け込んだヤンニョンカルビ2万4000W〜は、甘すぎないのが人気の秘密　**4**手前から時計回りに、トゥギャン（上ミノ）3万4000W（140g）、テッチャン（大腸）3万7000W（160g）、コッチャン（丸腸）各3万7000W（160g）

焼肉のシメは何にしましょうか？
韓国では焼肉のシメは、冷麺、カルグッス（韓国風うどん）、テンジャンチゲなどが一般的。チゲにはごはんが付くことも。さっぱりしたいときは冷麺がおすすめです。

希少な熟成ロースは必食！

チョソネハヌ
저선의한우

慶尚道を中心に展開する熟成韓牛専門店。最高ランクの韓牛を使った熟成ロースは、独自の熟成方法により絶妙な風味とやわらかさを実現している。

ココが人気
ロースのほかにもカルビサルやユッケなどのサイドメニューも人気

MAP 付録P.5 A-3 　　　　南浦洞

所 中区富平2ギル12 交 地下鉄1号線110 チャガルチ駅3番出口から徒歩5分 ☎ 051-245-0092 営 12:00〜24:00 休 無休

VIPも通う海雲台の名店

海雲台ソムンナンアムソカルビチッ
해운대소문난암소갈비집

1964年創業。厳選された韓牛のみを使用し、肉本来の味わいを堪能できる。韓家を改装した個室は、座敷なのでゆったりできるのもよい。

ココが人気
朴正煕元大統領や映画俳優優など、多くのVIPが常連に名を連ねる。

MAP 付録P.8 F-4 　　　　海雲台

所 海雲台区中洞2路10番ギル32-10 交 地下鉄2号線203 海雲台駅1番出口から徒歩5分 ☎ 051-746-0033 営 11:30〜21:00 休 無休

カルビ焼肉激戦区の老舗

平壌カルビ
ピョンヤンカルビ／평양갈비

60年以上の伝統を誇る焼肉店。牛肉のヤンニョンカルビ、テジカルビ1万2000Wなど、牛・豚肉がそろうので両方の味の違いを試してみて。

ココが人気
肉質がよいわりに価格が手頃なので、地元の人からの人気が高い

MAP 付録P.5 B-1 　　　　南浦洞

所 中区中区48番ギル10-2 交 地下鉄1号線110 チャガルチ駅7番出口から徒歩10分 ☎ 051-246-6955 営 11:00〜21:10 休 無休

行列必至の名物ホルモン焼き

イェンナルオマッチッ
옛날오막집

珍しいホルモンが豊富にそろう。一番人気は500kgの牛から300gほどしかとれないトゥギャン（上ミノ）で、コリコリした食感が絶妙。

ココが人気
専門店らしく、希少で新鮮なホルモンがそろう。甘辛いたれも美味。

MAP 付録P.3 A-4 　　　　東大新洞

所 西区九徳路274番ギル14 交 地下鉄1号線108 東大新駅7番出口から徒歩5分 ☎ 051-243-6973 営 11:00〜20:30 休 第2・4月曜

焼肉のたれ＆薬味名鑑
焼肉と一緒に出されるたれや薬味は店によってさまざま。定番から個性的なものまで紹介。

コチュジャン。どの店でもたいてい出される定番の薬味

牛のセンカルビにつけて食べる塩。塩の等級にこだわる店も

ゴマ油に塩を混ぜて韓国風味に。肉本来の味が楽しめる

どの店でも出る定番の生ニンニク。肉と一緒に焼いて食べる

爽やかなトマトベースのたれとブラックペッパー＆塩

きな粉。豚肉と意外にも合うまろやかで香ばしい味わいになる

焼肉には無料の付け合わせがいっぱい！

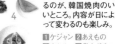

たれ＆薬味以外にも無料でおかずがたくさん出るのが、韓国焼肉のいいところ。内容が日によって変わるのも楽しみ。

1 ケジャン 2 あえもの 3 ナムル 4 煮カボチャ 5 キムチ 6 生春巻き

韓国のヤンニョンカルビは肉をたれに漬けて1〜2日熟成させます。味がしっかりついているので、焼くだけでもおいしいですよ。

タッカンマリ、トンダッ、タッカルビ
メニュー豊富な鶏肉料理を召し上がれ

焼肉もいいけれど、部位や調理方法によっていろいろな楽しみ方がある鶏肉料理はいかがでしょう。
美容効果も期待できる鍋や、ビールに合うフライドチキンなどバリエーション豊かです。
多彩なメニューを味わい尽くしましょう。

タッカンマリ
닭한마리

「鶏一羽」の意味。その名のとおり、鶏が丸ごと入る鍋。うす味が付いた鍋は薬味やたれを加えて食べる場合が多い

ヤンニョムネギを入れると味が変化！

おかわり自由のおかずもあります！

鶏肉のほか、高麗人参やネギの旨みを感じる濃厚なスープ。タッカンマリ2万5000W

味わうほどにコクが広がる鶏スープ

明洞タッカンマリ
ミョンドンタッカンマリ／명동닭한마리

プサンでは少ないタッカンマリを味わえる店。もとは参鶏湯を作っていた店主が、研究を重ねて完成させた。鶏肉やネギなどが入った直径40cm以上の鍋が沸くまで十数分。鶏肉の旨み際立つあっさりスープができ上がる。

MAP 付録P.2 B-3　　　　　　　　大淵

所 南区チョンジェドゥン路4 交 地下鉄2号線 214 モッコル駅1番出口から徒歩5分 ☎ 051-636-2834 営 11:00〜20:00 休 日曜

1 2002年にタッカンマリ店としてオープン。メニューには参鶏湯も
2 テーブル席と奥に座敷席がある。食べ方はテーブルで教えてくれる

タッカンマリの食べ方

1. オーダーしてつけだれを作る
鍋が煮えるまで、カラシや酢でたれを作りましょう。

2. 調味料でスープを味付け
鍋が煮えたらニンニク、トウガラシなど、お好みでスープに味付けをします。

3. さぁ、賞味！シメは麺が◎
作ったたれでお肉を味わいます。シメは麺やモチを頼むのが一般的です。

プサンで「チメッ」してみませんか？

韓国にはチキンとメッチュ（ビール）を合わせた「チメッ」という造語があります。これは、チキンとビールで乾杯しようという意味です。韓国ではそのくらい、チキンとビールは相性がよいとされています。

トンダッ
통닭

鶏の各部位が楽しめる。塩とたれで味わうのが一般的。お供のカクテキで、口をさっぱりさせながら食べる。

フライドチキン2万4000W。味の決め手は社長のみが調合を知る秘伝のたれ

パリッパリのチキンを食べに来てね♡

鶏肉は店の前でさばいて、その隣の釜ですぐに揚げる

プサンで人気No1のチキン料理店
コイントンダッ
거인통닭

連日行列が絶えないトンダッ専門店。国産鶏を使用したフライドチキンとスパイシーな味付けチキンがある。ふたつを同時に食べられるバンバンセット（ハーフ＆ハーフ）も。

MAP 付録P.5 A-1　　　　　　南浦洞

余ったチキンは持ち帰りも可能。持ち帰り用の袋もある

所 中区中区路47番ギル34 図 地下鉄1号線 110 チャガルチ駅7番出口から徒歩5分 ☎ 051-246-6079 営 11:30～20:00 休 日曜

若者に人気のタッカルビ専門店
ユガネ ／ 유가네
1981年創業の有名チェーンで市内では知らない人はいないほど。タッカルビ9000Wと値段が手軽なことも人気の理由。シメはごはんを頼んでチャーハンにして味わおう。

プサン発祥として親しまれるチェーン店

MAP 付録P.6 D-3　　　　　　西面

所 釜山鎮区中央大路692番ギル16 図 地下鉄1・2号線 119 219 西面駅2番出口から徒歩8分 ☎ 0507-1485-2306 営 11:00～23:00 休 無休

タッカルビ
닭갈비

鶏のもも肉や胸肉を野菜と一緒に甘辛のたれで炒めた料理。タッは鶏、カルビはバラ肉のこと。

コチュジャンで味付けした鶏胸肉を鉄鍋の上でキャベツなどの野菜と焼く

チムタッ
찜닭

鶏肉をジャガイモやトウガラシで煮込んだ料理。チムは「蒸す」の意味だが、煮込んだ料理のことも指す。

醤油ベースのピリ辛味。汁を吸った春雨がまた美味

醤油ベースのピリ辛鶏煮込み
鳳雛チムタッ ポンチュチムタッ ／ 봉추찜닭

安東の郷土料理、チムタッの店。鶏肉をタマネギ、ニンジン、ジャガイモ、韓国カボチャなどと一緒に煮詰めたチムタッは、ピリっと辛くてごはんによく合い、クセになる味。

木目調でシンプルなインテリアの店内
※写真は移転前のもの

MAP 付録P.6 D-3　　　　　　西面

所 釜山鎮区中央大路680番ギル18 図 地下鉄1・2号線 119 219 西面駅2番出口から徒歩7分 ☎ 051-806-6981 営 10:00～23:00 休 無休

鶏を使ったメニューで忘れてはいけないのが「参鶏湯」です。美肌スープは➡P.28で紹介しています。

プサンに来たなら食べなきゃ損
鮮度抜群の海の幸を味わいましょう♪

海に面したプサンは新鮮な海産物の宝庫です。
せっかくなら、その味を知り尽くした店で味わいたいもの。
店おすすめの食べ方でおいしくいただきましょう。

❷ ポッティギン
복튀김…4万W
フグの天ぷら。中はふんわり、外はサクサクのハーモニーが絶妙。

フグ

❶ 刺身Cコース(1人前)
Cコース…5万W
三種類の刺身盛り合わせに、サンマ焼きやチヂミなど、20種以上のおかずが付く、大満足のコース。

刺身

❷ ポッメウンタン(サバフグ)
복매운탕…1万3000W〜
ぶつ切りのフグに、モヤシやセリが入った辛いフグ鍋。これぞ韓国式といった味わい。

フグ

❸ 貝焼き조개구이…4万5000W〜
トウガラシが入ったスパイシーな味付けの貝焼き。大サイズ5万5000Wもある。新鮮な貝を味わって。

貝

---

❶ 夜景も楽しめる刺身店

チョンマルチョウン・フェッチッ
정말좋은횟집

広安里の民楽タウンの一角にある刺身店。刺身コースは3種類あり、どれも刺身＋20種以上の無料のおかずが楽しめる。有名人もよく訪れる。

MAP 付録P.9 B-3　　　　広安里

🏠水営区民楽水辺路13-1 5・6F 🚇地下鉄2号線209広安駅3番出口から徒歩20分
☎051-758-9961
🕐11:00〜23:00
（土曜は〜24:00）
㊡無休

---

❷ 定番から新しい味まで多彩

草原ポックッ
チョウォンポックッ／초원복국

50年以上続くフグの有名店。コース料理4万W〜やポップルコギ1万8000W〜など、専門店らしく創意工夫に富んだ多彩な料理が味わえる。

MAP 付録P.2 B-3　　　　広安里

🏠南区荒嶺大路492番ギル30 🚇地下鉄2号線211南川駅3番出口から徒歩10分
☎051-628-3935
🕐9:00〜21:00
㊡無休

---

❸ 有名人も訪れる貝焼き＆ウナギ焼き

スミニネ
수민이네

海雲台の東にある漁港の街、青沙浦の貝焼き店。メニューは貝焼きのほか、ウナギも人気。焼いた後、特製のヤンニョムソースで味わう。

MAP 付録P.8 F-2　　　　海雲台

🏠海雲台区青沙浦路58番ギル118 🚇地下鉄2号線201萇山駅3番出口からタクシーで10分
☎051-701-7661
🕐11:30〜翌3:00
（金〜日曜は翌5:00）
㊡無休

韓国式"フグ"料理のおはなし

韓国語でフグはボッ／복。代表的なメニューは
ポッチリ（別名ボックス。日本でいうフグチリ）、
ボッメウンタン（辛いボッチリ）。フグの種類により、
味も価格もピンキリなので、注文時によく確認を。

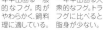

トラフグ	シマフグ	サバフグ
11～1月に旬を迎える最上級のフグ。独特の食感は、ぜひ刺身で。	年中出回る一般的なフグ。肉がやわらかく、鍋料理に適している。	一年中出回る大衆的なフグ。トラフグに比べると脂身が少ない。

❸ チャンオグイ（ウナギ焼き）
장어구이…5万W
焼いてからヤンニョムソースをつけるとウナギの甘みが引き立ち格別。大サイズは6万W。

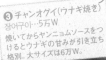

ウナギ

アンコウ

タコ

❺ アグチム
아구찜…3万5000W～
アンコウ、ホヤなど20種類以上の材料を蒸し煮にした辛い料理。

タコ

❻ チュクミグイ주꾸미구이
…1万8000W
炭火焼きの香ばしいチュクミは、マヨネーズをつけて食べるのがグッド！

タコ

❹ ナッコプセ
낙곱새…1万W
魚介とホルモンの複雑な旨みがとけ込んだ逸品。手長ダコとホルモン、エビが入っている。

海鮮おいしいものカレンダー

春	・ワタリガニ（メス）・タイ・メバル	秋	・手長ダコ・ワタリガニ（オス）・タチウオ
夏	・アワビ・スルメイカ・スズキ	冬	・フグ・アンコウ・ヒラメ・ウナギ

❹ プサン式ナッチポックンの名店

元祖チョバンナッチッ
ウォンジョチョバンナッチッ／원조조방낙지

1965年創業の有名店。だしを入れたプサン式ナッチポックンや具だくさんのナッコプセで有名だ。4代目主人は伝統文化保存名人にも任命。

MAP 付録P.2 B-2　　　　東萊

[所] 東萊区明倫路94番ギル37 [交] 地下鉄1・4号線 125 402 東萊駅2番出口から徒歩10分 [☎] 051-555-7763 [営] 11:00～21:30 [休] 月曜

❺ 激辛アンコウ料理

鈺味アグチム
オンミアグチム／옥미아구찜

アンコウ料理の専門店。人気はやわらかな天然アンコウを、豆モヤシやセリと蒸した激辛料理アグチム。辛みの少ないアンコウ鍋も評判。

MAP 付録P.9 A-1　　　　水営

[所] 水営区望美繁栄路55番ギル35 [交] 地下鉄3号線 302 望美駅4番出口から徒歩3分 [☎] 051-754-3789 [営] 11:00～21:00 [休] 火曜

❻ リピート必至の激辛ダコ

シルビチッ
실비집

中央洞にあるチュクミ通りのなかでもトップの人気を誇る店。クセになる激辛チュクミを求めて、連日地元客でにぎわう。

MAP 付録P.4 E-2　　　　南浦洞

[所] 南区海関路22-8 [交] 地下鉄1号線 112 中央駅1番出口から徒歩2分 [☎] 051-245-6806 [営] 17:00～22:00 [休] 日曜

動脈硬化や生活習慣病によいといわれるアグチム。アンコウに含まれるコラーゲンが話題で、若い女性にも人気です。

栄養が溶け込んだ"美肌スープ"で美人度をアップしましょう

日本では脇役的に扱われるスープですが、韓国では主役級のお料理。
時間をかけて作られた味わいは、体と心にじんわり染みます。
さらっといただけるので、朝食にもおすすめです。

ソルロンタン1万4000W。臭みがなくあっさりとしたスープにやわらかい牛肉、ごはん、クッスが入る

ポッチョンゴル4万W〜。フグ、エビ、モヤシ、豆腐など具だくさん

あっさりしたボッスユッ（フグ煮）3万5000W〜も人気

臭みのないあっさりとした味のスープ
「ソルロンタン」
설렁탕

牛骨や牛肉、内臓などを長時間煮込んで臭みを抜いた白濁スープ。素材の旨みが十分に凝縮されている。

ソルロンタンと同じ牛骨スープのヤンジタン1万6000Wは、胸のあたりのスライス肉が入っている

高タンパク&低カロリーの滋味あふれるスープ
「ポッチョンゴル」
복전골

コラーゲンたっぷりのフグを使ったフグ鍋。ビタミンDやタウリンも豊富で、美肌&健康効果バツグン！

ソルロンタンの専門店
① ソウルカットゥギ
서울깍두기

牛肉の旨みが溶け込み白濁したスープは、コクがあるのにさっぱりとした味わいで飲みやすい。朝から営業しているので朝食に訪れるのがおすすめ。

MAP 付録P.6 F-2　　　　　　　　西面

所 釜山鎮区西田路49 交 地下鉄1・2号線 119 219 西面駅8番出口から徒歩6分 ☎ 051-816-3950 営 8:00〜21:00 休 無休

こだわりの絶品スープ
② 釜山ポッチッ
ブサンポッチッ／부산복집

フグ料理がリーズナブルにいただける専門店。化学調味料を使用せず、フグの骨と野菜、生エビを煮込んで作るこだわりのスープがおいしさの秘訣。鍋以外にも天ぷらなどのメニューがある。

MAP 付録P.7 B-1　　　　　　　　西面

所 釜山鎮区西面文化路25 交 地下鉄1・2号線 119 219 西面駅9番出口から徒歩3分 ☎ 051-808-3467 営 10:00 〜 22:00 休 無休

参鶏湯を食べる日 "三伏"

韓国では、三伏（サンボッ）と呼ばれる7月中旬から8月中旬の夏の最も暑い日に、参鶏湯を食べると、1年間健康でいられるといわれています。

③ 港町ならではの
魚介の旨みたっぷり

「ヘムルタン」
해물탕

カニやイカ、タコ、貝類など、新鮮な魚介をふんだんに使った海鮮鍋。食材から出る複雑な旨みがスープにたっぷり。

ヘムルタン（大）6万9000W。20種類以上の魚介を使い、豪快に盛り付けられているのが特徴

⑤ 鶏の中からお宝ザクザク
滋養あふれるスープ

「参鶏湯」
サムゲタン／삼계탕

鶏の腹に高麗人参やモチ米、松の実などを詰め、やわらかくなるまで煮込んだスープ。栄養価が高く、夏バテ予防に最適。

ジャガイモや豚の骨付き背肉が入ったカンジャヘジャンクッ7500W

④ 体の中をキレイにする
"二日酔い解消スープ"

「ヘジャンクッ」
해장국

ヘジャン（解腸）の名のとおり、消化を助け、体をキレイにする。ジャガイモや豆モヤシのヘジャンクッなど、種類は多数。

アワビ参鶏湯2万1000W。プサンらしくアワビがのる

まるごとアワビ！これは贅沢です

自家製コチュジャンが◎

③ **古館ヘムルタン**
コグァンヘムルタン／고관해물탕

ヘムルタンの専門店。自家製コチュジャンを使用した、ほかにはない味わいで魚介の旨みを引き出す。

MAP 付録P.3 B-3　　　　釜山鎮駅

所 東区中央大路349番ギル38 交 地下鉄1号線 115 釜山鎮駅1番出口から徒歩3分
☎ 051-463-7585 営 11:00～21:30 休 月曜

カンジャタンの名店が作る

④ **チョンジンドンヘジャンクッ**
청진동해장국

12種類の自然素材を使用したカンジャヘジャンクッは、濃厚な味わい。ほろほろとした骨付き肉も美味。

MAP 付録P.5 A-3　　　　南浦洞

所 中区光復路6番ギル7-1 交 地下鉄1号線 110 チャガルチ駅3番出口から徒歩4分
☎ 051-246-1198 営 8:00～23:00 休 火曜

アワビ入り参鶏湯を賞味

⑤ **南浦参鶏湯**
ナンポサムゲタン／남포삼계탕

3～4か月の若鶏を6時間以上煮込んだスープが絶品。ほろほろとくずれる食感と濃厚な味わいを堪能できる。

MAP 付録P.5 C-3　　　　南浦洞

所 中区南浦ギル16-1 交 地下鉄1号線 111 南浦駅1番出口から徒歩5分
☎ 051-245-5075 営 11:00～21:00 休 無休

チゲは具が多く調理済みのもの、クッやタンは汁が多いもの、チョンゴルは鍋の意味で、火にかけながら食べるものを指します。

夏でも冬でも別腹です
プサン麺料理エトセトラ……

韓国人は麺料理が大好き。ランチはもちろん、夕食後のシメとしても定番です。
冷たい麺だって、春夏秋冬問わずいただきます。
プサンのご当地麺も、ぜひ味わってみてくださいね。

✻✻✻
プサン名物の麺料理
ミルミョン
밀면

小麦粉で作るミルミョン。韓国の麺といえば冷麺が定番ですが、歴史的に小麦が豊富だったプサンでは、ミルミョンこそ大定番。

プサンならでは

1 ツルっとのど越しのよい細麺が絶品のミルミョン7500W。スープは氷入りで夏にぴったり！ マンドゥ 5000W(5個入り)も評判なので、ぜひオーダーしてみて **2** ランチタイム以外でも客足が絶えない **3** 西面駅の繁華街にある人気店

魅力1… スープ
野菜や牛・豚骨を煮込んでおり、冷麺で使われるトンチミ(水キムチ)の汁は入らない

魅力2… 具
じっくり煮込んで脂を落とした豚肉スライスと、キュウリやナシ、キムチなどがのる

魅力3… 麺
小麦粉を原料にした黄色っぽい麺を使用。ツルンとのど越しがよく、やわらかな食感

氷入りスープとタレで食が進む！

伽倻ミルミョン　カヤミルミョン／가야밀면

地元客に愛されるミルミョン専門店。黄金に輝く氷入りスープに、弾力ある細麺と甘辛いたれ、具材には錦糸タマゴ、キュウリ、肉、大根がのり、シンプルながらも絶妙なバランス。タレをスープに溶かすと、濃厚な味へと劇的に変化し、飽きさせない。

MAP 付録P.7 C-2　　　西面

🏠 釜山鎮区西面路68番ギル5
🚇 地下鉄1・2号線 119 219 西面駅7番出口からすぐ
📞 051-804-4599　🕐 9:00〜21:00
㊡ 無休

ミルミョンは
こうして召し上がれ

1
麺が運ばれてきたらはさみでチョキチョキ
麺ははさみで十字にカット。切りすぎるとスープがうまく絡まないので注意

2
お酢と練りガラシで、自分好みの味に調節
酢とカラシは好みで入れます。あとはグルグルと混ぜて、いただきます

韓国風中華「ジャジャンミョン」

韓国の中華料理の代表といえば、ジャジャンミョン。プサンでは目玉焼きをのせた、カンジャジャンミョンが名物。釜山駅向かいには、中華街 **MAP 付録P.3 B-3**があり、おいしいと評判です。

水冷麺発祥地の味を受け継ぐ名店

元山麺屋

ウォンサンミョノッ／원산면옥

創業1953年、北朝鮮出身の初代が開店した平壌式冷麺の名店。丸鶏と牛スネ肉からだしをとったスープは、ていねいに脂を除いてあるので、淡泊ながら奥深い味わいだ。

MAP 付録P.5 C-3　　南浦洞

所 中区光復路56-8
交 地下鉄1号線 111 南浦駅1番出口から徒歩5分
電 051-245-2310
営 11:00～21:30 休 無休

❀❀❀
コシのある麺が特徴
冷麺
ネンミョン／냉면

冷麺には、ソバ粉で作る平壌式とサツマイモなどの粉で作る咸興式の2種がある。スープありが「水冷麺」、スープなしが「ビビン冷麺」。

❶ 平壌式 冷麺 1万4000W。鶏と豚からとっただしは奥深く、透明感がある ❷ プサンでいちばん有名な冷麺店。光復路から少し奥まったところにある

超定番

魅力1…スープ
豚や牛、鶏からとっただしに、トンチミ（水キムチ）の汁を加える。スッキリした味わい

魅力2…麺
平壌式水冷麺は黒っぽく、コシが強い。はさみで切って、酢とカラシで調味しましょう

❀❀❀
多彩な具が魅力の韓国うどん
カルクッス
칼국수

麺という意味の「クッス」はうどんに似た麺料理。小麦粉で練った生地を包丁（カル）で切って作る。具、スープは店によってさまざま。

❶ アサリのだしが利いたバジラッカルクッス7000W。あっさりスープは、食べ疲れた胃にちょうどいい ❷ 地元女性にも人気の居酒屋。木の看板を目印に

魅力1…具
肉、魚介、野菜など店によって多種多様。個性が最も出る部分

魅力2…麺
小麦粉の麺は、のど越しがよく、コシがあり、スープとよく絡む

お酒のシメに名物カルクッスを

朝鮮カルクッス　チョソンカルクッス／조선칼국수

韓国の伝統家屋をイメージした民俗酒場だが、シメのカルクッスがおいしいと評判に。定番カルクッスのほか、アサリ入りのバジラッカルクッスなどがいつでも味わえる。

MAP 付録P.7 C-3　　西面

所 釜山鎮区西面路38
交 地下鉄1・2号線 119 219 西面駅7番出口から徒歩5分
電 051-806-7019 営 11:00～翌5:00
休 無休

カルクッス店にはたいてい、スジェビ（韓国風すいとん）があります。カルクッスと同じ生地で作られており、こちらもおすすめです。

地元の人たちとの交流が楽しい
活気あふれる名物市場を散策

プサンにいくつかある在来市場。そのなかでも外せないのが、
水産物を扱うチャガルチ市場と、食材や定番フード店が並ぶ海雲台市場です。
市場では地元の活気を肌で感じることができますよ。

さばきたては
身が引き締まっ
てうまいよ〜

新鮮な魚介があふれる市場
チャガルチ市場
チャガルチシジャン／자갈치시장

小さな露店がひしめき合う、韓国最大の水産物市場。日本では見かけないいろいろな魚介が並ぶ場内は、見るだけでも楽しい。2階には市場で買った魚介を食べられる食堂があり、とれたてをいただける。

MAP 付録P.5 C-4　　南浦洞

所中区チャガルチ海岸路52 交地下鉄1号線110チャガルチ駅10番出口から徒歩5分 ☎051-713-8000 営5:00〜22:00（店舗により異なる、2Fは10:00〜22:00）休第1・3火曜

好きな魚介を選んで、さばいてもらえる。さばいた刺身は2階へ運んでくれる

刺身は薬味と一緒にサンチュに巻いて食べる

朝は混雑しているので、ゆっくり回るなら午後がねらい目

新鮮な魚介を料理してもらいましょう

こんな魚介が並びます

ステップ1

活きのいいものを選ぼう

市場の店員はみな気さく。簡単な日本語も通じるので、遠慮せずに注文しよう。何軒か回って価格をチェックすることも大切。

ユムシ
コリコリとした食感で、焼くと牛肉のような味わいになる
料1皿で1万W〜

アカナマコ
寒い時期のみ水揚げされる高級食材。刺身がおすすめ
料1匹2万W〜

タチウオ
塩焼き、刺身、チゲなどで食べる。身が厚く、プリプリの食感
料1匹4000W〜

アワビ
中くらいのサイズのもので150gくらい。刺身やバター焼きが◎
料養殖3万5000W〜、天然8万W〜

ヒラメ
高級魚の代表格。煮ても焼いてもおいしいがおすすめは刺身
料養殖2万W〜、天然3万5000W〜

ステップ2
おばちゃんと交渉！
生けすの魚を眺めながらお目当てを選ぶ。言葉が通じなければ、指さしOK。値切ることもできる。

ステップ3
選んだ魚介はその場で調理
魚を購入したら、その場でさばいてもらい2階の食堂へ。店員が持ってきてくれる。

ステップ4
海を一望しながら料理を堪能
刺身はもちろん鍋もOK。食堂で食べる場合、持ち込み料&突き出し代として別途料金が必要（1人5000W）。

富平カントン夜市場

南浦洞には、夜の間だけオープンする市場 **MAP**付録P.5 A-2があり、フードや雑貨を売る屋台が並びます。オデンやチヂミといった、韓国の定番屋台メニューのほか、ベトナムやフィリピンなどの伝統料理が味わえます。値段は1000～5000Wほど。

グルメ／チャガルチ市場&海雲台市場を散策

プサン市民が集う在来市場

海雲台市場

ヘウンデシジャン／해운대시장

約300mの通りの市場には、食堂やスーパー、果物屋、雑貨店など小さな店がずらり。わき道に入ると、獲れたての魚介類が並び、見ているだけでも楽しい。ビーチからも近いので、帰りに立ち寄ってみては。

MAP 付録P.8 E-4 　　　海雲台

所 海雲台区亀南路41番ギル22-1
交 地下鉄2号線 203 海雲台駅3番
出口から徒歩8分 電 051-746-3001
営 9:00～22:00（店舗により異なる）休 店舗により異なる

キンパッ揚げもおいしそう

きちんと整備されていて、観光客でも気軽に歩ける雰囲気

ホテルでのおやつとして果物を買って帰るのもおすすめ

トウガラシやニンニクなど韓国料理の必需品が並ぶ

人気フードを味わいましょう!!

テジクッパッ 돼지국밥
豚骨をじっくり煮込んだスープに肉やご飯がたっぷり。8500W

ぜんざい 팥죽
アズキの優しい味わいが◎。冬にぴったり。3000W～

ネンチェチョッパル 냉채족발
冷製仕立てで野菜たっぷりなのがプサンならでは。3万5000W

かき氷 팥빙수
氷の中にはフルーツが隠れている。混ぜて味わおう。4000W～

合わせて行きたい人気のグルメ通り

1 テジクッパッ横丁 돼지국밥 골목

西面市場の一角にあるテジクッパッ店が集まる通り。店先では常に白い豚骨スープが煮立っている様子が見られ、食欲をそそる。

MAP 付録P.7 C-3 　　西面
所 釜山鎮区釜田洞 交 地下鉄1・2号線 119 219 西面駅7番出口から徒歩3分

2 かき氷&ぜんざい横丁 팥빙수&단팥죽 골목

細い路地に小さな屋台が並ぶ通り。夏場はかき氷、冬場はぜんざいがメインとなり、店先のいすに座って味わえる。素朴な味わいが人気。

MAP 付録P.5 C-2 　　南浦洞
所 中区新昌洞1街
交 地下鉄1号線 111 南浦駅1番出口から徒歩7分

3 チョッパル横丁 족발 골목

チョッパルとは煮た豚足のことで、スライスをサンチュに包んで味わう。南浦洞の国際市場近くに横丁があり、人気の店舗が並ぶ。

MAP 付録P.5 A-3 　　南浦洞
所 中区富平洞 交 地下鉄1号線 110 チャガルチ駅3番出口から徒歩4分

チャガルチ市場の屋上にはプサンの景色が一望できるハヌル庭園 **MAP** 付録P.5 C-4があります。人が少ないのでのんびりできます。♪

食べ歩きといえば屋台
おやつにごはん、なんでもあります

プサンの街へ着いたら、まずは熱々のホットッを食べに行きましょう。
夏はかき氷や生ジュース、冬はタイ焼きや焼き栗、オデンもいいですね。
さあ、地元の人に混じって、おいしい屋台めぐりのスタートです。

テイクアウト屋台

ノジョムの利用方法を
ご紹介します

1料理を注文

食べたい料理を指
さし、いくつ欲しい
かも指で示す。料
理の種類が少ない
ので注文は簡単。

2会計をする

値段は書いてい
ないことがほとん
ど。多めに支払っ
て、おつりをもら
ってもいい。

3料理を受け取る

料理を渡してくれ
るのでお礼を言っ
て受け取る。その
場で食べても歩き
ながら食べても◎。

ノジョムが集まるエリア

ビフ広場
ビフクァンジャン／ BIFF광장
スイーツ系スナック屋台が人気

広場を取り囲むように屋台が並ぶ。
行列ができるホットッ店をはじめ、
生ジュース、フルーツ、カステラなど
おやつ系屋台が多い。

MAP 付録P.5 B-3 　　　　南浦洞

所中区南浦洞
2街・5街
図地下鉄1号線
110チャガルチ
駅7番出口から
徒歩3分

西面市場モクチャコルモッ
ソミョンシジャンモクチャコルモッ／서면시장먹자골목
おなかにたまる食事系屋台が充実

西面市場のわき道にある屋台街。揚
げたてドーナツ、オデン、トッポッキ、
テジクッパッ、キンパなど、食事系
の屋台が数多く並ぶ。

MAP 付録P.7 C-3 　　　　西面

所釜山鎮区釜田
洞 西面市場隣
図地下鉄1・2号
線 119 219 西
面駅7番出口か
ら徒歩3分

ビフ広場にある人気ホットッ店

連日行列が絶えない南浦洞元祖モチ米ホットッ **MAP**付録P.5 B-3。人気のホットッ（1個1500W）は、さくっとしたゴマ入りの生地に、黒砂糖とシナモンがほどよく溶けてくせになりそうです。

屋台メニュー＆価格の目安

オデン／오뎅

いろいろあります

1本 3000W〜
日本のおでんと似ている。プサンでは、渡りガニがだしとして入っている場合も。

贅沢にもカニを発見。スープ（無料）もご賞味を

奥深いだしが染みてます

トック（餅）もオデン種に!?

おさかなの形でかわいい〜

韓国では魚の練り物＝オデン。海鮮だしが染みたプサン式オデンを楽しんでみて

ワッフル／와플

1個 1000W〜
ビフ広場で見つけた甘い香り漂うワッフル。中にはバタークリームが入る。

プンオッパン／붕어빵

2個 1000W〜
韓国のタイ焼きは小ぶり。日本同様あんが入っているとぼけた表情がなんともいい。

コグマティギン／고구마튀김

1袋 5000W〜
サツマイモの素揚げ。芋けんぴと似ているが、調味料は使わず、芋そのものの味。

ホットッ／호떡

1個 1300W〜
小麦粉に黒砂糖を入れて、揚げ焼きしたもの。フワフワやモチモチ生地など種類豊富。

センジュース／생쥬스

1杯 1500W〜
イチゴやキウイ、オレンジなど、果実を搾った生ジュース。散策のお供に最高。

キンパッ／김밥

1皿 5000W〜
韓国版ノリ巻。ケシやゴマの油を塗ったノリで、ごはんと卵や野菜などの具を巻く。

スンデ／순대

1皿 2000W〜
豚の腸に春雨や豚の血を詰めたもの。プサンでは酢味噌を付けていただくことも。

トッポッキ／떡볶이

1皿 3000W〜
棒状のトック（もち）をコチュジャンと砂糖で炒めたもの。屋台フードの代表格。

ティギン／튀김

1本 300W〜
餃子やイカ、イモなどを衣に包んで揚げたもの。しょう油をつけていただく。

南浦洞にはチョッパル横丁やコプチャン横丁などおいしいものが集まる通りがずらり！ 屋台と合わせて行ってみましょう。

アワビ粥にシジミスープ、クッパッ
体に優しい、プサン名物の朝食を

辛いものばかりで疲れたおなかを、じんわりと癒してくれる、
1日の始まりにぴったりな韓国料理をご紹介します。
朝だけではもったいないおいしさですよ。

プサン名物の朝ごはんをいただきます

プサンには名物料理がいっぱい。テジクッパッやシジミスープ
はその代表です。ほかにも朝食にぴったりな味をお試しあれ。

1 アワビ粥
チョンボクチュッ／
전복죽

アワビの内臓、ゴマ油と米を一緒に炊いた粥。だしがしっかり出ていて、口に入れると、潮の香りがふわっと広がる。

まろやかでコクがある

アワビ粥1万1000W〜。
料金はアワビの量により変わる。フワッとやわらかいアワビが美味

2 シジミスープ
ジェチョックッ／
재첩국

河口産のシジミをたっぷり使ったスープ。味が濃厚でクセになる人も多いとか。シジミは肝機能回復に効果的。

日本のものと少し違った味わい

ジェチョッ1万W。白濁したスープに濃厚な旨みが溶けている

3 テジクッパッ
돼지국밥

プサン名物。豚骨を大鍋で24時間以上煮込み、ゆで豚とたっぷりのネギをのせ、ごはんとともに味わう。豚肉のくさみがなく、さらりと楽しめる。

栄養満点のスープ

何度もアクを取り、ていねいにだしをとったテジクッパッ 8500W

4 カルクッス
칼국수

カルは「包丁」、クッスは「麺」。材料を混ぜて伸ばした生地を包丁で切ることに由来。優しい味わいのスープが特徴。

体にしみる優しい味

地元のファンも多いソンカルクッス6000W。麺の弾力がクセになる

5 キンパッ
김밥

卵、ホウレンソウやニンジンのナムル、ハム、たくあんなど、具材がたくさん入った韓国風ノリ巻き。ノリの香りがよく食欲をそそる。

パクパクと止まらない！

コボンミンキンパッ 3800W。ゴボウの甘煮がアクセント

① 済州家
チェジュガ／제주가

アワビ満載の豪華なお粥

済州島出身のおばあさんが作る, 済州名物のアワビ粥が味わえる。アワビの身だけでなく, 肝もたっぷり。風味豊かで味も抜群。

MAP 付録P.4 D-3　　　　　　南浦洞

所 中区光復路85番ギル8 交 地下鉄1号線 111 南浦駅3番出口から徒歩3分 ☎ 051-246-6341 営 7:00〜21:00 休 無休

③ 慶州朴家クッパッ
キョンジュバッカクッパッ／경주박가국밥

濃厚な具だくさんスープ

店頭の大鍋で豪快に煮込まれたテジクッパッが味わえる。塩, 味噌, ニラ, エビの塩辛を加えて好みの味に調整してどうぞ。

MAP 付録P.7 C-3　　　　　　西面

所 釜山鎮区西面路68番ギル29 交 地下鉄1・2号線 119 219 西面駅1番出口から徒歩3分 ☎ 051-806-2706 営 24時間 休 無休

⑤ コボンミンキンパッ
고봉민김밥

プサン発の名物キンパッ

プサンに本店を構えるキンパッのチェーン店。店名を冠したコボンミンキンパッのほか, トンカツキンパッ 4800Wもおすすめ。

MAP 付録P.7 C-2　　　　　　西面

所 釜山鎮区伽倻大路784番ギル15-1 交 地下鉄1・2号線 119 219 西面駅出口からすぐ ☎ 051-807-8222 営 9:00〜21:00 休 日曜

② 河東ジェチョッ
ハドンジェチョッ／하동재첩

シジミの味が染みたスープ

シジミの産地, 河東から仕入れたものだけを使用。あっさり味のスープは朝食に◎。そのほか, シジミフェ定食1万1000Wがある。シジミ定食も人気。

MAP 付録P.7 C-1　　　　　　西面

所 釜山鎮区中央大路743番ギル25 交 地下鉄1・2号線 119 219 西面駅15番出口から徒歩3分 ☎ 051-808-5668 営 7:30〜20:00 休 第2・4土曜

④ 機張ソンカルックス
キジャンソンカルックス／기장손칼국수

長年愛される親しみ深い味

カルックスはあっさりしつつも奥深いコクのスープが特徴。春菊などの具材がアクセントになり, 最後まで飽きずに食べられる。

MAP 付録P.7 C-3　　　　　　西面

所 釜山鎮区西面路56 交 地下鉄1・2号線 119 219 西面駅7番出口から徒歩6分 ☎ 051-806-6832 営 9:00〜19:30 休 水曜

我らパン愛宣言！

シンチャントースト
신창토스트

朝は絶対パン派なあなたに！

昔から地元の人に愛されているトースト屋台。メニューにはないがハムとチーズが入るスペシャルトースト4000Wが絶品。

焼きたてでうまいよっ

MAP 付録P.5 B-2　　　　　　南浦洞

所 中区光復路39番ギル21-1 交 地下鉄1号線 110 チャガルチ駅7番出口から徒歩7分 ☎ 051-245-1724 営 7:00〜18:00 休 不定休

テジクッパッに必ず付くセウジョ（エビの塩辛）は, 脂肪分解酵素が豊富で, 豚肉の体内消化を促進します。合理的な食べ方なのですね。

美しい景色とともにお食事を
海が見えるカフェ&レストラン

海辺の街プサンでは、眺望のよいカフェやレストランが多く見られます。
そのなかでも、とっておきのシービューのカフェやレストランをご紹介。
美しい景色とともにおいしい料理を堪能しましょう。

View Point 席によって海と川のビューを楽しめ、どこに座っても絶景が広がる。

水営橋を望むリバービューとビル群を背景にしたオーシャンビューの両方を堪能できる

❀ おすすめMenu ❀
・ダージリン
　（ポットサービス）……… 8000W
・クロッフル…………… 8300W～
・ロイヤルミルクティー…8000W

1紅茶のほか、クロッフルやスコーンなどの軽食もそろう 2大きな窓に囲まれた店内。ルーフトップもあり、イベントが開かれることも

紅茶とともに優雅な時間を過ごせる

午後の紅茶
オフエホンチャ／오후의홍차

クラシックなムードが漂う紅茶専門店。ソファやテーブル、カップはオーナーが各国から選りすぐり、空間をシンプルにして引き立たせている。使用する茶葉にもこだわり、幅広くそろえる。

MAP 付録P.9 B-2　　　　　広安里

所 水営区民楽水辺路243 4F
交 地下鉄2号線207民楽駅1番出口から徒歩15分
℡ 051-753-5115　営 10:30～23:00
休 無休

贅沢な刺身コースをリーズナブルに

スジョングン　수정궁

広安里の海を眺めながら、南海や麗水など近海で獲れた魚介が楽しめる。刺身は身が締まって、鮮度抜群。おすすめはコース料理で煮魚、寿司などの5種類のメインから1品選べる。

MAP 付録P.9 B-3　　　　　広安里

所 水営区民楽水辺路25　交 地下鉄2号線209広安駅3番出口からタクシーで8分
℡ 051-753-2811
営 11:30～15:00、17:00～20:30
休 無休

View Point 広安里の海側に大きな窓が設けられ、どの階からも景色が望める。

❀ おすすめMenu ❀
・"スヒャン" ランチ
　　　…3万8000W
・"ジャヨン" ディナー
　コース …6万5000W

1部屋によって広安大橋も見える 2個室も完備 3刺身を含む全5品のコース。スヒャンランチコース、3万8000W

海にせり出した展望スポット

絶景が望める場所として有名な二妓台公園（イ
ギデコンウォン）にある五六島スカイウォーク
MAP 付録P.2 B-4は、U字形のガラスの道が約10
mほど海にせり出したスリル満点のスポットです。

グルメ／シービュー自慢のカフェ＆レストラン

View Point 広安里のビル群と海雲台の海が
見える。2階の角席がおすすめ。

行列必至の人気チョゲチム店

チャムセパンアッガン
참새방앗간

海雲台のビーチわきに建つ貝専門
店。ムール貝やアワビ、ハマグリなど
韓国近海で獲れた新鮮な貝をお酒と
ともに味わえる。人気のチョゲチム
は9種類の貝が入り、中サイズでも
満足感が高い。海岸線や街の美しい
夜景が見える夜も◎。

MAP 付録P.8 E-2　　　　　　海雲台

所 海雲台区タルマジ62番ギル50
交 地下鉄2号線 203 海雲台駅3番出口から
タクシーで5分 電 051-743-6120 営 17:00
～21:00 休 日曜

① 窓からは心地よい海風
が吹き抜ける ② 海雲台
ビーチもすぐ近く

☆ おすすめMenu ☆
・生ガキ（約30個）……2万9000W
・タコの刺身……2万9000W ～
（※カキの値段は冬期の相場によって変動）

貝蒸しチョゲチム
4万5000W～　アワ
ビやエビ、オデンも
入っている

松島の海沿いに建つ
大型レストラン

松島公園
ソンドコンウォン／송도공원

各フロアで違うメニューを提供する大型レスト
ラン。店内からは、海岸線や影島までを一望。
オンドルやテーブルなど席の種類も多く、グル
ープでの利用もおすすめ。

MAP 付録P.2 A-4　　　　　　松島

所 西区岩南公園路75 交 地下鉄1号線 110 チャガル
チ駅1・2番出口からタクシーで10分
電 051-245-2441 営 11:00～21:20
休 無休

View Point 影島や南港大橋が目の前に見える。
プサン市内のネオンが美しい夜も◎

☆ おすすめMenu ☆
・骨なしカルビ（150g）
……3万4000W
・味付けカルビ（320g）
……3万1000W

① 韓国伝統家屋をイメージした店内は
高級感あふれる落ち着いた雰囲気 ② ② ②
②席で味わえるオーストラリア産の味
付けカルビ ③ 海岸線や影島までを一望
できる贅沢なロケーション

シービューレストランは昼と夜とでまったく違う顔を見せます。ネオンで彩られる夜もすてきなのでぜひ。

美しい景色とともにお食事を
海が見えるカフェ&レストラン

View Point 屋上テラスからは、プサンの海とケーブルカーを一望できる。

松島海上ケーブルカーがすぐ近くに見える

■爽やかな海風を感じながらゆったりと過ごせる ■フレッシュなアップルレモネード8000W ■あんバタークロワッサン6500W ■店内の席は広々としており快適

松島の美しい景色が目の前に広がる

EL16.52 이엘16.52

ケーブルカーと海をバックにした絶景が堪能できると話題のカフェ。スイーツ系から惣菜系までベーカリーの種類が豊富で、軽めのランチとしても利用できる。松島の景色を楽しめる屋上テラスが人気。

MAP 付録P.2 A-4　　　　　　　　　　松島

所西区岩南公園路177 交地下鉄1号線 110 チャガルチ駅2番出口からタクシーで13分
☎051-257-8880 営10:00 ～ 21:00 休無休

❀おすすめMenu❀
・ブルーベリーサンクリーム
　クロワッサン ………… 6500W
・アメリカーノ ………… 6000W

ビーチを見渡す韓国料理レストラン

シャブル Sheobul

ウェスティン朝鮮釜山内にあり、目の前に浜辺が見渡せるレストラン。浜辺ごしに海雲台の街並みも見られる。多彩な韓国料理を味わえるよう、品数の多い定食メニューがそろうが、セットや単品の注文も可能。

MAP 付録P.8 D-3　　　　　　　　　海雲台

所海雲台区冬柏路67 ウェスティン朝鮮釜山1F
交地下鉄2号線 204 冬柏駅1番出口からタクシーで5分 ☎051-749-7437 営11:30 ～ 21:00 (土曜は～ 22:00) 休無休

View Point 弓なりにのびる海雲台のビーチが間近に感じられる

■ラウンジのようにくつろげる店内 ■目の前が海雲台ビーチ ■ヤンニョンカルビと冷麺のセット5万9000Wが人気

❀おすすめMenu❀
・韓定食コース
　………………12万W ～
・ビビンバッ …… 4万W
・カルビタン … 4万5000W

40

雲の上にいるような展望スポット

松島にある松島龍宮クルムタリ **MAP** 付録P.2 A-4は、クルム（雲）という名の通り、雲の上を歩くような気分を味わえる吊り橋。長さは約127mで、岩南公園と東島を結びます。

開放感抜群のカフェで
ヒーリングタイム

ピアク・カフェ＆
ベーカリー
P.ARK CAFE & BAKERY

飲食店などが入る複合施設「ピアク」のベーカリーカフェ。大きな窓からは、船が行き交うプサンらしい景色が広がる。

MAP 付録P.2 B-4　　　　　　　　　影島

[所] 影島区海洋路195番ギル180 [交] 地下鉄1号線
[111] 南浦駅からタクシーで13分
[☎] 051-404-9204 [営] 10:00 ～ 22:00 [休] 無休

View Point フロアを囲むように窓があって、どこを見ても景色が最高!

❀おすすめMenu❀
・カフェラテ ………… 7000W
・バニララテ ………… 7500W
・コグマパン ………… 3000W

絶景が望める複合施設へ♪

プサンのトレンドを発信する複合施設

ミラク・ザ・マーケット
MILLAC THE MARKET

2022年7月にオープンした、飲食店やアパレルショップなどが入る複合施設。赤レンガ造りの建物がおしゃれで、館内にはアートもある。

MAP 付録P.9 B-3　　　　　　　広安里

[所] 水営区民楽水辺路17番ギル56
[交] 地下鉄2号線 [207] 民楽駅1番出口から
タクシーで10分 [☎] 051-752-5671
[営] 10:00～24:00 [休] 無休

広安大橋×漁船ビューを堪能

■フルーツワゴンのアイスクリーム8500W
■あちこちにアーティストが描いたウォールアートがある

建物を象徴する、海を見渡せるライブ会場。景色を見ながらテイクアウトグルメを食べるのはマスト!

ミラク・ザ・マーケットは定期的にキャラクターとコラボしたポップアップショップやイベントも実施し、歩いているだけで楽しめる。

時間がないときに重宝します
食堂やファストフードでササッとごはん

時間がないときは食事を手早く済ませたいもの。
そんなときは、1人前の定食メニューがある食堂や、ファストフードがおすすめです。
使い勝手のよい店は知っておくと何かと便利です。

しっかり食事ができる！
食堂

韓国の家庭料理を提供する食堂

チョンソン食堂
チョンソンシッタン／정성식당

韓国家庭料理が食べられる食堂。メニューは3種類。なかでもキムチチムとメシルドゥルチギは1人用の定食スタイルで、ごはんとスープが付く。ボリュームもあり、納得の味。

MAP 付録P.5 C-1　南浦洞

🏠 中区光復中央路24番ギル9
🚇 地下鉄1号線 111 南浦駅1番出口から徒歩12分 ☎ 051-246-0333
🕐 11:00～20:30 休 月曜

これも定食メニュー♪

1 キムチチム9000W。低温で6か月間じっくり熟成させたキムチを使用する　2 イラストレーターの絵を飾るなど、内装もおしゃれで若者を中心ににぎわう　3 南浦洞は1号店。店は西面と東莱にもある　4 メシルドゥルチギ9000W。豚肉とキムチ、野菜を、梅エキス入りの甘辛だれで炒めた料理

リピート必至のオデンコロッケ

韓国でオデンは魚のすり身のこと。そのオデンでサツマイモやエビなどの具を包んで揚げたオデンコロッケは手軽に食べられておすすめです。オデンコロッケはサムジンオデン **MAP** 付録P.7 C-2で購入できます。

変わりダネがおもしろい ファストフード

韓牛プルコギ・バーガー
ハヌブルコギポゴ／
한우불고기버거…8400W

1

100%韓国産牛肉を使った贅沢なバーガー。食べごたえがある

トンパッアングムパン
통팥 앙금빵…3200W

3

伝統酒、油菓入りアンパン、キムチ入りコロッケパンなど種類豊富

ブルコギ・バーガー
불고기버거…4000W

2

甘いブルコギ味のソースがかかった韓国テイストのバーガー

マックスパイス®・上海・バーガー
マックスパイスサンハイポゴ／
맥스파이시 상하이 버거…6300W

2

サクサクとした食感のフライドチキンはピリ辛でくせになる味

---

1 ロッテリア Lotteria

韓国でNo.1の店舗数を誇る

韓国ロッテグループのファストフード店のため、最も店舗数が多い。韓牛プルコギ・バーガーが人気のメニュー。

MAP 付録P.7 C-3	西面
MAP 付録P.5 A-3	南浦洞
MAP 付録P.9 A-2	広安里

2 マクドナルド Mcdonald's

世界中に展開し、知名度抜群

世界的に知名度の高いファストフード。「上海」と付くが、韓国オリジナルのマックスパイス・上海・バーガーがいちおし。

MAP 付録P.6 D-3	西面
MAP 付録P.8 E-4	海雲台

3 オプス OPS

プサン在住外国人が絶賛！

プサン発祥の本格ベーカリー＆カフェ。在韓日本人の御用達にもなっている手作りの本格パンをはじめ、焼き菓子も評判。

MAP 付録P.8 D-2	海雲台

所 海雲台区マリンシティ 1路167 カメリア1F 交地下鉄2号線204冬柏駅1番出口から徒歩8分 ☎051-743-1950 営8:00～23:00 休無休

サクッと食事を済ませたいときは、ひとり用の席もあるビビンバッの名店、ウジョン **MAP** 付録P.6 E-2もおすすめです。西面駅の近くです。

旅の疲れをほぐしてくれる
韓国伝統茶をいただきましょう

韓国では、茶葉のお茶より、果物や穀物を原料にした伝統茶が一般的。
それぞれに異なる効能があり、その日の体調に合わせて飲まれています。
の〜んびりと、その効能を感じながら、のどを潤してみませんか？

伝統茶のお話

6〜7世紀頃に中国から仏教とともに伝わった茶葉のお茶は、貴族や寺院を中心に普及しました。しかし、李朝時代に儒教を重んじる動きに合わせ、お茶が広まらないよう茶葉に高額の課税をしたことで、茶葉は贅沢品となってしまいます。

そこで庶民の間に広まったのが果物や穀物を使った伝統茶です。それぞれに異なる効果・効能があり、季節や体調、気分によってお茶を選んで飲むことが習慣化し、今にいたります。ほとんどの伝統茶は甘いジュースのようですが、この甘さも疲労回復によいのだとか。茶道などが発達しているプサンで、異国の茶文化を楽しんでみてはいかが？

代表的な伝統茶をご紹介します

大定番！

ユズ茶
ユジャチャ / 유자차
効能：風邪予防、美肌
ユズの皮をハチミツや砂糖に漬け込み、熱湯で割ったお茶。ビタミンCがたっぷり

ナツメ茶
テチュチャ / 대추차
効能：老化防止、便秘
ナツメを煮て砂糖やハチミツを入れて煮たお茶。ビタミンCと鉄分が豊富

絶賛節いちおし

五味子茶
オミジャチャ / 오미자차
効能：リラックス、ダイエット
5つの味（甘・辛・苦・酸・塩）をもつ五味子という果実のお茶。アイスで飲むのが人気

人気です

梅茶
メシルチャ / 매실차
効能：消化促進
梅のハチミツ漬けを煎じた香り豊かなお茶。甘酸っぱく、さっぱりとした味

カリン茶
モグァチャ / 모과차
効能：のど、美肌
カリンの実を砂糖とハチミツに漬けてお湯で割ったお茶。フルーティーで飲みやすい

シッケ
식혜
効能：消化促進
炊いたモチ米に麦芽の粉とお湯を入れて作る飲み物。甘酒のようなまろやかな味

菊花茶
クックァチャ / 국화차
効能：頭痛、目の充血
ハチミツに漬けた菊の花をお湯に溶かたお茶。上品な味わいで、薬効性が高い

水正果
スジョングァ / 수정과
効能：冷え性、免疫力アップ
ショウガとシナモンを煮て、砂糖と干し柿を加えたお茶。体が芯から温まる

お茶請けにどうぞ

伝統茶屋で伝統茶を頼むと、お茶請けに伝統菓子・韓菓がサービスで付いてくることが多い。写真はモチ米を揚げて作るユグァ。甘さは控えめで素朴な味

韓国の多彩なお茶菓子たち

伝統茶と一緒に出されることがあるのが韓菓のお茶請け。モチ米を揚げて作るユグァのほか、ポン菓子や餅菓子など、どれもサービスの場合が多い。甘さ控えめの韓菓とお茶でのんびりした時間を過ごしては。

伝統茶はここでいただきます

海雲台の海を眺めながら伝統茶を賞味

ビビビダン
비비비당

月見の丘 ➡ P.59にある韓国伝統茶屋。韓屋スタイルの店内は統一感があり、モダンな雰囲気。店内正面からは海雲台の海が見え、左には青沙浦の海が見える絶好のロケーション。

MAP 付録P.8 F-2 　　　　　　海雲台

所海雲台区タルマジギル239-16 交地下鉄2号線201萇山駅9番出口からタクシーで5分 ☑051-746-0705 営11:00 〜 22:00 休月曜

1 海雲台の海側に面した円形の座敷　2 甘さ控えめのぜんざい1万2000W　3 緑茶1万W　4 店は坂を上った丘の上にある　5 カボチャとシッケで作られるピンス1万2000W（夏期のみ）

韓屋風の洗練された大人カフェ

水月鏡花
スウォルギョンファ／수월경화

窓から海辺列車を眺められる、落ち着いた雰囲気の韓屋カフェ。韓国の伝統茶のほか週末限定のアフタヌーンティー 2人6万3000W（予約制）もおすすめ。

MAP 付録P.2 C-2 　　　　　　松亭

所海雲台区松亭中央路6番ギル188 4F 交東海線K121松亭駅からタクシーで5分 ☑0507-1327-8450 営11:00〜20:30 休無休

1 香り高い抹茶アイスと餅の食感が楽しい最中サンド7000W　2 たたずまいがアートのよう！韓国の伝統を感じるカフェ　3 海に面した窓辺の席が狙い目

趣ある雰囲気漂う伝統茶カフェ

茶の庭
チャマダン／차마당

お茶はもちろん、内装にもこだわる伝統茶屋。店内にはオーナー自らが買い付けた伝統家具が配されている。茶器やお茶は購入可能。

MAP 付録P.7 C-1 　　　　　　西面

所釜山鎮区西面文化路20 2・3F 交地下鉄1・2号線119219西面駅9番出口から徒歩3分 ☑051-808-2865 営11:10〜22:30（土曜12:00〜、日曜12:00〜18:00）休無休

1 美しい調度品が並ぶ店内　2 五味子茶7000W。伝統茶を注文すると、ようかんとヒマワリの種が付く

茶の庭など、伝統喫茶では、手作りの伝統茶やお茶を販売しています。市販品とは味が違うので、おみやげにしても喜ばれそうですね。

散策途中のひと休みは
おいしいスイーツがあるカフェへ

街歩きの休憩はカフェでひと息つきたいものですよね。
雰囲気も大切だけれど、やっぱりスイーツがおいしくなくっちゃ。
自慢のスイーツがあるカフェを紹介します。

真っ白で
ふわふわの
かわいいケーキ

■1ラズベリー・シフォンとロイヤ
ル・ミルク・ティー ■2鮮やかな断
面のレインボーショコラ8500W

Menu List
ロイヤル・ミルク・ティー　6500W
ラズベリー・シフォン　8500W

レインボーケーキが名物
モルレ MOLLE

レインボーケーキが名物のプサン
女子に人気のカフェ。こだわりの
ケーキはすべてパティシエが店
舗内で作っている。レインボーの
ロールケーキも話題のメニュー。

MAP 付録P.6 D-3　　　　　　　西面

所 釜山鎮区中央大路50番ギル70 交地下鉄1・2号線 119 219
西面駅2番出口から徒歩10分 ☎ 051-807-2272
営 11:00～21:00 休 無休

新鮮なフルーツを贅沢にイン!
フルーツワゴン
과일수레

厳選した最高級フルーツを手軽
に楽しめる。ビタミンCたっぷり
のオレンジを使ったフレッシュ
フルーツジュースのほか、ヨーグ
ルトアイスも評判。

MAP 付録P.9 B-3　　　　　　　広安里

所 水営区民楽水辺路17番ギル56 ミラク・ザ・マーケット2F
交 地下鉄2号線 207 民楽駅1番出口からタクシーで10分
☎ 070-4220-3535 営 10:00～22:00 休 無休

オレンジ色が
映えるさっぱり
ヨーグルトアイス

■1ヨーグルトアイスクリーム。手作
りのフルーツシロップとヨーグル
トの酸味がマッチ ■2複合施設、
ミラク・ザ・マーケットの中にある

Menu List
ヨーグルトアイスクリーム　6500W
フレッシュフルーツジュース　6000W

田浦カフェ通り
西面駅近くには、通称「田浦カフェ通り」 **MAP** 付録P.6 E-3と呼ばれる通りがある。100mほどの距離におしゃれなカフェが並ぶので、西面に行った際の休憩スポットとして利用してみては。

塩パンとクリーミーなアイスが絶妙！

カフェ トドム
카페더덤

毎日店で手作りするソフトクリームと、クロワッサンなどのベーカリーが評判のカフェ。済州島の茶葉を使った抹茶ラテなどドリンクメニューも充実。

MAP 付録P.6 E-1　　　　　　　　西面

所 釜山鎮区西田路37番ギル26 交 地下鉄1・2号線 119 219 西面駅12番出口から徒歩9分 ☎ 0507-1494-0537 営 15:30〜22:30（デザートがなくなり次第終了） 休 無休

> ほどよい甘さのアンコがおいしい

> 塩パンやイカ墨などユニークなパンからチョイス！

1 粗くけずった氷の上にアンコがたっぷり。この味を求めて平日でも多くの人でにぎわう 2 テーブルや椅子など家具は手作り

Menu List	
ぜんざい	4000W
パッピンス	4000W

1 2 ソフトクリーム4500Wに、コーン500Wや好きなパン2000Wをセットにできる

木陰で楽しむレトロなパッピンス

宝城緑茶
ボソンノッチャ／보성녹차

パッピンスとぜんざいが味わえる店。メニューは2種類だけで、どちらも4000Wと激安。テラス席がメインで、木の屋根と壁で仕切られているので、周りを気にせずティータイムが楽しめる。

MAP 付録P.9 A-4　　　　　　　　広安里

所 水営区水営路394番ギル28 交 地下鉄2号線 211 南川駅3番出口から徒歩4分 ☎ 051-625-5544 営 10:00〜22:00 休 無休

Menu List	
抹茶ラテ	6000W
チョコラテ	6300W
アメリカーノ	4500W

グルメ／おいしいスイーツがあるカフェ

スターバックスではプサン限定のタンブラーが購入できます。海雲台や広安大橋などがモチーフとなっており、おみやげにも◎（絵柄の変更あり）。

やっぱり気になる韓国ならではの味
人気のスイーツはこちらです

私たちのダイエット心を惑わす、甘いスイーツの誘惑。
ここプサンにも、人気のスイーツショップがあるんです。
韓国のスイーツは大きいですが、意外にぺろりと食べられますよ。

キュートな見た目♡

1 カボチャ・キャラメルピンス
1万2000W

とろりとした濃厚な
カボチャピューレとた
っぷりのキャラメル
ソースが美味!

女子人気が
高いメニュー

ふわふわのかき氷
にチョコクッキー
やブラウニーがトッ
ピングされている

2 チョコブラウニー雪氷
1万2900W

パッピンスって?

ピンス(氷水)の上にさまざまなトッピングをした韓
国版かき氷のこと。アズキ(パッ)をのせたパッピン
スや果物(クァイル)をのせたクァイルピンスが一
般的。よ〜く混ぜてから食べるのがお約束です。

トマトをすりおろし
て作ったシロップ
がかかっている。
中には練乳がイン

1 トマトピンス 1万2000W

粉雪のような
ふわっと氷に
イチゴがたっぷり

びっしりとトッピ
ングされたイチゴ
と、チーズケーキ
がなんとも贅沢な
期間限定メニュー

2 インジョルミトースト
4800W

きな粉がたっぷり
とかかったトース
ト。香ばしく、サクッ
とした食感で美味

2 プレミアムストロベリー
ソルビン 1万5900W

かき氷&ぜんざい横丁
南浦洞のファッションストリートのわき道には、ピンス屋台が集まる通り ⇒ P.33が。昔ながらの手動かき氷機で作るパッピンスは昔ながらのシンプルな味。冬になるとぜんざい屋台に変わります。

1 抹茶ピンス
1万3000W

日本産の抹茶を使用。中にはあんこや練乳が入っている

旬のフルーツをふんだんに使った店の看板商品。インスタ映えも◎

3 ボンボン
各1万6000W〜

きな粉とミルク氷がマッチ

2 インジョルミ雪氷
9500W

インジョルミとはきな粉のこと。さっぱりとしていて飽きのこない味わい

---

1 軟雲堂
ヨヌンダン／연운당

ソウルでも話題の人気店

今や全国に広がった、プサン発祥のピンス店。甘さ控えめで体にも優しいピンスは、見た目のかわいさも満点。

MAP 付録P.6 E-3　　　　　　西面

所 釜山鎮区西田路46番ギル62-8 交 地下鉄2号線
218 田浦駅7番出口から徒歩5分 ☎ 051-804-2026
営 12:00〜20:00 休 月曜(7・8月は無休)

2 ソルビン
설빙

きな粉がたっぷりの名物ピンス

日本でも人気のあるピンス店。ドリンクや他のデザートも充実。季節限定ピンスは要チェック。

MAP 付録P.7 C-1　　　　　　西面

所 釜山鎮区西面文化路7 2F 交 地下鉄1・2号線 119
219 西面駅9番出口からすぐ ☎ 051-802-0567
営 10:00〜22:30 休 無休

3 カフェ・ド・パリ
Cafe de paris

名物のボンボンは必食

新鮮な果物とクリーム、スムージーを使った高さ20cmのパフェ「ボンボン」がかわいいとSNSで話題に。

MAP 付録P.4 E-3　　　　　　南浦洞

所 中区中央大路2 ロッテ百貨店光復店 アクアモール4F 交 地下鉄1号線 111 南浦駅10番出口直結
☎ 051-678-3007(アクアモール事務所) 営 10:30〜21:00 休 不定休

韓国ではひとつの皿を友人や恋人同士で分け合うのは普通のこと。ピンスも、よくビビン（混ぜる）するのがお約束です。

♡ キムチのお話

韓国人と切っても切れないのがキムチ。どの店でも付け合わせに無料で出てくるのがうれしい。食物繊維や乳酸菌がとれるので、健康はもちろん美容にも効果あり！ 種類も豊富なので、毎食食べても飽きませんよ。

ペチュキムチ배추김치
ペチュはハクサイのこと。最も一般的なキムチ

ヨルムキムチ열무김치
みずみずしいダイコンの葉のキムチ

カットゥギ깍두기
角切りダイコンがシャキシャキとして歯ごたえあり

ドンチミ동치미
ダイコンをニンニクや塩で漬けたキムチ。漬け汁も飲む

オイキムチ오이김치
キュウリにトウガラシなどを挟んだキムチ

チョンガッキムチ총각김치
小さい大根を粉ガラシで葉っぱごと漬けたキムチ

ペッキムチ백김치
塩、ニンニク、ナツメをハクサイに詰めて漬け込む辛くないキムチ

ケンニッキムチ깻잎김치
塩漬けしたエゴマの葉を醤油だれで漬け込む

パキムチ파김치
ワケギ独特の風味が個性的なキムチ。激辛なので注意

ムルキムチ물김치
さっぱりした味のダイコンやキュウリの水キムチ

カッキムチ갓김치
カラシナをトウガラシや小魚の塩辛で漬けている

ポッサンキムチ보쌈김치
松の実やホタテなどをハクサイで包んで漬けたもの

ショッピングしながら
プサンぶらぶら歩き

ストリートで、屋台で、市場で、ファッションビルで……
思わぬ掘り出しものを見つけてニンマリ。
釜山タワーのてっぺんから、港町プサンの姿を眺めて思わず感嘆。
ぶらぶらと散策して、あれこれ物色しながら、
モノ、人、景色とのたくさんの出会いを楽しみましょう。

お買い物
クルーズを
楽しんで

いちばんの繁華街 "南浦洞ナンポドン" の必須スポットはココです

買い物、食事、観光ができる南浦洞は、いちばんの繁華街。
なかでも絶対におさえておきたいスポットを紹介します。
短時間の滞在でも、ここさえ歩けば、充実して過ごせますよ。

光復路の風景。国際市場やファッションストリートへもここから続いている

1 光復路
クァンボンノ／광복로

南浦洞のメインストリート

道の両わきに国内外のブランドやコスメショップが並ぶ、南浦洞のメインストリート。広い歩道にはベンチが置かれ、花々が咲くなど、さんぽ気分で楽しめる。

MAP 付録P.5 C-3

🚇地下鉄1号線[111]南浦駅7番出口から徒歩1分

国際市場
4
光復中央路 3

ファッションストリート 5
露天食堂通り

Y'sパーク

光復路 1

P.34
ビフ広場 2

🐟チャガルチ
10 Jagalchi

地下

P.32
チャガルチ市場

優秀コスメはおみやげに◎

実力派コスメがリーズナブルに買える

新作ゲットに行こうよ！

洗練されたショップが建ち並ぶ

Y'sパークでトレンドアイテムを♪

買い物の合間にカフェ・ド・パリ➡P.49でおいしいスイーツを

広場の周囲は屋台でびっしり。行列店もちらほら

2 ビフ広場
ビフクァンジャン／BIFF광장

釜山国際映画祭のメイン会場

世界中から注目を集める釜山国際映画祭会場のひとつ。期間中、この広場には国内外のトップスターが訪れる。中央には俳優や監督の手形が残されている。

MAP 付録P.5 B-3

🏠中区南浦洞2街・5街 🚇地下鉄1号線[110]チャガルチ駅7番出口から徒歩3分

北野武監督の手形とサインを発見！

3 光復中央路
クァンボッチュンアンノ／광복중앙로

ハイセンスなショップが集まる

南浦洞のメインストリート、光復路に面した通り。ショップやネイルサロン、カフェなどが並び、おしゃれ女子たちの姿も多く見られる。雰囲気を味わうだけでも楽しい。

MAP 付録P.5 C-2

🚇地下鉄1号線[111]南浦駅1番出口から徒歩7分

④ **国際市場**
クッチェシジャン／국제시장

プサンきっての大商店街

朝鮮戦争後、米軍放出品やヤミ物資を並べたのが市場の始まり。生活用品、伝統工芸品、革製品など、あらゆるものがそろう。最近はおしゃれな店も増えている。

MAP 付録P.5 B-2

㊟中区国際市場2ギル ㊞地下鉄1号線 110 チャガルチ駅7番出口から徒歩3分 ☎051-245-7389 ⏰9:00～20:00（店舗により異なる）㊡第1・3日曜（店舗により異なる）

靴やジャケットなど革製品が豊富

雑貨も服もなんでもそろう

韓国らしい色彩のポーチ5000W

シックな色の巾着は大人の女性へのおみやげに

冬の必需品、手袋2～5万W

このピアスかわいい～♪

（チュンアン）中央
Jungang

釜山タワー P.55

龍頭山
公園 P.54

龍頭山公園
エスカレーター

ロッテ百貨店 光復店 ⑥

南浦
Nampo
（ナンポ）

ちょっとパリ風!?
おしゃれショップも多い

⑤ **ファッションストリート**
ファッションゴリ／패션거리

女子御用達ショップが集結！

光復路沿いにある道はプチプラなファッションショップがひしめくストリート。韓国ブランドから、アクセ屋台、下着まで、ショップが勢ぞろい。

MAP 付録P.5 C-2

㊟中区光復中央路 ㊞地下鉄1号線 111 南浦駅7番出口から徒歩7分 ⏰㊡店舗により異なる

小さな店舗がひしめく

ぶらぶらショッピングにぴったり

流行のフラットシューズも破格の値段！

キュートな花のビーズピアス1万3000W

屋台で買ったリボンピアス8000W

アクアモールの吹き抜けでは噴水ショーを開催

大型書店、ジム、病院までそろう

⑥ **ロッテ百貨店 光復店**
ロッテペックァジョンファンボッジョン／롯데백화점 광복점

一度は訪れたい南浦洞の名所

本館とアクアモールの2館で構成されたロッテ百貨店。ZARAなど若者向けの店舗のほか、文化施設、アジア最大の室内ショーもあり、買い物以外も楽しめる。

MAP 付録P.4 E-3

㊟中区中央大路2 ㊞地下鉄1号線 111 南浦駅10番出口直結 ☎1577-0001 ⏰10:30～20:00（アクアモールは～21:00）※季節、曜日により変更あり ㊡不定休

複合ビル、Y'sパーク **MAP** 付録P.5 B-3には、人気ベーカリーのB&Cなど話題店が入っています。

釜山タワーのある龍頭山公園は
プサン市民の憩いの場です

釜山タワーのふもとに広がる龍頭山公園はプサン市民憩いの場。
デートスポットであり、おじさまの集会場であり、子供にはさんぽスポット。
観光客だけでなく、プサン市民に溶け込んだ場所なのです。

りりしい像は
韓国の英雄、
李舜臣！

1 桜や木蓮など、季節の花が華をそえる
2 公園にはハト、ハト……。頭上に注意
3 花時計は写真撮影の名所
4 朝鮮水軍を率いた李舜臣将軍
5 ピクニックに来ている子供たち。ハトを追って遊ぶのは万国共通ですね
6 釜山タワーは、プサンの学校遠足の定番
7 囲碁を楽しむおじいさん達の憩いの場
8 光復路に面した龍頭山公園へ上がるエスカレーターは上り専用

龍頭山公園
ヨンドゥサンコンウォン／용두산공원

1876年の釜山港開港直後に造られた、プサンで最も歴史があるシンボル的な公園。高台にあり、光復路からエスカレーターで上れる。釜山タワーも園内にある。

MAP 付録P.4 D-2　　　　　　　　　　　南浦洞

🏠 中区龍頭山ギル37-55　☎ 051-860-7820　🕐 10:00～21:30
🚇 地下鉄1号線 111 南浦駅1番出口から徒歩7分

ここにも注目です

釜山タワーで愛を誓う!?
タワーの展望デッキには愛のメッセージが書かれた南京錠がずらり。カップルたちの人気スポットとなっている。鍵はデッキ前の売店で購入できるので、願いを叶えるべく、トライしてみては？

プサン市民の憩いの場

西面エリアにある釜山市民公園 **MAP** 付録P.3
B-1には、展示室や遊具、フードコートなどが
完備。休日はカップルや家族連れなどの憩い
の場所となっているんです。

晴れた日は、
遠くに対馬が
見えるんだって

釜山タワー
プサンタウォ／부산타워

小高い龍頭山公園に立つ、高さ
120mのタワー。エレベーターで
展望台へ昇れば、360度の大パノ
ラマが広がり、感動もの。周囲に高
い建物がないため、見はらし最高！

MAP 付録P.4 D-2　　南浦洞

龍頭山公園内 ☎051-601-1800
9:00〜21:30 休無休 料1万2000W
地下鉄1号線 111 南浦駅1番出口か
ら徒歩4分

釜山タワーは、
1973年に誕生

夜景もgood

展望台から360度を
ぐるりと見渡しましょう

高さ120mから周囲を見渡すと、街
の地形や生活を目の当たりにでき
る。目を凝らして見てみよう。

旧釜山港国際旅客
ターミナル

東　3

南　4

チャガルチ市場＆
釜山港

西　5

北

国際市場

民主公園

1空に向かって伸びるプサンのシンボル
2碁盤の目のような街並み。夜は街の灯り
で通りが輝く 3東方向には国際旅客ター
ミナルが一望できる 4南には港に面した
チャガルチ市場の白い建物が 5西には国
際市場の屋根を発見 6北側には山が迫
る。起伏に富んだプサンの風景に感嘆

1

エレベーターの終着点から、階段で1つ上の階が展望台です。

55

西面はまさにお買い物天国！
おすすめショップをナビします

西面モールやファストファッションが集結した西面は、
地元の若者が多く集まるトレンドの街です。
プサン通の女性たちに、西面のおすすめ店を聞いてみました。

観光客がいちばん利用する百貨店

① ロッテ百貨店 釜山本店
ロッテベックァジョン プサンポンジョン
／롯데백화점부산본점

日本人御用達のプサン最大規模のデパート。1階はコスメのほか、グッチやルイ・ヴィトンなどの店が並び、見ごたえ十分。

MAP 付録P.7 C-2

所釜山鎮区伽倻大路772 交地下鉄1・2号線 119
219 西面駅7番出口からすぐ ☎1577-0001
営10:30〜20:00（金〜日曜は〜20:30）休不定休

ロッテ百貨店のすぐ隣にはカジノが。買い物帰りに寄ってみては？

❶コスメやブランド店も充実
❷ディスプレイにも注目。これはペットボトルアート

```
ここもチェック！
```
フードコート　　デパ地下 ➡P.75

日本でも人気のブランドが大集合

② ロッテ免税店
ロッテミョンセジョン／롯데면세점

高級ブランド目当てなら、ロッテ百貨店8階の免税店へ。高級ブティックが充実。

MAP 付録P.7 C-2
➡P.67

トレンドコスメが集まるショップもある

韓国を代表するコスメブランド、ヘラのアイテム

話題のカジュアルブランド

③ スパオ
SPAO

定番カジュアルを中心としたリーズナブルなアイテムが人気のSPAブランド。洋服から靴、小物まで豊富なラインナップも魅力。アイドルとのコラボ商品も目が離せない。

MAP 付録P.6 E-2

所釜山鎮区東川路92 NCデパート1F 交地下鉄
1・2号線 119 219 西面駅6番出口から徒歩4分
☎051-794-7101 営10:30〜21:00（金〜日曜は
〜22:00）休不定休

キャップはコーデのポイントに！

お手軽ウエアの宝庫

カーゴスカート4
万9900W

トラッドなショート丈ベストは
3万5900W

韓国発ファストファッションブランドの中でも人気の高いスパオ。年齢を問わないベーシックなスタイルが特徴です。トレンドアイテムもそろうので、定期的にチェックしています。

NCデパートの1階に入る

地図内ラベル
釜田モール
15
13 10
9 11 西面（ソミョン）
Seomyeon
地下鉄2号線
中央モール
ロッテ・ホテル
P.96 釜山
1 ロッテ百貨店
釜山本店
2 ロッテ免税店 P.67
6 リトル・プラネット
NCデパート 4
スパオ 3
P.34 西面市場
セブン・ラック
カジノ P.91
西面モール
ジュディステファ新館
屋台密集地
ルフト・ベースメント 5
地下鉄1号線

西面市場の周辺

在来市場「西面市場」の東隣は、西面市場モクチャコルモッ ➡P.34という屋台密集地。さらに南へ向かうと西面一番街という居酒屋が集中した繁華街になります。韓国酒文化を体験したいならここへ。

1 海外ブランドのショップも入店している
2 韓国で人気のインテリアショップ、モダンハウスもある
3 4 SPAブランドは1階にそろっているのでチェックしてみて

ショッピングやグルメが楽しめる

▽ NCデパート
NC department

若者が集まるショッピングスポットとして話題のデパート。1階から6階まであり、買い物やグルメはもちろん、最上階には映画館もある。

MAP 付録P.6 E-2

🏠 釜山鎮区東川路92 🚇 地下鉄1・2号線 **119 219** 西面駅6番出口から徒歩4分
📞 051-794-7000 🕐 10:30 ～ 21:00（金～日曜は～22:00）🈺 不定休

この店をチェック！

★ファッション
・スパオ、ゲス、H&M、シューペン、H&M HOME、ニューバランス、フーアーユー、アンダーアーマー、アディダスなど。
★コスメ
トニー・モリー、ザ・セム、フェイス・ショップ、ネイチャー・リパブリックなど。
★レストラン＆カフェ
スムージーキング、自然別曲、ピザモールなど。

買い物以外にも映画やレストランも充実しているので、会社帰りによく利用します。

トレンドアイテムばかり！

⑤ ルフト・ベースメント
LUFT BASEMENT

ディス・イズ・ネバー・ザットやマーティン・キムなどスタイリッシュなブランドを多数取り扱うセレクトショップ。

MAP 付録P.6 F-3

🏠 釜山鎮区西田路46番ギル56 🚇 地下鉄2号線 **218** 田浦駅7番出口から徒歩4分
📞 051-807-6444 🕐 12:00 ～ 20:00 🈺 無休

ジョガーパンツやトートバッグなど、使いやすいアイテムがそろう

オリジナルのタグを旅行の記念に！

⑥ リトル・プラネット
Little Planet

自分だけのネームタグをオーダーメイドで作れる。すいていれば30 ～ 40分で作れるので、旅行中でも注文しやすいのが人気。荷物預かりもしている（有料）。

MAP 付録P.7 C-2

🏠 釜山鎮区西面路68番ギル20 🚇 地下鉄1・2号線 **119 219** 西面駅7番出口から徒歩3分
📞 010-2842-8402 🕐 10:00～20:30 🈺 火曜

1 ネームタグのカスタマイズは7000W～。デザインによって料金は異なる
2 日本語が話せるスタッフもいる

NCデパートの6階にはあびこカレーや福岡ハンバーグなど、人気の日本食レストランがそろっていますよ。

夏になったら、海雲台へ
海風と一緒に過ごしましょう

西面から地下鉄で30分ほどの海雲台は、韓国を代表するビーチリゾート。
夏には国内外の観光客が押し寄せ、ビーチはパラソルでぎっしり。
市内とはまた違ったプサンの魅力を満喫してみませんか。

海雲台 周辺図 付録P.8

Ⓐ 海雲台海水浴場
ヘウンデヘヘスヨクチャン／해운대해수욕장

プサンが誇る全長2kmもの美しい海岸線

白い砂浜が全長2km **MAP** 付録P.8 E-4
にわたって続く。夏は ⊞ 海雲台区中洞周辺
海水浴客でにぎわい、 ⊠ 地下鉄2号線 203 海雲台
各種イベントも開催。 駅3番出口から徒歩10分

中洞駅

海雲台温泉 P.23
センターP.85 海雲台ソムンナン
アムソカルビチッ

リベロホテル海雲台 海雲台区庁 海雲台
P.97 Ⓗ フグストリート

海雲台駅

Ⓑ ヌリマルAPECハウス
ヌリマルエイペックハウス／누리마루APEC하우스

海岸線を眺めながらのんびりさんぽを

2005年に開催されたAPECの国際会議
場。場内は無料で見学可能。周辺は公園
として整備され、広安大橋などが望める。

MAP 付録P.8 D-3

⊞ 海雲台区 冬柏路116 ⊠ 地下鉄2号線 203
海雲台駅3番出口から徒歩20分 ☎ 051-743-
1974 ⊕ 9:00～17:00 ㊡ 第1月曜 ㊌ 無料

Ⓡ オプスP.43

マウドナルド 海雲台市場P.33
P.43 Ⓡ

海雲台・シークラウド・
ホテルP.97

SEA LIFE
釜山アクアリウム Ⓒ

パラダイス
ホテル釜山P.97
Ⓗ パラダイス
Ⓔ カジノ釜山
P.91

海雲台海水浴場

毎日2回、サメの
餌付けショーも
行っている

Ⓒ SEA LIFE 釜山アクアリウム
シーライフプサンアクアリウム／씨라이프부산아쿠아리움

海底トンネルで海の生物と出会う

ほ乳類、魚類、鳥類、両 **MAP** 付録P.8 E-4
生類など約250種、1 ⊞ 海雲台区海雲台海辺路266
万点余りの生物に出 ⊠ 地下鉄2号線 203 海雲台駅3番
会える。韓国最大の 出口から徒歩10分
メイン水槽にはサメ ☎ 051-740-1700 ⊕ 10:00～18:00
の優雅な姿が。 (土、日曜は～19:00)
㊡ 無休 ㊌ 3万W

海沿いには散策路が
整備され、心地よい

Ⓗ ウェスティン
朝鮮釜山P.97

Ⓑ ヌリマル
APECハウス

チェ・ジウ主演のドラ
マ「スターの恋人」のロ
ケ地にもなった海岸線

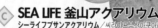

ぐるっと回って 90分

西面からのAccess

地下鉄2号線で約30分で、海雲台駅へ。3番出口を出て、駅前の道を直進。突き当たりを右折するとビーチに着く。東エリアへはタクシーで。

おすすめの時間帯

プサンで話題のフォトスポットへ

海雲台エリアには映画をテーマにしたシネマ通り **MAP** 付録P.9 C-3や、プサン絶景八景のひとつ、月見の丘展望台 **MAP** 付録P.8 F-3など、いたるところにフォトスポットがあり、話題になっています。

E コッケワサランエパジダ

꽃게와 사랑에 빠지다

ケジャン食べ放題の人気店

時間無制限で、秘伝の味付けのケジャンが食べ放題。回転が早くカニも新鮮。おかわりはボタンで店員を呼ぶ。

MAP 付録P.8 F-2

所 海雲台区タルマジギル199
交 地下鉄2号線 202 中洞駅7番出口からタクシーで5分
☎ 051-742-0999 営 11:00〜20:30
休 無休

コッケハンサン2万7900W（2人前〜）カンジャンケジャンとヤンニョンケジャンに、エビとおかず、揚げ物が付く

◆ LCTランドマークタワー
　├ H シグニエル釜山P.97
　├ E プサンエックス・ザ・スカイP.16

潮の満ち引きで島影が5つにも6にも見えることから名が付いた五六島

海雲台遊覧船

R チャムセパンアッカンP.97

イルア
H

月見の丘から海雲台ビーチを一望できます

日の出、月の出が美しく見られる名所、海月亭

F 月見の丘

タルマジコゲ／달맞이고개

大パノラマが広がる韓国八景のひとつ

海雲台の東海岸沿いにある丘。展望台の海月亭からは見事な景色が広がる。

MAP 付録P.8 F-3

所 海雲台区中2洞周辺
交 地下鉄2号線 202 中洞駅7番出口からタクシーで5分

コッケワサランエパジダ
E

Sプラス

月見の丘
F

月見の丘展望台P.97

D 海雲台遊覧船

ヘウンデユランソン／해운대유람선

冬柏島、広安大橋、五六島をめぐる

海雲台海水浴場の東端に発着場がある。冬柏島や広安大橋、南川洞、五六島をめぐるクルーズが人気。

MAP 付録P.8 E-2

所 海雲台区タルマジギル62番ギル33-1 交 地下鉄2号線 203 海雲台駅3番出口からタクシーで10分 ☎ 051-742-2525 営 13:00〜21:00（ツアーにより異なる）休 無休 料 2万8000W

海雲台の東にある機張市場 **MAP** 付録P.2 C-2は、カニ店が並び、カニ三昧が楽しめます。

プサンのサントリーニ島？
ヒンヨウル文化村をおさんぽ

影島にある「ヒンヨウル文化村」は、海沿いにある村。
まるで、ギリシャのサントリーニ島にいる気分を味わえるという理由でも近年人気のスポットに。
おしゃれなカフェも多くあるので、ゆっくり休憩しながら、プサンで青と白の世界をおさんぽしてみては？

白い壁×青い海♡
今HOTなおさんぽスポット

ヒンヨウル文化村

ヒンヨウルムナマウル／흰여울문화마을

プサンのサントリーニ島といわれる港町。映画のロケ地としても使われており、多くの観光客が訪れる人気スポット。美しい街並みを散策しながら、撮影スポットを探して。

MAP 付録P.2 A-4

所影島区ヨンソン洞4街 交地下鉄1号線 111 南浦駅からタクシーで20分

シャッタースポットがいっぱい！

かわいい壁画を
見つけた！

人いないときが
シャッターチャンス！

ハートがかわいい階段は人気のフォトスポット

海風と波の音を感じながら歩いてみて

ほっこりキュートなイラスト

白い壁にきらめく
美しい海。
サンセットも見事

ナチュラルテイストカフェもおすすめ

影島にあるリラックス感が漂うカフェ、ゴー・スロウもおすすめ。クロッフルやケーキ、ハンドメイドのドリンクなどが多彩にそろいます。

こんなお店があります

散策中に立ち寄りたい海辺のカフェ

カフェビョノイン

카페변호인

オーシャンビューを満喫できるカフェ。店の前にあるテラス席は開放感抜群！ カフェから見る景色を目当てに多くの人が訪れ、夕日の美しさも見事。

カフェラテ5900W。レモネードなどソーダ系のドリンクもある

海を眺めながらゆっくりしたい

パッピンス6900Wが人気

入り口にはアーチが。階段を上るとテラス席がある

MAP 付録P.2 A-4

所 影島区ヒンヨウルギル347 交 地下鉄1号線111南浦駅6番出口からタクシーで10分 電 010-3557-3170 営 10:00～18:00 休 無休

ベストな組み合わせ！
海＋ラーメン

ヒンヨウルジョンパン

흰여울점빵

昔懐かしい「定番の韓国ラーメン」を最高のロケーションで食べられる。サイダーをセットにしたらさらに完璧。

MAP 付録P.2 A-4

所 影島区ヒンヨウルギル121 交 地下鉄1号線111南浦駅からタクシーで10分 電 なし 営 12:00～材料がなくなり次第終了 休 無休

1 卵やねぎなどが入ったラーメンは5000W
2 海側のベンチで食べればおいしさ倍増

リラックスして過ごせる穴場カフェ

ヨウルマーク

여울마크

隠れ家のような雰囲気が魅力のカフェ。シックな空間からのぞく青い海がとてもおしゃれ。インテリアがすてきな併設の書店（入場料別途）も立ち寄りたい。

MAP 付録P.2 A-4

所 影島区ヒンヨウルギル97 交 地下鉄1号線111南浦駅6番出口からタクシーで9分 電 051-412-9799 営 11:00～18:30 休 日曜

看板メニューのコーヒー、ヨウルマークは7000W

併設の書店See Sea with BOOKの利用料は2時間で1人8000W

流行中のトルコの伝統スイーツ、カイマック9000Wは必食

ここも注目！ SNSで話題の"ブネチア"へ

おもちゃみたいな街並み

長林浦口 チャンリムポグ／장림포구

プサンのベネチア、通称「ブネチア」と呼ばれ、SNSで話題になっている観光スポット。カラフルでかわいい家が並んでおり、こぢんまりしたのどかな港の雰囲気に癒される。夕暮れ時の美しさは格別！

MAP 付録P.2 A-4 長林

所 沙下区長林路93番ギル72 交 地下鉄1号線99長林駅4番出口からタクシーで8分

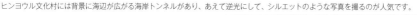

ヒンヨウル文化村には背景に海辺が広がる海岸トンネルがあり、あえて逆光にして、シルエットのような写真を撮るのが人気です。

プサン最大の繊維市場は素材がたくさん
プチオーダーもできますよ♪

プサンいちの繊維市場にはあらゆる布製品が集まります。
買い物はもちろん、オーダーメイドもできちゃうんです。
せっかくなので、インテリア雑貨のオーダーメイドにチャレンジしてみては。

いい生地が
たくさん
そろってますよ〜

オーダーメイド
なら自分の体に
ぴったりね

1韓服をはじめ、布や寝具、既製
服などが売られている 2ボタン
やスタッズの専門店もある
3ずらりと並ぶ反物。生地専門
店もある 4カラフルなビーズが
たくさん。1個1000W〜 5リボ
ンは45cmで100W〜

こんなものが
作れます!

3階ビーズ・ウォーク
にはビーズ工芸専門
スタッフがいます!

韓国最大の繊維製品の市場

釜山鎮市場
プサンヂンシジャン／부산진시장

生地や衣料品、手芸用品などがそろう市場。4
階建ての建物は、フロアごとに異なるジャンル
の店が並ぶ。寝具や韓服もあり、女性が嫁入り
道具をまとめて買うともいわれるほど。

MAP 付録P.3 C-2　　　　　　　　　凡一洞

所東区鎮市場路24 交地下鉄1号線117凡一駅1番出
口から 徒歩3分 ☎051-646-
7041 営7:00〜19:00が目安
(店舗により異なる) 休日曜
(季節により異なる)

韓国らしいアイテムはおみやげに

丸いフォルムがかわい
い。子ども用の小
物入れ各1000W

韓国らしい柄の美しい
ふくさ。6000W

おみやげとして
も重宝しそうな
巾着袋

昼寝にもちょうどいい
大きさ。韓国枕1万W

刺繍が施され
た手作りのキ
ーホルダー。各
5000W

オリジナルのビーズアクセが作れます
鎮市場3階にあるビーズ・ウォークは、ビーズやパーツの宝庫。購入したビーズを使って、オリジナルのビーズアクセが作れます。工具レンタルやレッスン（要予約）も無料です。

鎮市場ではプチオーダーもできます

繊維問屋が集まる鎮市場では、自分だけのオリジナルアイテムを作ることができます。色、柄、素材にこだわって、オーダーしてみましょう。

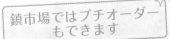

どんな柄がお好み？

オーダーできるこんなもの

8万W〜

2万5000W〜

ふとんカバー
専門店で注文できる。毎日使う物だから生地選びは慎重に選びましょう

個性的なレースカーテンも多いのね

カーテン
吊ってある既製品のほかに見本帳もある。生地を決めたら、見積もりを

2万8000W〜

クッションカバー
カーテンショップで一緒に注文できることが多い。カーテンとの色違いもすてき

[注意ポイント]

● **事前にサイズを測りましょう**
現地での注文をスムーズに行うためにも、事前にサイズはしっかりと測りましょう。事前の準備は念入りに。

● **日本語はNGです**
ほとんどの店が日本語が通じないため、対応のよい店を選ぼう。ジェスチャーや指さしを駆使してあせらずに、きちんと希望を伝えましょう。

● **郵送OKか確認を**
完成までの日数は店やデザインによってさまざまです。日本まで郵送してくれる店を探しましょう。

カッカジュセヨ
（なくしてくださり）

値段交渉も市場の醍醐味です

1. 買いたい商品を決めたら値段を聞く
小さな専門店が何百と連なっているので、何店舗か回って品定めを。買いたいものを決めたら値段を聞いておきましょう。

2. ほかの店で、同様のものをチェック
隣り合った店に同じジャンルの商品があるので値段を比べよう。値段交渉の材料として重要なので、メモを忘れずに。

3. 他の商品を買ったら値引きしてもらえるかを聞く
同じ店で買う商品が複数あると交渉しやすい。欲しいアイテムが何点かあるようなら、なるべくまとめ買いがおすすめ。

釜山鎮市場の入口にはプサン名物「もちオデン」が食べられる屋台があります。小腹がすいたらぜひ試してみてください。

話題店が集まる新都市
"センタムシティ"をのぞいてみましょう

めざましい発展を遂げている新都心センタムシティは、
西面から地下鉄で25分ほどのところにあります。
ギネス記録をもつ新世界百貨店とロッテ百貨店とのデパート対決も見ものです。

世界最大のデパートはここ！

フロアガイド

9F	スカイパーク(ZOORAJI)、専門食堂街
8F	生活用品(家具、インテリア)
4F	レディスファッション、フードコート、アイスリンク
3F	レディスフォーマル＆シューズ、
2F	海外ブランド、時計
1F	化粧品、ブランド、新世界スパランド
B1F	食品館
B2F	ハイパーグラウンド

センタムシティって
何ですか？

「100％完璧な先端未来都市」という意味が込められたセンタムシティは、海雲台区入口付近にあり、国際会議場「BEXCO」のあるエリアに位置しています。ロッテ百貨店、新世界百貨店などのほか、高層ホテルやマンションが続々と建てられ、まさに未来都市。今後も大型店の出店がうわさされる注目のエリアです。

❶豊富な品揃えの免税店
❷セレブなチムジルバン、新世界スパランド➡P.84
❸夜はライトアップされる美しいアイスリンク
❹華麗な吹き抜けも必見。レイアウトの美しさにも注目

❀ NEWS ❀

免税店に注目！

新世界センタムシティモールの地下1階にある新世界免税店。300を超えるブランドが入店し、より広いスペースで快適なショッピングが楽しめるとあって、常に観光客で盛り上がりをみせている。

① ギネス認定の巨大百貨店

新世界百貨店 センタムシティ店
シンセゲペックァジョン センタムシティジョン
／신세계백화점 센텀시티점

「世界最大デパート」としてギネス認定された新世界百貨店。60以上のブランドのうち、シャネルは国内最大級。チムジルバンやアイスリンクのほか、フードコートもある。

MAP 付録P.9 B-1

㊟ 海雲台区センタム南大路35 ㊞ 地下鉄2号線[206]センタムシティ駅12番出口直結 ☎ 051-745-1234
㊞ 10:30〜20:00(金〜日曜は〜20:30、9F食堂街は〜20:30)
㊡ 不定休

センタム
シティ

釜山大
東莱
金海国際空港
西面
広安里
海雲台
南浦洞

映画の殿堂

センタムシティの名所といえば、釜山国際映画祭のメイン会場となる映画の殿堂 **MAP** 付録P.9 B-1。スタイリッシュな外観は9階建てで、館内では映画を見ることができます。

フロアガイド

8〜9F	ロッテ映画館
7F	家庭用品
6F	メンズファッション、専門食堂街
4F	レディスカジュアルファッション
3F	レディスファッション
2F	海外名品ブランド
1F	化粧品、高級ブティック
B1F	フードコート、イベントホール
B2F	ジーンズカジュアル、ユニセックスカジュアル

斬新なデザインの2階フロア

1 カラフルなベネトンのウエア　2 洗練されたファッションブランドが連なるエリア　3 国内外のコスメがそろう
4 2階はカナダの有名な建築デザイナー Yabu Pushelbergが担当

1
2
3
4

② 高級志向のブランドが魅力

ロッテ百貨店 センタムシティ店
ロッテペックァジョン センタムシティジョン
／롯데백화점 센텀시티점

1階はディオールやローラメルシエなどの高級コスメブランドが並ぶ。3階にはラルフローレン、5階にはノースフェイスなどの海外ブランドをそろえており、独特のレイアウトも魅力。

MAP 付録P.9 B-1

所 海雲台区センタム南大路59 交 地下鉄2号線206 センタムシティ駅8番出口からすぐ 電 1577-0001 営 10:30〜20:00（金〜日曜は〜20:30）休 不定休（月1回、月曜）

周辺施設にも注目です

③ ホームプラス
Homeplus

深夜まで営業しているスーパー。食品やCD、コスメなどがそろい、おみやげを買い忘れたときにもとても便利。

MAP 付録P.9 B-1

所 海雲台区センタム東路6 交 地下鉄2号線206 センタムシティ駅2番出口から徒歩3分 電 051-709-8000 営 10:00〜24:00 休 第2・4日曜

④ APECナル公園
エイペックナルコンウォン
／ APEC나루공원

2005年APEC開催を記念して造られた憩いの公園。園内にはオブジェが点在し、夜にはライトアップされる。

MAP 付録P.9 B-1

交 地下鉄2号線206 センタムシティ駅12番出口から徒歩5分

新世界百貨店の屋上には恐竜のテーマパーク「ZOORAJI」**MAP** 付録P.9 B-1があり、子どもの遊び場としてぴったりです。

つい、財布のひもが緩んじゃいます
免税店でお得なショッピング

韓国で外せないのがお得な免税店でのショッピング。
セール時期に当たれば、あこがれのブランドも手が届きそう。
ワンランク上のラグジュアリーなアイテムを手に入れるチャンスです。

通路は広く、余裕をもった
レイアウト。コスメも充実

免税店とは消費税や輸入税を
免除して販売するスポット。パ
スポートと帰国便の航空券(e
チケットの場合は予約の控
え)が必要なので忘れずに!

ワクワク感が
止まらない♪
ブランドショッピング

1
まずはお気に入りを
探しましょう

免税品店では定期的、突発的にセー
ルを実施。出発前に公式サイトをマ
メにチェックして、さらにお得な買
い物をしましょう。

1 ヘラのクッションファンデ(左)とリップ
(右) **2** 日本でも人気のティルティルのク
ッションファンデ **3** アイオペのスキンケ
アセット **4** 韓国発ドクターズコスメ、リジ
ュランのクリーム **5** レトロなパッケージ
がかわいいグッチ・ビューティーのコスメ

2
お会計しましょう

円、米ドル、韓国ウォンの現金が利用
可能。クレジットカードも使える。購
入時にもらう引替券は商品を受け取
るまでなくさないように。

3
お品物は空港で
受け取ってください

免税店で購入した商品は帰国時に空
港で受け取るため、市内免税店での
買い物は約5時間前までに済ませま
しょう。ただし、購入可能時間は出国
空港や出発時刻によって異なるため、
スタッフに確認を。出国審査後、商品
引き渡しカウンターで購入時の引換
券と商品を交換します。

金海国際空港にも免税店があります

ロッテ免税店は空港にもあり、コスメなどが充実。帰国ギリギリまで買い物が楽しめます。ウエアやバッグは種類が少なめなので、市内の店舗がおすすめです。

こちらで取材しました

1 海外コスメが充実
2 ロッテ百貨店の8階にある

POINT
西面の中心部にあり、観光とショッピングが一緒にできる。空港から無料シャトルバスの送迎もある。

ロッテ免税店
ロッテミョンセジョン／롯데면세점

日本人好みのブランドが集結

ロッテ百貨店釜山本店の8階にある免税店。シャネル、プラダ、エルメスなど、日本人に人気の高いブランドブティックがそろった充実のラインナップ。

MAP 付録P.7 C-2　　　　　　西面

所 釜山鎮区伽倻大路772 8F → P.56 交 地下鉄1・2号線 119 219 西面駅7番出口からすぐ 電 051-810-3880 営 9:30〜28:30 休 無休

POINT
約300のブランドを扱う広い店内。人気スパ施設である新世界スパランドも隣接しているのもうれしい。

1 地下1階の化粧品売り場には海外ブランド＆韓国コスメが充実
2 健康食品や伝統工芸品などもずらり。おみやげ探しにも重宝

新世界免税店
シンセゲミョンセジョン／신세계면세점

センタムシティの巨大免税店

センタムシティにある新世界センタムシティモールの免税店。海外ブランドやコスメ、時計など、300を超えるブランドが集結。

MAP 付録P.9 B-1　　　　センタムシティ

所 海雲台区センタム4路15 新世界センタムシティモール B1F 交 地下鉄2号線 206 センタムシティ駅12番出口直結 電 1661-8778 営 10:30〜18:30 休 無休

BRAND INDEX

ブランド	ロッテ免税店	新世界免税店
エルメス	○	×
カルティエ	○	×
グッチ	○	○
クリスチャン・ディオール	×	×
クロエ	○	×
コーチ	○	○
サルヴァトーレ・フェラガモ	○	○
シャネル	○	○
セリーヌ	×	×
ティファニー	○	○
バーバリー	×	○
プラダ	○	○
ブルガリ	○	○
フェンディ	○	△
ボッテガ・ヴェネタ	○	○
ミュウミュウ	○	○
ルイ・ヴィトン	×	×

○＝ブティックがある △＝一部の商品を取り扱う ×＝扱いはなし

免税店の豆知識

● 日本語で買い物が可能。
● 買い物は帰国便の約5時間前まで。
● 韓国製品は、その場で引き渡し可能。
● 各店HPにクーポンがある場合も。
● 割引率の高いVIPカードはその場で発行可。

免税店ではブランド品以外に、韓国の工芸品などもそろっているので、おみやげを買い忘れたときに便利です。

日常のクオリティをあげてくれる
韓国雑貨を探しましょう

見ているだけで楽しくなるおしゃれな韓国雑貨。
ライフスタイルからおみやげにぴったりの雑貨まで、注目のショップをご紹介。
置くだけで日常のクオリティを上げてくれます。

どれにしようか迷っちゃう！カラーは約10種類

店のロゴがあしらわれたミルクグラス2万5000W

Tシャツ4万8000W。デニムとシンプルに合わせたいビビッドカラー

異国情緒漂うナチュラルなインテリア

ルフト・マンション
Luft Mansion

おしゃれなショップが集まる海理団ギルの一角にある雑貨店。内装はまるで異国の隠れ家のよう。オリジナルグッズも豊富。

MAP 付録P.8 E-3　　　　　海雲台

- 🏠 海雲台区佑洞1路38番街ギル1 2F
- Ⓜ 地下鉄2号線 [203] 海雲台駅4番出口から徒歩5分　☎ 0507-1480-0419
- 🕐 11:00 ～ 18:00　休 無休

心ときめく可憐な雑貨がいっぱい

ラブ・イズ・ギビング
LOVE IS GIVING

女の子らしいアイテムに囲まれたラブリーな雑貨店。広安大橋やビーチをモチーフとしたミラーやポストカードなども扱っている。

MAP 付録P.9 A-3　　　　　広安里

- 🏠 水営区広安路49番ギル24
- Ⓜ 地下鉄2号線 [209] 広安駅3番出口から徒歩10分
- ☎ 0507-1403-1426
- 🕐 12:00～20:00
- 休 無休

イギリスのアニメキャラ、グルミットのキーリング。浮き輪は別売りで1000W

造花のチューリップは写真映えも抜群。1万5000W

ハートの形をしたフラワー柄ミラーもキュート

ぶらぶら街歩き／日常のクオリティを上げる韓国雑貨

1 海辺列車を描いたポストカード1000W **2** 広安大橋やスカイカプセルが背景のマグネット1万2000W〜

ブサン市PRキャラ「ブギ」のキーリング1万5000W

韓国の人気雑貨が大集合！
KT&Gサンサンマダン
케이티앤지 상상마당

カフェやホテル、ギャラリーなどが入る複合文化施設。2階には約140のブランドを扱う雑貨ゾーン「デザインスクエア」がある。

（MAP）付録P.7 C-3　　　　　　西面

所 釜山鎮区西面路39 交 地下鉄1・2号線 119 219 西面駅3番出口から徒歩10分 ☎ 070-8893-3092（2階デザインスクエア）営 11:00 〜 21:00 休 無休

ブサンの風景を描いたポストカードをおみやげに！

チョグマン・スタジオのキーホルダー1万2000W

グリーンがあふれる落ち着いた店内

優しい雰囲気のアイテムがずらり

ペーパー・ガーデン
Paper Garden

ラグなどのファブリックから、キッチングッズ、文房具までそろう。多くがオリジナル商品なので、気になったら即買いたい。

（MAP）付録P.6 F-3　　　　　　西面

所 釜山鎮区田浦大路210番ギル8 2F 交 地下鉄2号線 218 田浦駅8番出口から徒歩5分 ☎ 0507-1493-1611 営 11:00〜22:00（火・水曜は〜 20:00）休 無休

ラグやクッションカバーなど、ベッド周りをトータルコーディネートできる

ハートラグ2万8000W。形や色、サイズも幅広い

シリコン素材で手入れのしやすいコースター各4000W

ラブ・イズ・ギビングの造花は、ブサンの海を背景に写真を撮るととてもすてきです。

お手頃価格なのに効果抜群と評判です
韓国コスメを大人買いしましょう

南浦洞や西面の地下街を歩いていると、あちこちでコスメショップを見かけます。
韓国コスメはとってもリーズナブルなのに、機能性は抜群なんです。
おみやげに、自分用に……大人買いしちゃいましょう。

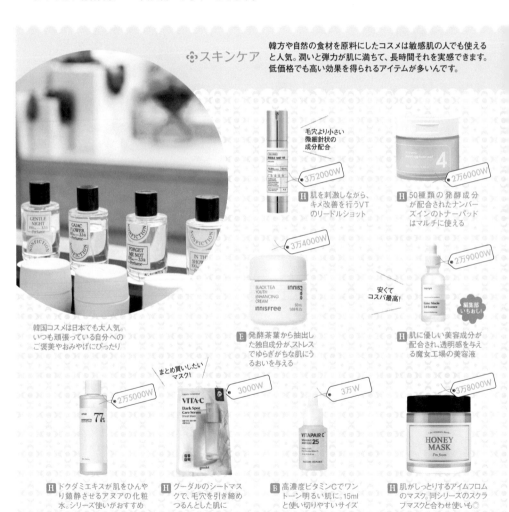

❀スキンケア

韓方や自然の食材を原料にしたコスメは敏感肌の人でも使える
と人気。潤いと弾力が肌に満ちて、長時間それを実感できます。
低価格でも高い効果を得られるアイテムが多いんです。

毛穴より小さい
微細針状の
成分配合

●3万2000W

H 肌を刺激しながら、
キメ改善を行うVT
のリードルショット

●2万6000W

H 50種類の発酵成分
が配合されたナンバー
ズインのトナーパッド
はマルチに使える

●3万4000W

BLACK TEA
YOUTH
ENHANCING
CREAM
innisfree

E 発酵茶葉から抽出し
た独自成分が、ストレス
でゆらぎがちな肌にう
るおいを与える

●2万9000W

安くて
コスパ最高!

編集部
いちおし

H 肌に優しい美容成分が
配合され、透明感を与え
る魔女工場の美容液

まとめ買いしたい
マスク!

●2万5000W

77%

VITA-C
Dark Spot
Care Serum
Sheet Mask

●3000W

VITAPAIR C
25

●3万W

HONEY
MASK
i'm from

●3万8000W

H ドクダミエキスが肌をひんや
り鎮静させるアヌアの化粧
水。シリーズ使いがおすすめ

H グーダルのシートマス
クで、毛穴を引き締め
つるんとした肌に

B 高濃度ビタミンCでワン
トーン明るい肌に。15ml
と使い切りやすいサイズ

H 肌がしっとりするアイムフロム
のマスク。同シリーズのスクラ
ブマスクと合わせ使いも◎

韓国コスメは日本でも大人気。
いつも頑張っている自分への
ご褒美やおみやげにぴったり

Ａ～Ｈの店舗データは ➡P.72～73にあります

コスメをまとめ買いするなら
コスメ店をめぐる時間がない……という人は、NCデパート➡P.57の1階や西面モール MAP 付録P.6 D-2 ～3へ。お得なプチプラコスメが勢ぞろいしています。

❖レチノール

ビタミンA誘導体の一種で、肌のハリアップなどが期待できる注目の成分。赤みやヒリヒリ感が出る場合があるため、最初は少しずつ使いましょう。

これ1本で美肌が目指せる！

編集部いちおし！

2万5000W

1万8500W

4万W

1万4000W（4枚入り）

Ｈ 肌になじんで乾燥小ジワを目立ちにくくしてくれるコスアールエックスのクリーム

Ｈ エイジングケア成分として注目されているバクチオールも配合したサムバイミーの美容液

Ｅ シカ成分配合で肌トラブルを防ぐ。レチノール初心者にもおすすめ

Ｈ レチノールとLHAのダブル効果で肌をきゅっと引き締めてくれるメディヒールのマスク

❖ベースメイク

メイクの仕上がりにもつながるベースメイク。肌に合っていない化粧品を使うと、すぐにメイクがよれたりくずれたりしてしまいます。自分の肌状態をよく理解してから購入しましょう。

4万5000W

2万9000W

6000W

サラサラ肌が長持ち

9000W

編集部いちおし！

リピーター続出！

Ｈ ラネージュのクッションファンデ。毛穴を隠しつつ自然な美肌になれる

Ｄ 素肌のような仕上がりで、気になるところはしっかりカバー。カラバリ豊富なのも魅力！

Ａ 1本でトーンアップからUVケアまで完了！光沢感のあるしっとり肌が1日続く

Ｅ 皮脂を吸収してサラサラな肌を叶える名品パウダー。メイク直しにもぴったり

2万2000W

1万2000W

3万W

2万W

Ｈ ムジゲマンションのハイライター。細かな粒子が重ねるごとに輝きを増し、発光するような肌に

Ｈ ザセムのバームタイプのコンシーラー。なめらかにフィットし、くすみを細かくカバー

Ｈ シワ改善、紫外線カットの機能を持つVDLのファンデーション。サラッとしたつけ心地

Ｄ 顔を立体的にしてくれるシェーディング。ナチュラルな色づきで使いやすい

韓方の成分や技術を取り入れた化粧品や韓方化粧品も効果絶大。ミシャには韓方コスメのシリーズもあります。

お手頃価格なのに効果抜群と評判です
韓国コスメを大人買いしましょう

リップやチーク、アイシャドウなど
ポイントメイクを変えるだけで
今っぽいおしゃれフェイスに！

✿ メイクアップ　おすすめはアイシャドーとティント。パールが上品で、発色もキレイ。価格が手頃なので、手が出なかった冒険色も、韓国コスメでチャレンジしてみましょう。

1万W

A 宝石を散りばめたようなラメがキュート。上まぶたの中央にのせると潤んだような瞳に

2万8000W

G 使いやすいカラーのマットとラメが入り、これひとつでメイクのバリエーションが広がる

1万5000W

D カールキープ力ばっちりのマスカラ。グレーブラウンはナチュラルに目力をアップしてくれる

1万9000W

H 花びらのようなカラーが広がるヒンスのスリムフィット・リキッドベルベット

1万3000W

D 肌なじみのいいカラーで顔色がパッと華やぐ。クリアなパッケージもかわいい

4万7000W

H カラーが豊富なアーバン・ディケイのネイキッドミニパレット

3万4000W

H 多彩なカラーが入ったデイジークのパレットは、メイクを格上げしてくれるアイテム

1万8000W

H クリアな発色のクリオのティント。落ちにくくふっくらとしたリップに

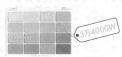

3万4000W

H マットからラメまで16色入った、ウェイク・メイクのアイシャドウ

A ミシャ
Missha

品質＆価格に大満足のコスメ

手頃な韓国コスメの先駆者。BBクリームやアイシャドウなどが優秀と評判。

MAP 付録P.7 C-2　　西面

釜山鎮区伽倻大路777 西面地下道商店街中央モールJ1号 地下鉄1・2号線 119 219 西面駅9番出口から徒歩7分 051-803-3372 10:00～20:30 無休

B ネイチャー・リパブリック
Nature Republic

ナチュラルなスキンケアが人気

自然派コスメの先駆けとして、スキンケアアイテムを豊富にそろえる。

MAP 付録P.5 C-3　　南浦洞

中区光復路54-1 地下鉄1号線 111 南浦駅1番出口から徒歩8分 051-244-8342 無休

C タンバリンズ
TAMBURINS

高級感のある香りとデザイン

持っているだけで気分が上がる、SNSで話題のフレグランスブランド。

MAP 付録P.9 B-1 センタムシティ

海雲台区センタム南大路35 新世界百貨店1F 地下鉄2号線 206 センタムシティ駅12番出口直結 051-745-1398 10:30～20:00 無休

D エチュード
Etude

手頃な機能性コスメがずらり

高級コスメ「アモーレ・パシフィック」系で安心。ラブリーなパッケージも◎。

MAP 付録P.6 D-2～3　　西面

釜山鎮区中央大路717 西面モール5列7号 地下鉄1・2号線 119 219 西面駅4番出口から徒歩3分 051-804-9078 11:00～22:00 毎月毎1週目の火曜

72

使用期限をチェックしましょう

コスメは生ものです。使用期限などの表示は必ず確認しましょう。期限ギリギリの品が並んでいることもあります。

✧ ビーガンコスメ

SDGsの波がコスメにも！ 動物由来の成分を使わず、環境に配慮したビーガンコスメが新たなスタンダードに。敏感肌の人にもおすすめのコスメもあるので、チェックしてみましょう。

● 2万8000W

H 魔女工場のシカクリーム。ドクダミエキスが配合され、肌に水分を与えてくれる

● 2万5000W

H 水分が多く含まれたペリペラのクッションファンデ。なめらかで艶感のある肌が1日中続く

G 肌のバリア機能を高めるパンテノール配合で、敏感肌も健やかに保湿できる

● 2万8000W

H しっとりナチュラルに発色するペリペラのリップバーム。血色感もアップ

● 1万3000W

● 2万W

H ぷるんとしたテクスチャーで高発色が続くアミューズのティント

● 2万9000W

H イタリア産ホワイトトリュフと植物性オイルでツヤを与えるダルバのミスト

✧ ハンドケア

韓国のフレグランスブランドが日本でも大人気。香水のほかにもハンドクリームなら、ハンドケアをしながら高級感ある香りを楽しめます。

✧ ツール

お肌のお手入れやメイクをするときに使用するツールもチェックしましょう！ 普段のステップにプラスするだけで、仕上がりがぐっと変わります。

● 1万8000W〜

C 一番人気は爽やかなウッディ系のCHAMO（カモ）の香り。保湿力も高い

● 2万3000W

F スエードとシダーウッドの甘く落ち着いたジェントルナイトの香りが好評

● 1万4900W

H フィリミリのデュアル毛穴ブラシ。シリコンとマイクロファイバーが毛穴をキレイにしてくれる

H 大人気のフィリミリの卵型パフ。頬や額など顔全体に塗りやすい。水に濡らすとサイズが大きくなる

● 1万4000W（3個入り）

E **イニスフリー**
innisfree

高品質な自然派ブランド

ワインやラベンダーなど天然成分の自然派コスメ。ほのかな香りに癒される。

MAP 付録P.6 E-3　　西面

🏠 釜山鎮区田浦大路199番ギル12 1F 🚇 地下鉄1・2号線 218 田浦駅7番出口から徒歩すぐ
📞 051-942-6863 🕙 11:00〜22:00（日曜は12:00〜21:00） 🈳 無休

F **ノンフィクション**
NONFICTION

プサンの直営店はここだけ

香水やボディケアアイテムを扱う韓国発のビューティーブランド。

MAP 付録P.9 B-1 センタムシティ

🏠 海雲台区センタム南大路35 新世界百貨店1F 🚇 地下鉄2号線 206 センタムシティ駅12番出口直結 📞 051-745-1443
🕙 10:30〜20:00 🈳 無休

G **ホリカ・ホリカ**
HOLIKA HOLIKA

トレンドコスメが集まる

カラバリ豊富でキュートなトレンドコスメがそろう。プチプラもうれしい。

MAP 付録P.6 D-2　　西面

🏠 釜山鎮区中央大路717 西面モール2列28号 🚇 地下鉄1・2号線 119 219 西面駅1番出口から徒歩6分 📞 051-817-0081
🕙 10:00〜22:00 🈳 無休

H **オリーブ・ヤング** 西面駅舎店
Olive Young

なんでもそろうドラッグストア

スキンケア中心のラインナップで、高機能な商品が多いのが人気の理由。

MAP 付録P.7 C-2　　西面

🏠 釜山鎮区中央大路 地下駅構内2-02 🚇 地下鉄1・2号線 119 219 西面駅直結 📞 051-802-1410
🕙 9:00〜22:50 🈳 無休

どの店でもコスメを買うと、サンプルなどのおまけをくれます。たくさん買うと、おまけも豪華になるので、まとめ買いがおすすめです。

まとめ買いしたいおみやげは
スーパー＆デパ地下にあります

プサン旅行の最後に、必ず寄りたいのがデパ地下やスーパーです。
会社の同僚へ、お酒好きの友人へ、料理好きのあの人へ……、
思い出話と一緒に、おいしいおみやげを持って帰りましょう。

お菓子好きに

2640W

**モンシェルの
カカオ生クリーム
ケーキ**

高級感のあるチョコ
パイ風ケーキ。濃厚
チョコとフレッシュク
リームがおいしい

4800W

**マーケットオーの
リアルブラウニー**

日本でもおなじみの
濃厚ブラウニー。抹
茶味もおいしい

日本でも
人気のスイーツ

1700W

ペペロ

期間限定の味やキャ
ラクターコラボのパッ
ケージもある

ほどよい甘さが
クセになる

**バター
ワッフル**

バターが香る
サブレ風のサ
クサク菓子。ク
ラウン社のベ
ストセラー

2400W

2280W

オー！カムジャ

軽い食感が特徴の
オリオンのポテトス
ナック。グラタン味

3040W〜

**ハニーバター
チップ**

空前の大ヒット
が記憶に新しい。
ハチミツとコクの
あるバターの相
性はばっちり！

6480W

**チャム・
ブンオパン**

フナの形のソフ
トケーキの中に
あんがたっぷり
入る

お酒好きに

各1380W

**チョウンチョロムの
ピーチ焼酎＆
柚子焼酎**

すっきりとした爽やかな
味わいのフルーツ焼酎

1390W

**チャモンエイ
スルの
グレープ
フルーツ焼酎**

おなじみチャミス
ルのグレープフ
ルーツ味。甘さ
と苦みが絶妙で
すっきり

各1万1500W

ホンチョ

右からザクロ、ブルーベリー、
ポップンジャ（キイチゴ）の酢

即席麺好きに

5390W

キムトンケラーメン

濃いめのスープとコシの
ある麺が絶妙にからみ
合う。4袋入り

920W

**サリ
コムタン**

マイルドで濃厚
なコムタンスー
プに麺がよく
からむ

5680W

カムジャ麺

麺の独特の食感はジャガイ
モのでん粉を用いているか
ら。5袋入り

失敗しないキムチや食材購入のコツ

キムチなどの食材は、試食ができ、量り売り
コーナーもあります。味見して気に入ったも
のを欲しい量だけ買えば、無駄にしてしまう
こともありませんね。

お料理好きに

ぶらぶら街歩き／スーパー&デパ地下でおみやげを

7980W

ゴマ油
厳選された良質のゴ
マ から 作られた
100%純粋のゴマ油

8900W

エゴマ油
日本のテレビで紹介
されてから人気沸騰。
炒め物などはもちろ
んナムルなどにも使
える

ハクサイキムチ
100%純韓国産の厳
選材料と天然水だけ
で製造された宗家キ
ムチ

6980W

3700W

**ナムルのタレ
ヨンドゥ**
モヤシなどの野菜に
このタレを
絡めるだけで、ナ
ムルが完成する
優れもの

2980W

**テジブルコギ
ヤンニョン**
コチュジャンが効いたかな
り辛口なヤンニョンソース

2280W

トルキム
食品企業、東遠(ドンウォン)
による韓国ノリブランド。ノ
リ本来の味がしっかり感じ
られる。8袋入り

**牛肉ダシダ
スティックタイプ**
韓国のだしといえ
ば、やっぱり「ダシ
ダ」。牛肉以外にも
魚や野菜味なども
ある

5080W

おすすめのスーパー&デパート

観光客が最も立ち寄る百貨店

ロッテ・マート 光復店
ロッテマート クァンボッジョン／롯데마트 광복점

観光客でにぎわう南浦洞のロッテ
百貨店1階に登場。駅からも直結し
ているので便
利。マート内
にはカフェや
コスメショッ
プもある。

MAP 付録P.4 E-4 　　南浦洞
所ロッテ百貨店光復店1F ⊕P.53
交地下鉄1号線111南浦駅10番出口直結
☎051-441-2500 営10:30〜23:00
休第2・4日曜

高品質の品々がリーズナブル

ハナロマート
하나로마트

1階は野菜やキムチなどの生鮮食
品、2階にはノリ、干物、お茶などが
並ぶ。農協直
営のため、価
格は他店より
1〜2割安く、
品質も確か。

MAP 付録P.5 A-4 　　南浦洞
所中区九徳路73 交地下鉄1号線110チ
ャガルチ駅10番出口からすぐ
☎051-250-7700 営8:00〜23:00
休第2・4日曜

充実の品揃えを誇る大型スーパー

ホームプラス
Homeplus／홈플러스

食糧だけでなく、生活雑貨も充実し
たスーパーマーケット。質・量とも
に好評な食品
のプライベー
ト商品は、お
みやげにも喜
ばれるはず。

MAP 付録P.9 B-1 　　センタムシティ
⊕P.65

スーパーには段ボールやガムテープの無料コーナーがあります。かさばるみやげは箱詰めにして送ってしまいましょう。

絵になる場所が多いプサンでは、感動のワンシーンがよみがえります

釜山国際映画祭の開催地でもあるプサンは、映画の街としても有名で、
映画のロケ地としてはもちろん、最近はドラマにも登場しています。
名シーンが撮られたロケ地をめぐり、あらためて作品の感動にひたってみましょう。

ドラマ 『サム、マイウェイ~恋の一発逆転!~』

> 主演はこのん! パク・ソジュン、キム・ジウォン

あらすじ　夢をあきらめ生活をしていた男女が、ひょんなことから恋に仕事に奮闘することになるラブコメディ。

虎川村
ホチョンマウル／호천마을

韓国で大ヒットしたドラマ『サム、マイウェイ』のロケ地。夜景の美しさが話題になり、一気にプサンの人気スポットとなった。

> ドラマの中に出てきた「ナミルバー」を再現したスペース

MAP 付録P.3 B-2　　　　凡一洞

团釜山鎮区厳光路491
図地下鉄1号線[117]凡一駅1番出口からタクシーで10分

ドラマ 『ショッピング王ルイ』

> 主演はこのん! ソ・イングク

あらすじ　記憶喪失になった御曹司ルイと、弟を探しソウルにやってきた田舎出身の純朴女子ボクシルが繰り広げるロマンチックラブコメディ。

冬柏公園
トンベッコンウォン／동백공원

水営湾に面した冬柏島にある公園。ボクシルがルイの祖母であるチェ会長と出会う印象的なシーンをここで撮影している。

> 数々の名作に引っ張りだこ。市民の憩いの場でもある

MAP 付録P.8 D-3　　　　海雲台

团海雲台区佑洞
図地下鉄2号線[204]冬柏駅2番出口から徒歩15分
圆入園自由

ドラマ 『キング Two Hearts』

> 出演はこのん! イ・スンギ、ハ・ジウォン

あらすじ　国王の弟イ・ジェハ（イ・スンギ）は世界将校大会で、北の教官キム・ハンア（ハ・ジウォン）と合同チームを結成し……。

太宗台
テジョンデ／태종대

敵の策略にはまり、ジェハが向かったのが太宗台の断崖。後半のクライマックスシーンを撮影した。景色のよい遊歩道もあり、晴れた日には対馬列島も見える。

> 王座に座るジェハにシギョンが銃を向ける!

MAP 付録P.2 B-4　　　　影島

团影島区展望路24　図地下鉄
1号線[111]南浦駅6番出口から
タクシーで20分

ドラマ 『TWO WEEKS』

> 主演はこのん! イ・ジュンギ

あらすじ　テサン（イ・ジュンギ）のもとに突然現れた元恋人。ふたりの間には白血病の娘がおり骨髄移植が必要だという。

SEA LIFE 釜山アクアリウム
シーライフプサンアクアリウム／씨라이프부산아쿠아리움

海雲台にある水族館。カラフルな熱帯魚が泳ぐ巨大水槽をバックに、ふたりの水族館デートシーンが撮影された。幻想的な雰囲気。

> イ・ジュンギのアクションにも注目!

MAP 付録P.8 E-4　　　　海雲台

⊙ P.58参照

釜山国際映画際へ行ってみませんか

プサンでは、毎年10月、10日間にわたって韓国最大規模の映画祭が開催されます。映画の上映はもちろん、映画関連のイベントも行われます。年に一度、韓国のスターがプサンに勢ぞろいします。

映画 『悪いやつら』

出演はこの人！
ハ・ジョンウ
チェ・ミンシク

あらすじ　闇物語で、イワ上一ファクレ・ミンシクンが国家でひと旗あげようと悪党集団のボス、チェ・ミンシクとハ・ジョンウと会う

華國飯店
ファグッパンジョム／화국반점

店内のサインは左から2番目がジョンウのもの

創業35年以上の中華料理店。麺とたれが別々になったプサン式ジャジャン麺が食べられる。ここでは、ヒョンベが一人で酢豚を食べる場面を撮影。

MAP 付録P.4 D-1　　　　　南浦洞

所中区白山ギル3 図地下鉄1号線 112 中央駅5番出口から徒歩3分 ☎051-245-5305 営11:30〜21:00 休月曜

映画 『国際市場で逢いましょう』

出演はこの人！
ファン・ジョンミン
キム・ユンジン

あらすじ　朝鮮戦争に家族と離れ離れになってしまったドクス（ファン・ジョンミン）国際市場で働きながら父の帰りを待ち続ける

コップ二の店
コップニネ／꽃분이네

父との再会を果たすため、ドクスが守り続けた店

父と再会の約束をした場所である、叔母の店。現在も国際市場内にあり、人気の観光スポットになっている。入り口にある看板のドクスの顔が目印。

MAP 付録P.5 B-2　　　　　南浦洞

所中区中区路42国際市場3コング
図地下鉄1号線 110 チャガルチ駅7番出口から徒歩8分

映画 『10人の泥棒たち』

出演はこの人！
キム・スヒョン
チョン・ジヒョン

あらすじ　カジノのオーナーに騙された稀代のタイマンチョン・ジ為。金を横取りするため、韓国・中国の泥棒10人が集まされて

釜山デパート
プサンデパート／부산데파트

撮影時、釜山デパート前の道路は一部閉鎖されたとか

マカオ・パクの回想シーンや、悪党と泥棒たちの待ち合わせ場所、ダイヤの交換場所として、終盤にたびたび登場する。

MAP 付録P.4 E-3　　　　　南浦洞

所中区中央大路21 図地下鉄1号線 111 南浦駅7番出口から徒歩3分 ☎051-246-0131 営8:00〜19:00（店舗により異なる）休不定休

ドラマ 『赤道の男』

出演はこの人！
オム・テウン
イ・ジュニョク

あらすじ　無二の親友ジャンイル（イ・ジュニョク）とソヌ（オム・テウン）だったが、ソヌの父の死により関係は崩れ始め……。

二妓台公園
イギデコンウォン／이기대공원

脚本家キム・イニョン"復讐三部作"のラストを飾る作品

ソヌが崖から落とされるというドラマの最重要シーンを撮影。断崖絶壁に沿って造られた遊歩道には、劇中で登場した吊り橋もある。広安大橋などが見える。

MAP 付録P.2 B-3　　　　　南区

所南区龍湖洞山25 図地下鉄2号線 212 慶星大・釜慶大駅3番出口からタクシーで10分 ☎051-607-6398 料入園自由

甘川文化村は東方神起のチャンミン主演のドラマ『Mimi』の舞台に。ミミ（ムン・ガヨン）の伯母が営む美容室のシーンが撮影されました。

BTSのメンバーが訪れた
スポットをめぐりませんか？

世界で活躍する7人組K-POPアイドルグループ、BTSのジョングクとジミンはプサン出身。
メンバーが訪れたプサンの名所を一緒にたどってみましょう。
プサン旅行のひとときがさらに特別なものになるはずです。

異国情緒あふれる
カラフルスポット

甘川文化村の新たな名所！

甘川文化村
カンチョンムナマウル／감천문화마을

カラフルな家々や壁画で有名な甘川文化村にジョングクとジミンの壁画が登場！ビジュアルの再現度に注目。近年観光客が増えている人気のエリアでもあるので、ぜひ訪れてみて。

MAP 付録P.2 A-4　　　　　　　　　甘川

所 沙下区甘川2洞 交 地下鉄1号線 [109] 土城駅6番出口からタクシーで10分 ☎ 051-204-1444

朝鮮戦争時のプサンの歴史が語られている博物館

■壁画は2021年に描かれた②人型のパネルが村と一体化してみえるフォトスポット

星の王子さまと砂漠のキツネのオブジェ

さっぱりながらコクのあるスープが絶品

東莱ミルミョン 本店
トンネミルミョンボンジョム／동래밀면 본점

RMが訪れた、プサン名物ミルミョンを提供する人気店。コシのあるつるりとした麺と、ひんやりさっぱりしたスープが相性抜群のミルミョンは8000W。

MAP 付録P.2 B-2　　　　　　　　　東莱

所 東莱区明倫路47
交 地下鉄1号線 [124] 教大駅6番出口から徒歩8分
☎ 051-552-3092 営 10:00～24:00 休 無休

グッズやサインが飾られたゾーンにも注目

テーブル席と靴を脱ぐ座敷の席がある

シンプルな具材が味を引き立てる

グループカラーの紫色のエイドはオーダーしたい！

つい長居したくなる幸せ空間

メグネイト
MAGNATE

ジミンのお父さんが経営するカフェ。ジミンファンに限らず、BTSファンが互いに交流するアットホームな雰囲気。店内にはジミンをモデルにしたアートもある。

MAP 付録P.2 B-3 　　　　　　　大淵

所 南区鎮南路135B棟 1F
交 地下鉄2号線 [214] モッコル駅4番出口から徒歩15分 電 051-635-5005 営 10:00～21:20 休 無休

シックな店内は落ち着いた時間が流れる

モッコル駅から歩いて行くと左側にみえる

Vが写真を撮った道

Vが立った場所に目印があるので探してみて

Vが訪れ、写真をSNSにアップ

釜山市民公園
プサンシミンコンウォン／부산시민공원

敷地面積約47万㎡の、地元住民の憩いの場となっている公園。カフェやフードコートがあるため、ひと休みにもぴったり。

MAP 付録P.3 B-1 　　　　　　　釜田駅

所 釜山鎮区市民公園路73 交 地下鉄1号線 [120] 釜田駅7番出口から徒歩7分 電 051-850-6000
営 5:00～24:00 休 無休

プサン随一の美術館で感性を磨く

釜山市立美術館
プサンシリッミスルグァン／부산시립미술관

アートを愛するRMがたびたび訪れる、プサンを代表する美術館。近現代作品を中心に展示し、地下1階から3階、別館まで見どころがあふれる。

MAP 付録P.9 C-2 　　　　セン タムシティ

所 海雲台区APEC路58 交 地下鉄2号線 [205] BEXCO駅5番出口から徒歩4分 電 051-744-2602 営 10:00～17:00 休 月曜（祝日の場合は翌日休） 料 5000W～

別館1階にはRMのサインが飾られています

国内外問わず多彩な作品が集まる

釜山市立美術館は2年に一度開かれる現代美術の祭典、釜山ビエンナーレの会場にもなっている、アート好きの聖地です。

香水づくり体験はいかが？

今回お邪魔したのは

アドール

韓国で流行中のオリジナル香水作りを体験！ たくさんの香料から自分だけの組み合わせをチョイス。

自分好みの香りを調合♪

オリジナル体験で旅がもっと楽しくなるはず

空いていれば当日受付もできますが、予約推奨。公式インスタグラム(@ador_perfume_busan)のDMから予約できますよ。

店内のフォトゾーンで完成した香水の写真を撮ろう！

1 まずは約100種類の香料から、メインとサブの組み合わせを選ぼう

組み合わせに迷ったら手元のダブレットでおすすめパターンを見られる

2種類の香りを選択

2 30ml、50ml、100mlなどの容量からボトルを選ぶ。サイズによって料金が異なる

30mlのボトルは3万3000W。お試しサイズもある

3 スタッフのレクチャーを受けながら、2つの香料を最適なバランスでブレンドする

どんな香りができあがるかドキドキ！

ボトルに入れる分量をていねいに教えてくれる

4 最後にラベルのデザインを選んで、自分の名前や好きな言葉をスタンプでレイアウト！

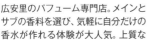

自分だけの香水が完成！ メッセージカードもセットになる

アドール Ador

広安里のパフューム専門店。メインとサブの香料を選び、気軽に自分だけの香水が作れる体験が大人気。上質な香料はブレンドしても単純にならず、深みのある香りにうっとり。

MAP 付録P.9 A-2　広安里

所 水営区広安路49番ギル74
交 地下鉄2号線 207 民楽駅1番出口から徒歩10分 ☎ 070-4797-3109
営 12:00～19:00 休 無休 料 1万5000W～

制服レンタルも人気があります

館内のフォトゾーンでも映える写真を撮れる

ロッテワールドで世界観にぴったりの写真を撮ろう♪

シンクン・キョボク

심쿵교복

釜山ロッテワールドの近くにある制服レンタルショップ。レンタル代でフォトゾーンやセルフスタジオ、無料写真プリントなども利用できる。

MAP 付録P.2 C-2　機張

所 機張郡機張邑東釜山観光9路22 ハロープラザ203号 交 東海線 K122 オシリア駅1番出口からタクシーで5分
☎ 0507-1438-3592 営 9:00～23:00
休 無休 料 1日レンタル2万W～

日が沈んだら、のんびり
プサンを楽しみましょう

とっぷりと日が暮れたら、プサンの第2幕が開演です。
美肌効果のある海雲台温泉や最新スパで美を磨いて、
マッサージで、日頃の疲れをリフレッシュ。
韓国のお酒でほろ酔い気分もいいですね。
華やかなカジノの世界ものぞいてみたいところ。
さて、今宵のプサンでは何をしましょうか。

プサンの
夜景は見事です

韓国美人の秘密はココにあり！
"チムジルバン"で美を磨きましょう

韓国版健康ランドのチムジルバンは、年齢を問わず楽しめる憩いの場。
大きな建物の中にたくさんの種類のサウナがあるので、
効果などを比べて、お気に入りのサウナを探しましょう。

チムジルバンとは？

チムジルバン(찜질방)とは、低温サウナを主体として、アカスリなど、韓国エステのすべてを楽しめる韓国版健康ランドのこと。Tシャツと短パンを着て入るので、男女一緒に楽しめるところが多い。仮眠室や食堂などさまざまな施設もあり、一日中過ごせます。

利用方法をご紹介します

チムジルバン施設はどこも大きく、ビル1棟、または数フロアに入っています。館内着に着替えて、施設内を探検しましょう。

利用方法は
とっても簡単。
さっそくチェック!

1 入場料を払います

フロントで入場料（1万W前後）を払い、館内着やタオルを借ります。靴を専用のロッカーに入れたら、更衣室へ行きましょう。

2 更衣室で着替えます

受付でもらうもの
Tシャツ
タオル
館内着
カギ

館内着はTシャツ・短パンが基本。売店やマッサージは有料ですが、ほとんどの店ではカギがお財布代わりになり、後払いなので便利。

3 施設内で思い思いに過ごしましょう

お風呂やサウナに入ったり、食事をしたり、アカスリなどのオプションメニューを体験してみるのもいいですね。

チムジルバン内の施設をご紹介します

お風呂

緑茶や炭風呂など種類が豊富なところもあれば、温度別に3種ほどのところも。どの店にも水風呂とサウナ、アカスリは完備。

湯めぐりも
楽しめます

チムジルバンのアメニティ

石けんや化粧水、乳液は多くの店にありますが、クレンジングやシャンプー＆リンスはないので、持参するか売店で購入します。ドライヤーは有料の場合もあります。

サウナの種類が豊富で、一日中楽しめちゃう！

サウナ

チムジルバンのメインはサウナ。どの施設も、さまざまな効果・効能のサウナを種類豊富に備えている。午前中のサウナは高温なので注意しよう。

黄土
ファント／황토

殺菌効果があり、遠赤外線も放出するため、新陳代謝の促進、老廃物の除去や肌の弾力を保つのに効果的。

玉石
オットル／옥돌

玉石が遠赤外線を発し、体が芯から温まる。マイナスイオンも発生するので、疲労回復や神経痛にも効果的だとか。

塩
ソグム／소금

岩塩が壁や床に敷き詰められている。カビ菌を抑制し、肌をなめらかに整えてくれる。化粧のノリがよくなりそう！

炭
スッ／숯

遠赤外線効果が高く、空気の浄化やマイナスイオン効果も。血行を促進し、冷え性を改善してくれる。

アイス
オルン／얼음

マイナス10℃前後まで冷やしたこの部屋はまさに冷凍庫そのもの。ほてった体をあっという間に冷却してくれる。

韓国流タオルの巻き方講座

作り方は簡単！

ドラマに登場して韓国で流行したタオルの巻き方が、こちら。挑戦してみよう。

1 3分の1にたたむ

2 外側に何回かまくる

3 開いてかぶる

できあがり〜♪

ミッキーマウスみたい！

うーんサルみたい

ウッキー

ゆっくりのんびり／チムジルバンで美を磨く

娯楽施設

サウナ以外にも、さまざまな娯楽施設が充実していて、一日中飽きずに過ごせる。

ここだけでもかなり満喫できます

PC室
ピシバン／피씨방

メールの確認をしたいときや、調べものをしたいときに便利。

レストラン
레스토랑

小腹がすいたらレストランで軽食を。食後すぐにサウナに入るのは控えて。

ネイルコーナー
네일코너

ネイルサロンで、ビューティーのフルコースを体験するのもおすすめ。

仮眠室
スミョンシル／수면실

ぐっすり眠れるので、節約旅行者はチムジルバンに宿泊してしまうことも。

基本的にはお風呂の中に歯磨き粉があり、歯磨きしている人たちがたくさんいます。歯ブラシを持参してもいいですね。

韓国美人の秘密はココにあり！
"チムジルバン"で美を磨きましょう

［おすすめチムジルバン］

多彩なサウナがそろう最新スパ

新世界スパランド
シンセゲスパランドゥ／신세계스파랜드

韓国式サウナのほか、ローマやフィンランド式など、13のサウナと22の温泉を備えるモダンなスパ。美容効果が高いとされるナトリウム系の天然温泉が楽しめる。

MAP 付録P.9 B-1 　　　　セントムシティ

🏠海雲台区センタム南大路35 新世界百貨店1～3F内P.64 🚇地下鉄2号線206センタムシティ駅12番出口直結☎051-745-2900 🕕6:00～22:00 🈺不定休

Price
・入浴料…2万W～
・全身アカスリ……3万5000W
・アロマ全身アカスリ…9万W
・足マッサージ（40分）…5万5000W

休憩所がたくさんあるのがうれしい。快適なスパを楽しんで

施設を Check!

足湯
UFOのような明かりが灯る足湯スペース。沐浴場を出たところが露天になっていて、男女共有。カップルでも楽しめる

沐浴場
炭酸ナトリウムや葉酸ナトリウムなど、ナトリウム系天然温泉水。1日36回殺菌されるシステムを導入し、常時きれいな温泉水を保持している。

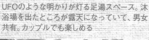

お湯がとってもキレイ

露天風呂

女性専用の露天風呂。広々としたスペースを落とした照明で、リラックスできる。

DVDルーム

DVDなどを見ながら、のんびりくつろげるブース。革張りのソファもふかふかで心地よい。

リラックスルーム

高級エステのようなリラックスルーム「バリルーム」は、3階エンターテインメントゾーン内。

フロアガイド

- 2F リラックスルーム、エステ、ネイルサロン、カフェ・レストラン
- 1.5F 黄土・塩サウナなど
- 1F 韓国、世界各国の伝統サウナ、13種のチムジルバン

海雲台温泉の効能

高温で弱アルカリ性の食塩泉が海雲台温泉の特徴です。胃腸病、皮膚病、神経痛などに効くといわれ、一説には新羅王朝時代から温泉があったといわれています。

夜景も美しいチムジルバン

アクアパレス
Aqua Palace

プサン初の室内型ウォーターパーク。3つのゾーンに分かれており、チムジルバンだけでなく、プールや森林浴が楽しめる部屋もある。

MAP 付録P.9 A-3　　　広安里

所 水営区広安海辺路225 ホテル・アクア・パレス4~9F 図 地下鉄2号線209広安駅5番出口から徒歩10分 ☎ 051-790-2345 営 24時間 休 無休

Price
・入場料（チムジルバン）…2万5000W（夜間は3万W）※ウォーターパークは時季により異なる
・アカスリ…3万5000W

施設をCheck!

黄土火窯　炭サウナ　温式石サウナ

1 黄土が敷き詰められた高温サウナ。殺菌、老廃物除去効果がある 2 遠赤外線が血行を促進 3 水質を整える麦飯石を使用

松島の海水を使った温泉

松島ヘスピア
ソンドヘスピア／송도해수피아

海沿いにある眺望抜群のチムジルバン。浴場から望む南港大橋の景色も◎。松島の海水を使った温泉も評判で、塩や水晶など、サウナの種類も多い。

MAP 付録P.2 A-4　　　松島

所 西区忠武大路134 図 地下鉄1号線110チャガルチ駅2番出口からタクシーで5分 ☎ 051-718-2000 営 6:00~21:00 休 無休

一面ガラス張りの休憩室は窓際の場所がベスポジ！

Price
・入場料（入浴のみ）……1万1000W~
・チムジルバン…入場料+3000W

海雲台温泉の効能を満喫

海雲台温泉センター
ヘウンデオンチョンセントゥ／해운대온천센타

美肌効果で知られる海雲台温泉も楽しめるとあって、地元の人からの人気が高い。フィットネスもある。

4階が女性浴場

MAP 付録P.8 F-3　　　海雲台

所 海雲台区中洞2路16 図 地下鉄2号線203海雲台駅1番出口から徒歩10分 ☎ 051-740-7000 営 4:00~24:00（木曜は5:00~） 休 水曜

Price
・入場料（入浴のみ）…9000W
・アカスリ…3万W

韓国最大規模のレジャータウン

広安海水ワールド
クァンアンヘスウォルド／광안해수월드

海が見渡せる開放的なチムジルバン。3階が男性専用、5階が女性専用になっている。

広安里ビーチを見下ろす景色がすばらしい

MAP 付録P.9 B-3　　　広安里

所 水営区広安海辺路370番ギル7 図 地下鉄2号線209広安駅2番出口からタクシーで5分 ☎ 051-754-2009 営 5:00~24:00 休 無休

Price
・入場料（入浴のみ）…1万W

岩盤水で全身つるつるに！

ハヌンレポチュ
한웅레포츠

ヨモギや塩など、豊富な種類のサウナがそろい、温泉には地下300mの岩盤水を使用し、水質がよい。

ジムなどが入ったスポーツ施設の4階にある

MAP 付録P.3 A-4　　　土城洞

所 西区宝水大路105-1 ハヌンビル4F 図 地下鉄1号線109土城駅1番出口から徒歩8分 ☎ 051-245-2700 営 5:00~22:00 休 無休

Price
・入場料…1万W
・チムジルバン…1万1000W（20時以降は1万2000W）

ゆっくりのんびり／チムジルバンで美を磨く

マッサージやアカスリなどのオプションは予約制のことが多いので、入館時に受付で確認しておきましょう。

旅の疲れを癒しませんか？
スパ＆マッサージで全身メンテナンス

プサンでは、観光やショッピングで予想以上にたくさん歩きます。
歩き疲れた体を、プロの手でもみほぐしてもらいませんか？
夜遅くまで開いているところもあるので、1日のラストに行くのがおすすめです。

ストーンで、やさしく
ほぐします

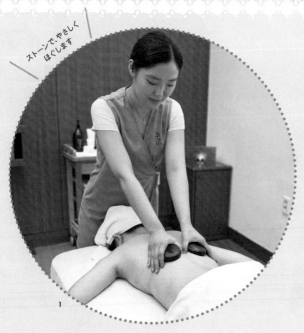

アロマの香りに
癒されます

1 ホットストーンで全身をマッサージすることで血流をよくする **2** アロマが香るオイルトリートメント専用のラグジュアリーな施術室 **3** オイルを使用しないドライマッサージ専用室 **4** シム・スパを利用すると、新世界スパランド（→P.84）の利用時間が2時間延長できる **5** スパで使われているプロダクトは2階で販売されている

新世界スパランド内にあるスパ
シム・スパ
Shim spa

有機オイルとホットストーンを使った全身トリートメントが特に人気。男女が気軽に受けられるドライマッサージもおすすめ。

MAP 付録P.9 B-1　　　　　　　　センタムシティ

🏠 海雲台区センタム南大路35 新世界百貨店2Fスパランド内 🚇 地下鉄2号線 206 センタムシティ駅 12番出口直結 ☎ 051-745-2921 🕙 10:00 ～ 21:00（金～日曜、祝日は～23:00）休 無休

おすすめMenu

・ハーブボールローリング
（全身指圧）
.... 60分 11万2000W

・ソルペイシック
（首肩20分＋足30分）
.... 50分 8万8000W

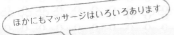

ほかにもマッサージはいろいろあります

韓国ならではのメニューが豊富
姜東孝エステ
カンドンヒョエステ／강동효애스테텍

全身マッサージだけでなく、チムジルバンやアカスリ、ヨモギ蒸しも体験できる。

MAP 付録P.3 C-2　　　　凡一洞

🏠釜山鎮区自由平和路3番ギル14-21 ソマンビル5F 🚇地下鉄1号線 117 凡一駅10番出口から徒歩3分 ☎051-644-3801 🕐9:00〜翌4:00 🈺無休

おすすめ Menu

・全身マッサージ(70分)
　……………… 15万W
・全身マッサージ(90分)
　……………… 18万W

龍頭山公園エスカレーターのすぐ横
アロマ・リラックス・ハウス
Aroma Relax House

スポーツマッサージと足マッサージを組み合わせたコースが人気。アロマが香る店内では、心身からリラックスして、施術が楽しめる。

MAP 付録P.4 D-3　　　　南浦洞

🏠中区光復路77 🚇地下鉄1号線 111 南浦駅1番出口から徒歩3分 ☎051-247-4967 🕐10:30〜21:30 🈺無休

おすすめ Menu

・基本(30分) ……… 2万W
・一般(55分) ……… 4万W
・スペシャル(70分) … 5万W
・アロマオイルマッサージ(70分)
　……………… 6万W

国内外のVIPを癒すゴッドハンド
チョイス・スポーツ・マッサージ
Choi's Sports Massage Center

ブッシュ元大統領、FIFA国家代表チームなど、国内外のVIPの治療を担当するほどの腕前。施術はソフトタッチなのに終了後はスッキリ。

MAP 付録P.9 C-3　　　　海雲台

🏠海雲台区マリンシティ2路33 ジェニス商街Bタワー7F 🚇地下鉄2号線 204 冬柏駅1番出口から徒歩9分 ☎051-747-9675 🕐11:00〜22:00(受付は〜19:00) 🈺月・火曜

おすすめ Menu

・全身コース ……… 19万W(90分)
※コースは全身コースのみ
※マッサージ用衣服レンタル無料

全身をくまなくケアできる
ジョージアン・ロール・スパ
JOSIANE LAURE SPA

ロッテホテル釜山内のラグジュアリーなエステ。スウェーデン式のマッサージやアンチエイジングなど多種多様な施術が好評。

MAP 付録P.7 B-2　　　　西面

🏠釜山鎮区伽倻大路772 ロッテホテル釜山 7F 🚇地下鉄1・2号線 119 219 西面駅 7番出口から徒歩3分 ☎051-810-5376 🕐10:00〜21:00 🈺第4水曜

おすすめ Menu

・ヘッドスパ&フェイス(120分)
　……………… 31万W
・アンチヘアーロス(60分)
　……………… 18万W
・リフトアップ(60分) … 18万W

マッサージ店は予約をしなくても入れる場合が多いが、混み合う時間帯や週末は予約が必要です。

広安大橋のキラメキを眺めながら
（クァンアン　デギョ）
お酒と夜景を満喫しましょう

プサンの絶景ポイントとして有名なのが広安大橋です。
広安里ビーチ沿いには、その眺めを楽しめるカフェやバーがずらりと並んでいます。
キラキラと輝く夜景を眺めながら、ほろ酔いの夜を満喫しましょう。

ライトアップと
街の明かりの
見事なコラボ!

広安大橋って?

海雲台と広安里ビーチを結ぶ橋。夜はライトアップされ、夜景に彩りを添えています。広安里ビーチには、橋を眺めるバーやカフェが並んでおり、昼間はのんびり散策する地元の人が、夜はロマンティックなデートスポットとしてにぎわっています。

広安大橋の
イルミネーションが
色を変える!

1 全長742mの広安大橋。夜には美しくライトアップされ、広安里ビーチは夜景目当てのカップルで賑わいを見せる　**2** 海岸沿いにはおしゃれなバーが並ぶ　**3** 夏はオープンエアのカフェ&バーがおすすめ。海風を楽しんで　**4** 対岸から眺めるのもいいが、車で橋を渡るのも爽快!

荒嶺山からの夜景
（ファリョンサン）

ここもおすすめスポットです

広安里と西面の間の荒嶺山は、プサンのカップルには最も人気の夜景スポット。広安大橋と街の光がまさに宝石をちりばめたように輝く。

MAP 付録P.2 B-2

地下鉄2号線 209 広安駅からタクシーで10分

百万ドルの夜景をプサンで発見! キラキラと瞬く街の明かりがまぶしいほど

センタムシティ
西面　　　　　海雲台
広安里
　　　　広安大橋
●南浦洞
　●影島

絶景ポイント「太宗台」

広安大橋、釜山タワーと並ぶ絶景スポットといえ
ば、太宗台（テジョンデ）**MAP** 付録P.2 B-4。南浦
洞から釜山大橋で結ばれた影島の最南端には灯
台、展望台などがあり、晴れれば対馬も見えます。

夜景が楽しめる店を紹介します

絶景を眺めながらお酒を
ゲス・フー？
Guess Who?

広安大橋が眼前に広がる絶
景のロケーションが魅力の
ラウンジバー。夏は生ビー
ルを片手に夜景にうっとり。
300種を超えるメニューは
洋食が中心。

MAP 付録P.9 A-3

所水営区広安海辺路183
交地下鉄2号線210金蓮山駅1番
出口から徒歩10分 電051-757-
1213 時11:00～翌6:00
休無休

■店内の奥に
は個室もあり、プ
ライベートな時
間も楽しめる
■シンガポール
スリング、ブルー
ハワイはともに
1万1000W

人気のモヒートで乾杯！
ファジー・ネーブル
Fuzzy Navel

海側に向いたカウンター席
を中心に、テーブル席やダー
ツのスペースなどでカジュ
アルな雰囲気。メニューはナ
チョス6000Wなどのメキシ
カンフードが充実。

MAP 付録P.9 A-3

所水営区広安海辺路177
交地下鉄2号線210金蓮山駅1番
出口から徒歩10分
電051-757-6349
時11:10～翌3:30 休無休

■カウンター席
で潮風を感じ
ながら、リラック
スして過ごそう
■スパイシーな
ナチョスは、モヒ
ート1万3000W
を片手に

韓国の伝統酒を紹介します

とってもフルーティ

歴史ある金井山城マッコリ

ブサンといえばC1が有名

トントンジュ
동동주

こうじを水に入れた後
カスを取って、蒸したモ
チ米を混ぜるにごり酒

ポップンジャ酒
ポップンジャスル／복분자술

ポップンジャ（野イチ
ゴ）100%の果実酒。甘
みが強くて飲みやすい

ペクセジュ
백세주

10種類の生薬とモチ米が
原料。苦みのある韓方の香
りとかすかな酸味がある

マッコリ
막걸리

甘みと酸みが特徴。ブサ
ンは金井山城マッコリと
微発泡のセンタクが有名

ソジュ
소주

醸造したお酒を蒸留し
て作る、甘めの焼酎。基
本はストレートで飲む

夏は多くの人で賑わう広安里ですが、冬は比較的静か。休業の店も多いので注意しましょう。

大人の夜の遊び方
めくるめくカジノの世界へようこそ

日本でできない体験といえば、カジノがその代表格。
初心者でも、ちょっとしたルールを知っておけば安心です。
大人の雰囲気漂うカジノで、ディーラーを相手に運試ししてみませんか。

カジノビギナーのみなさんへ

カジノを楽しむための5カ条は下記のとおりです

1 100Wからでも楽しめます

スロットは100W（店によっては500W）から、ルーレットは2500Wから遊べるので気軽にどうぞ。

2 パスポートを持っていきましょう

入場の際に身分証の提示を求められるので、忘れないようにしましょう。

3 ラフすぎる格好は避けましょう

短パンやサンダルといった極端にラフな服装では、入れないこともあるので注意しましょう。

4 いろいろな通貨が使えます

ウォンはもちろん、円もドルも使えます。クレジットカードも大丈夫です。

5 外国人しか入れません

外国人専用で、満19歳未満の人は入場不可。日本人の姿を多く見かけるのも心強いですね。

ちなみに……

カジノ内は撮影NGです。

ゲームの種類とルールをお勉強しましょう

初心者におすすめ

ルーレット

ディーラーの投げたボールが何番の穴に入るかを当てる簡単なゲーム。ボールが入る番号を当てる単純なもの以外に、偶数か奇数か、赤か黒かなど、賭け方はいろいろある。

ゲームの流れ

1 ディーラーがベルを鳴らしたら、ベット（チップを賭けるという意味）する。

【ベットに関するアドバイス】
最初は赤か黒、または奇数か偶数かに賭けて、慣れたらほかの賭け方にも挑戦しよう。

賭け方パターン

- 赤か黒に賭ける
- 奇数か偶数に賭ける
- 4つの番号に賭ける
- ふたつの番号に賭ける
- ひとつの番号に賭ける
- …などさまざま

2 ディーラーがホイールを回転させ、ボールを投げ入れる。

3 1のベットを変更したり、追加でベットを行う。（ベット変更不可の場合もあるので、ディーラーに聞いてみよう）

4 ディーラーがベルを鳴らしたり「ノーモアベット」と言ったら、ベットの変更や追加をやめる。

5 ボールが穴に落ちたらディーラーが宣言。

6 掛け率に従ってディーラーが配当を行い、チップを回収。

もし、大勝ちしたらどうするの？

日本円で100万円以上勝ったら、韓国出国時の税金の関係上「カジノで勝ちました」という証明書が必要になります。日本語OKのスタッフに問い合わせを。

スロットマシン

簡単なので遊びやすい

カードゲーム

ポーカー

ポーカーフェイスが勝利のカギ

5枚のカードの組み合わせで勝負が決まる。100種類以上のルールが存在するといわれる。ディーラーと対戦するのではなく、「お客さん同士の勝負」という図式になっているのが特徴のゲーム。

ブラックジャック

手持ちのカードの数字の合計が21を超えない範囲で21に近いほうが勝ちになるゲーム。10、J、Q、Kはすべて10として数え、Aは1または11と数えることができ、自分の都合のよいほうに解釈できる。

頭脳派ギャンブル

バカラ

上級者向けVIPのおアソビ

プレーヤーとバンカーに分かれ、どちらが9点により近づくかをカードで競う二者択一の賭け。数え方は、ブラックジャックでは絵札はすべて10と数えたが、バカラでは絵札をすべて0と数える。

スロットマシンにコインを入れ、ハンドルを引くかボタンをクリックしてリールを回すだけの簡単なゲーム。マシンのデザインや種類も豊富で、初心者でもOK。

ロッテ・ホテル釜山内にあるカジノ
セブン・ラック・カジノ
Seven Luck Casino

西面のロッテ・ホテル3階にある。広々とした施設にはテーブルゲームやスロットマシンがずらり。

MAP 付録P.7 B-2 西面

囲 ロッテ・ホテル釜山3F ◉ P.96
図 地下鉄1・2号線 119 219 西面駅7番出口から徒歩3分
☎ 051-665-6000 圏 24時間 困 無休

海雲台でゴージャスに遊ぼう！
パラダイスカジノ釜山
Paradise Casino Busan

パラダイスホテル釜山にある。ヨーロッパ風のシックな雰囲気で、スロットマシンも充実。

MAP 付録P.8 F-4 海雲台

囲 パラダイスホテル釜山内 ◉ P.97
図 地下鉄2号線 203 海雲台駅3番出口から徒歩10分
☎ 051-749-3386 圏 24時間
困 無休

ダイスゲーム

大小

マカオ発祥のゲーム

3つのサイコロの合計が大きいか小さいかを当てるシンプルなゲーム。具体的な出目に賭けたり、奇数か偶数に賭けるなど、多彩な賭け方が魅力。最初は「大or小」でトライ！

ゲームで大勝ちしたときは、チップを残すのがエチケット。ドリンクを持ってきてくれた人にもチップを渡します。

プサンからひと足のばして "慶州(キョンジュ)" へ
世界遺産の古都をめぐりましょう

新羅時代、約1000年にわたって都として栄えた慶州。
あちこちに残るいにしえの面影が、心を癒してくれます。
プサンから1時間ほどの古都へ、足をのばしてみませんか。

■1 新羅時代の仏教建築、仏国寺は世界遺産にも登録 ■2 壁に彫られた38体の仏像は石窟庵の傑作 ■3 歴史遺跡地区にある天馬塚

新羅の古都・慶州に点在する
歴史ある遺跡を訪ねましょう

初めて朝鮮半島を統一した新羅の都として栄えた街で、当時の面影を色濃く残している。遺跡が点在しているため、「屋根のない博物館」とも呼ばれ、約400もの文化財を擁している。観光は「慶州歴史遺跡地区」として世界遺産に登録されている市街中心部と、石仏が数多く残る南山エリア、市の南東部の仏国寺エリアの3つに分けられる。

プサン市内からのアクセス

南山や仏国寺など、市外へも行くなら、オプショナルツアーが手軽。個人で行く場合、プサンの市中心部からならKTX（高速鉄道）が便利。釜山駅からKTXの新慶州駅へは約35分。さらに、慶州市内中心部へはタクシーで約15分。バスを使った移動もできる。

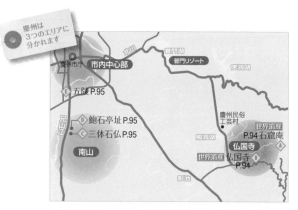

慶州は3つのエリアに分かれます

1. 市内中心部

「慶州歴史遺跡地区」として世界遺産に認定。新慶州駅からはバスやタクシーで移動。➡P.93

2. 仏国寺エリア

市外南東部にあるエリア。仏国寺、石窟庵という2つの世界遺産を擁する。➡P.94

3. 南山エリア

慶州の南部にあるエリア。陵墓や離宮跡など王朝ゆかりの遺跡が点在。➡P.95

ゆっくりのんびり／ひと足のばして慶州へ

慶州めぐり旅のヒント

古墳や史跡など、見どころ満載の市内中心部は、狭いエリアなので徒歩でも十分。旧慶州駅周辺にはレンタサイクルショップがあるので、自転車でめぐるのもおすすめ。バスの路線も整備されているが、郊外にある南山や仏国寺ならタクシーも便利。

モデルコース

1. 自転車で市内めぐり
高速バスターミナル周辺にあるレンタサイクル店で自転車を借りて、市内をめぐります。

▶ **2. 名物"サンパッ"に舌つづみ**
高麗時代までさかのぼる伝統料理"サンパッ"ランチは、サンパッ通りの名店で味わって。

▶ **3. タクシーで郊外へ**
南山、仏国寺エリアへはタクシーで20分ほど。世界遺産の遺跡をじっくり見学しましょう。

市内めぐりにGO！

① 大陵苑
テルンウォン／대릉원

慶州市内の中心に広がる大規模な古墳群。天馬塚や皇南大塚も必見。

MAP 本誌P.93

所 慶州市鶏林路9 交 KTX・SRT新慶州駅からタクシーで20分 ☎054-750-8660 営 9:00～21:30 休 無休 料 3000W

③ 口路サンパッ
クロサンパッ／구로쌈밥

メニューはおかずを葉野菜で包んで食べるサンパッ1万5000Wのみ。数十種のおかずが付いて栄養満点。

MAP 本誌P.93

所 慶州市瞻星路155 交 KTX・SRT新慶州駅からタクシーで20分 ☎054-749-0600 営 9:00～20:30 休 無休

⑤ 校洞法酒
キョドンポッチュ／교동법주

300年以上の歴史をもつ校洞法酒3万5000W～。

MAP 本誌P.93

所 慶州市校村アンギル19-21 交 KTX・SRT新慶州駅からタクシーで18分 ☎054-772-2051 営 9:30～19:00 休 日曜

味は若干甘口でまろやか

② 瞻星台
チョンソンデ／첨성대

約1400年前、新羅王朝時代に造られた天文台。窓から差し込む光の角度で気象観測を行った。

MAP 本誌P.93

所 慶州市瞻星路140-25 交 KTX・SRT新慶州駅からタクシーで21分 ☎054-779-8744 営 9:00～21:00 休 無休 料 無料

④ 国立慶州博物館
クンニッキョンジュバンムルグァン／국립경주박물관

新羅王国の遺物など、十数万点を収蔵する博物館。約3000点の展示物は、考古館や月池館のほか、庭園にも展示されている。

MAP 本誌P.93

所 慶州市日精路186 交 KTX・SRT新慶州駅からタクシーで8分 ☎054-740-7500 営 10:00～18:00（日曜、祝日は～19:00、最終水曜と3～12月土曜は～21:00） 休 無休 料 無料

⑥ 皇南パン
ファンナンパン／황남빵

慶州を代表する銘菓1000W～。しっとりパンにあんがたっぷり。

MAP 本誌P.93

所 慶州市太宗路783 交 KTX・SRT新慶州駅からタクシーで18分 ☎054-749-7000 営 8:00～22:00 休 無休

仏国寺エリア

市街南東部にある2つの世界遺産、石窟庵と仏国寺。新羅時代の粋を集めた華麗なる仏教建築にふれましょう。

屋根のない
博物館へ
ようこそ

石窟に日差しが入ると、額のガラスが光るんだって

■1石窟庵本尊の如来座像。白色花崗岩は彫られたばかりのような輝き ■2直線と曲線の調和が美しい石窟庵 ■3標高745mの吐含山のふもとに静かに佇む名刹、仏国寺 ■4戦火などの焼失で何度も修復が行われた。最盛期は今の10倍の規模があったという ■5伝統的配色が見事

アジア3大洞窟寺院のひとつ

世界遺産

Ⓐ 石窟庵
ソックラン／석굴암

751年創建とされるアジア3大洞窟寺院のひとつ。洞窟は自然にできたように見えるが、実は花崗岩を積み上げた人工洞窟で、中央には韓国仏教彫刻の最高傑作といわれる釈迦如来座像を有している。

MAP 本誌P.92

所 慶州市仏国路873-243 交 KTX・SRT新慶州駅からタクシーで45分 ☎ 054-746-9933 時 9:00〜18:00（時季により変更あり）
休 無休 料 無料

華麗なる韓国最大の仏教建築

世界遺産

Ⓑ 仏国寺
ブルグッサ／불국사

751年、新羅景徳王時代に建造されたといわれる名刹。当時の建築技術の粋を集めた寺で、世界遺産にも登録。焼失、再建などを繰り返したが、本殿「大雄殿」前の多宝塔や入口の橋などの石造建築は創建当時のまま。

MAP 本誌P.92

所 慶州市仏国寺385 交 KTX・SRT新慶州駅からタクシーで32分 ☎ 054-746-9913 時 9:00〜18:00（時季により変更あり）
休 無休 料 無料

タクシーはチャーターが便利

市内タクシーはメーター制が多いのですが、南山や仏国寺など、市外へ行く場合は、ほとんどが交渉制。流しも見つけにくいので、タクシーをチャーターするのがベター。新慶州駅前の観光案内所前で、タクシーが待機。料金のめやすも案内所で聞いておきましょう。

慶州南部にある南山周辺は、新羅の人々が西方浄土として仰いだ地で、陵墓や離宮跡など王朝ゆかりの遺構や石仏が点在する。

ゆっくりのんびり／ひと足のばして慶州へ

ふっくらした
お顔立ちは
御利益ありそう

⑥約1000年もの年月を耐えてきた三体石仏は、豊満な体つきや穏やかな笑顔が特徴。中央にあるのは釈迦如来像で、左右の菩薩像に囲まれている ⑦美しい離宮があった鮑石亭址 ⑧新羅の始祖が眠る静かな古墳群

韓国最古の石仏のひとつ

Ⓒ 三体石仏
サムチェソップル／삼체석불

7世紀半ばの作と推定される新羅仏教芸術を代表する石仏。通称「三尊石仏」として人々の信仰を集めている。鼻に触ると不妊や厄病に効くとの言い伝えがあり、三体とも欠けている。

MAP 本誌P.92

 慶州市拝洞65-1 🚉KTX・SRT新慶州駅からタクシーで10分 ☎054-745-0108 🕐見学自由

新羅歴代の王が過ごした別邸跡

Ⓓ 鮑石亭址
ポソッチョンジ／포석정지

新羅時代の王が休養のために訪れた別邸跡。建物は焼失したが、アワビ形の石造水路だけが残っている。王はこの溝に水をたたえ、曲水の宴を催し風雅な時間を過ごしたという。

MAP 本誌P.92

 慶州市拝洞454-3 🚉KTX・SRT新慶州駅からタクシーで15分 ☎054-750-8612 🕐9:00～18:00(11～2月は～17:00) 🚫無休 💰2000W

新羅王朝の始祖が眠る聖地

Ⓔ 五陵
オルン／오릉

新羅王朝建国の祖と伝わる朴赫居世王と王妃をはじめ、2代王南解、3代王儒理、5代王婆娑など5人の陵墓が集まる歴史公園。穏やかな曲線が美しい円形の古墳が集まっている。

MAP 付録P.92

慶州市塔洞67-1 🚉KTX・SRT新慶州駅からタクシーで21分 ☎054-750-8614 🕐9:00～18:00(11～2月は～17:00) 🚫無休 💰2000W

快適なホテルライフを過ごせます
プサンのホテルセレクション

西面・凡一洞
（ソミョン　ポミルトン）

西面は地下鉄1号線と2号線が交わる街の中心で、百貨店もあり、ショッピングの拠点に最適。南の凡一洞にかけてのエリアに大型ホテルからエコノミーなホテルまで点在している。

南浦洞・中央駅・釜山駅
（ナンポドン　チュンアンヨク　プサンヨク）

釜山タワーやチャガルチ市場などの観光スポットが集まる南浦洞から、交通の要所である中央駅と釜山駅にかけてのエリア。ホテルも多く、観光の拠点に最適。

【西面】
ロッテ・ホテル釜山
Lotte Hotel Busan　★★★★★
MAP 付録P.7 B-2

プサンで最大級の規模を誇り、街のランドマーク的存在。西面駅からすぐの立地で、カジノや免税店、デパート→P.56も併設しているため利便性は抜群。5階には、ビュッフェレストラン「ラ・セーヌ」もある。

🏠 釜山鎮区伽耶大路772
Ⓧ 地下鉄1・2号線 119 219 西面駅7番出口から徒歩3分
☎ 051-810-1000

【釜山駅】
コモドホテル釜山
Commodore Hotel Busan　★★★★
MAP 付録P.3 A-4

釜山港を一望する高台にあり、李朝時代の宮殿様式の外観が印象的。いたるところに韓国建築美の意匠が施され、異国情緒満点だ。特に"丹青"という極彩色の装飾が施されたロビーは、タイムスリップしたよう。

🏠 中区中区路151
Ⓧ 地下鉄1号線 113 釜山駅7番出口からタクシーで10分
☎ 051-461-9731

【西面】
イビス・アンバサダー釜山シティセンター
Ibis Ambassador Busan City Centre　★★★
MAP 付録P.3 C-1

釜田駅からすぐの交差点の一角に建ち、釜山市民で賑わう釜田市場はすぐ隣。西面へも徒歩10分ほどと、観光はもちろん、ショッピングに便利な立地がうれしい。プサン観光にはもってこいの場所だ。

🏠 釜山市釜山鎮区中央大路777
Ⓧ 地下鉄1号線 120 釜田駅1番出口からすぐ
☎ 051-930-1100

【南浦洞】
アベントリー釜山
Aventree Hotel Busan　★★★
MAP 付録P.5 B-3

南浦洞の光復路にある複合施設、Y'sパークの6〜8階にあるホテル。周辺にはおしゃれなショップやカフェ、コスメ店などが密集しており、釜山タワーやチャガルチ市場なども行きやすく、観光には最高の立地。

🏠 中区光復路39番ギル
Ⓧ 地下鉄1号線 110 チャガルチ駅7番出口から徒歩7分
☎ 051-260-5001

【西面】
東横INN 釜山西面
Toyoko-inn Busan Somyon　★★★
MAP 付録P.6 E-2

日本の大手ホテルチェーン「東横INN」の西面店。NCデパートの前にあり、ロッテ百貨店へ徒歩5分、セブン・ラック・カジノへも徒歩10分とどこへ行くにも便利。日本の東横INNとほぼ同じ仕様の設備とサービスで、日本語対応可能スタッフも常駐しており安心。

🏠 釜山鎮区西田路39　Ⓧ 地下鉄1・2号線 119 219
西面駅8番出口から徒歩7分　☎ 051-638-1045

【南浦洞】
釜山ツーリストホテル
Busan Tourist Hotel　★★★
MAP 付録P.4 E-2

南浦洞の中心に建つのでプサン観光の拠点に最適。

🏠 中区光復路97番ギル23
Ⓧ 地下鉄1号線 111 南浦駅7番出口から徒歩3分
☎ 051-241-4301

【中央駅】
東横INN 釜山中央駅
Toyoko-inn Busan Jungang Station　★★★
MAP 付録P.3 A-4

地上23階にある、シングルルームが主体のホテル。

🏠 中区中央大路125
Ⓧ 地下鉄1号線 112 中央駅17番出口から徒歩5分
☎ 051-442-1045

ラグジュアリーなホテルから観光の拠点に便利なホテルまで、
旅のスタイルに合わせて選べるおすすめのホテルをリストアップしました。
ゆっくりと休んで、旅の疲れを存分に癒してください。

海雲台・センタムシティ・広安里
（ヘウンデ・センタムシティ・クァンアンリ）

韓国が誇るビーチリゾート、海雲台や広安里にはおしゃれなホテルが建ち並び、ハイソな雰囲気が漂っている。2つのデパートが集まるセンタムシティは買い物の拠点に◎。

パーク ハイアット 釜山
Park Hyatt Busan ★★★★★　MAP 付録P.9 C-3
（海雲台）

NYの1ワールド・トレード・センターを手がけた建築家、ダニエル・リベスキンドが設計した33階建てのホテル。269の客室は42～198㎡とゆったりとした造り。大きな窓から美しい海やマリーナ、市街地を一望。
所 海雲台区マリンシティ1路51
交 地下鉄2号線 204 冬柏駅3番出口から徒歩20分
☑ 051-990-1234　日本予約 ☑ 0120-923-299

シグニエル釜山
Signiel Busan ★★★★★　MAP 付録P.8 F-4
（海雲台）

2020年に開業したプレミアムラグジュアリーホテルブランド。海雲台の素晴らしいオーシャンビューと、ワールドクラスのシェフが披露する美食の世界を満喫できる。
所 海雲台区見og道30
交 地下鉄2号線 202 中洞駅7番出口から徒歩10分
☑ 051-922-1000

パラダイスホテル釜山
Paradise Hotel Busan ★★★★★　MAP 付録P.8 F-4
（海雲台）

洗練されたサービスと充実した施設が魅力の、デラックスリゾートホテル。豪華なカジノや屋外温水プール、アスレチックジムなどを備える。海雲台海水浴場を見渡せる露天風呂は気持ちがいいと好評。
所 海雲台区海雲台海辺路296
交 地下鉄2号線 203 海雲台駅3番出口から徒歩10分　☑ 051-742-2121

ホテル1
Hotel 1 ★★　MAP 付録P.9 A-3
（広安里）

広安大橋を背景にしたオーシャンビューを満喫できるホテル。大きく開かれた室内の窓からは広安里ビーチの絶景が広がり、写真映え間違いなし。併設されているカフェもリラックス感満点。
所 水営区広安海岸路203
交 地下鉄2号線 210 金蓮山駅1番出口から徒歩13分
☑ 051-759-1011

ウェスティン朝鮮釜山
The Westin Josun Busan ★★★★★　MAP 付録P.8 D-3
（海雲台）

海雲台ビーチの西端にある冬柏公園を背にして建ち、海側の客室からは浜辺や冬見の丘を一望。その美しさから映画のロケにもよく使われるそう。眺望を生かした洋食レストラン「カメリア」ではビュッフェを満喫。
所 海雲台区冬柏路67　交 地下鉄2号線 204 冬柏駅1番出口から徒歩13分　☑ 051-749-7000
日本予約 0120-92-5956

海雲台・シークラウド・ホテル
Haeundae Seacloud Hotel ★★★　MAP 付録P.8 F-4
（海雲台）

レジデンスホテルで、客室にはキッチンを完備。
所 海雲台区海雲台海辺路287
交 地下鉄2号線 203 海雲台駅3番出口から徒歩5分
☑ 051-933-6012

リベロホテル海雲台
Libero Hotel Haeundae ★★★　MAP 付録P.8 E-4
（海雲台）

ショッピングセンターの上階にあり、買い物に便利。
所 海雲台区亀南路29番ギル21
交 地下鉄2号線 203 海雲台駅3番出口から徒歩5分
☑ 051-740-2111

海雲台センタムホテル
Haeundae Centum Hotel ★★★★　MAP 付録P.9 B-2
（センタムシティ）

銀行やコンビニもある大型デラックスホテル。
所 海雲台区センタム3路20
交 地下鉄2号線 206 センタムシティ駅3番出口からすぐ
☑ 051-720-9000

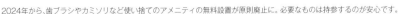

2024年から、歯ブラシやカミソリなど使い捨てのアメニティの無料設置が原則廃止に。必要なものは持参するのが安心です。

まずは韓国の出入国について おさえましょう［飛行機編］

お隣とはいっても韓国は外国なので、出入国の際には手続きが必要です。
入国手続きに必要な書類は機内で配られるので記入しておきましょう。
出国時は早めに空港に到着して、手続きを済ませるようにしましょう。

入国の手続き

韓国の空港に到着したら、案内に従って入国審査、預けた荷物の受け取り、税関へと進もう。

❶ 到着

韓国の空港に到着したら、飛行機から降りて到着フロアへ向かう。案内板に従って、入国審査の外国人専用カウンターへ並ぼう。

❷ 入国審査

外国人用のブースでパスポートや入国カードを提出して、指紋と顔写真を登録。入国確認のシールが渡される。K-ETA登録者は入国カードの提出は不要。17歳以上の外国人登録者は入国時も自動ゲートを利用できる。

❸ 荷物受け取り

搭乗機の便名が表示されたターンテーブルで預けた荷物を受け取る。紛失や破損は、クレームタグ（荷物引換証）を見せて係員に伝える。

❹ 税関

申告するものがある場合は「旅行者携帯品申告書」に記入（家族で1枚）して、赤い表示の「Goods to Declare」のカウンターで検査を受ける。申告するものがなければ緑色の「Nothing to Declare」の通路へ進む。

❺ 到着ロビー

税関を出ると到着ロビー。市内への交通費などで現金が必要なら両替しておこう。

> 韓国へビザなしで入国する場合は、K-ETA（電子旅行許可）の事前申請が必須です。
> URL www.k-eta.go.kr
> ※2024年12月末まで一時免除中

入国カードの記入方法（韓国籍以外）

```
ARRIVAL CARD          ※ Please fill out in Korean or English.
入国申告書(外国人用)    ※ 韓国語又は英語で記入して下さい。
Family Name / 氏    Given Name / 名          □ Male / 男 ③
SUZUKI ①           HANAKO ②              ☑ Female / 女
Nationality / 国名   Date of Birth / 生年月日 ⑤  Occupation / 職業 ⑥
JAPAN ④            1980 04 01            OFFICE WORKER
Address in Korea / 韓国の連絡先 ⑦   (☎ : 051-810-1000    )
LOTTE HOTEL BUSAN
※ 'Address in Korea' should be filled out in detail. (See the back side)
※ 「韓国の連絡先」は必ず詳しく作成して下さい。(裏面参照)
Purpose of visit / 入国目的 ⑧        Signature / 署名 ⑨
☑ Tour 観光      □ Visit 訪問
□ Business 常用   □ Employment 就業      鈴木 花子
□ Others その他
```

※K-ETA登録済みの場合は提出不要

①姓をローマ字で記入
②名をローマ字で記入
③性別　④国籍
⑤生年月日（年、月、日の順。1桁数字の場合は頭に0を付ける）
⑥職業　⑦韓国での滞在先（電話番号も）
⑧韓国入国の目的　⑨署名（パスポートと同じサイン）

入国時の免税範囲	おもな禁止・制限品
・酒　2本(2ℓ以下で400米ドル相当以下) ・香水　2オンス(約60㎖) ・たばこ　紙巻きたばこ200本、葉巻50本、電子たばこリキッド20㎖ ・800米ドル相当の物品 ・業務上、直接使用する装備と道具 　※酒類とたばこは19歳以上	・銃砲類、弾薬、刀剣類、麻薬類など ・偽造通貨、偽ブランド品や海賊版など ・わいせつなもの、盗聴器など ・絶滅危惧種の動植物とその製品
申告が必要なもの	動植物検疫が必要なもの
・US$1万相当額を超えるウォンや外貨の現金、有価証券など ・販売品、サンプルなど ・他人から預かった荷物	・動物(魚介類を含む) ・肉類、肉を含む製品(ハム、ソーセージ、ジャーキー、缶詰など)、卵、卵製品、牛乳や乳製品など ・植物、果物、野菜、ナッツ類、種子、土など

出入国自動化ゲートって？

Smart Entry Service (SeS) ゲートを利用して、韓国の出入国審査を行えるシステム。短期滞在の外国人の場合は出国時に利用できます（17歳以上）。

税関申告書の記入方法（申告が必要な場合のみ）

表　　　　裏

出国の手続き

出発の約2〜3時間前からチェックインができるので、余裕をもって空港に向かおう。混雑する時期は早めに。

① 空港へ

余裕をもって、フライトの2〜3時間前くらいまでには出発フロアへ着いておこう。利用する航空会社のチェックイン・カウンターや自動チェックイン機の列に並ぶ。

② チェックイン

航空券とパスポートを提示。機内に持ち込まない荷物を預け、荷物引換証と搭乗券をもらう。化粧品などの水分を含む荷物はここで預ける。

③ セキュリティチェック

手荷物検査とボディチェックを受ける。液体類などの持ち込みは制限されている。

④ 税関

税関で①商品購入時に作成してもらった免税書類、②パスポート、③未使用の購入品を提出し、書類に確認印をもらう。還付金は払い戻しカウンターやキオスクで受け取る。
※還付額7万5000W以下なら税関手続きは不要。

⑤ 出国審査

パスポートと搭乗券を係官に提出して出国審査を受ける。出入国自動化ゲート(SeS)を利用する場合は、パスポートや指紋などを端末に読み取らせて本人確認をする。

⑥ 出発ロビー

付加価値税の払い戻し、市内で買った免税品の受け取りなどを済ませたら、搭乗開始時間に遅れないように搭乗ゲートへ向かおう。

①姓名を記入　②生年月日を記入　③旅券（パスポート）番号を記入　④滞在日数を記入　⑤出発国　⑥同伴家族の人数を記入　⑦行きの利用航空機と便名（搭乗券に記載されている番号）を記入　⑧滞在先の電話番号、あるいは携帯電話の番号を記入　⑨韓国国内での滞在先を記入　⑩該当するほうにチェックをつける　⑪申告年月日、署名（パスポートと同じサイン）を記入　⑫海外（国内免税店を含む）で取得・購入して携帯搬入する物品が免税範囲を超える場合に該当するものを記入

エアプサンの松山空港就航など、プサンへの渡航がますます便利になっています。

まずは韓国の出入国について
おさえましょう[船編]

関西方面や九州に住んでいる人にとって、身近なのが船。
博多・下関・大阪とプサンは便数が多く、国内旅行感覚です。
ゲートとなる場所は空港でなく港ですが、手続きは飛行機とほぼ一緒です。

韓国入国の流れ

釜山港国際旅客ターミナルに到着したら、いよいよ下船。
入国審査、手荷物検査、税関検査を通過したら、手続き終了。
船内持ち込みの手荷物はサイズや重量制限があるので確認を。

① 到着

釜山港国際旅客ターミナルに到着したら下船する。長い通路を通って、入国審査のあるターミナルビルへ向かおう。

釜山駅近くにある釜山港国際旅客ターミナルに到着

② 入国審査

パスポート、船内で記入した入国カード、帰りのチケットをカウンターで提示。次に、両人指し指の指紋採取と顔写真撮影を行う。旅行目的や滞在日程などを聞かれたら、英語で答えよう。

入国カードの記入方法は、
◉P.98を参照

③ 手荷物検査

船便の場合、入国後に手荷物検査がある。荷物はすべてベルトコンベアーに乗せよう。手荷物が多い人がたくさんいるため、少々時間がかかるので注意。

④ 税関検査

荷物とパスポートを持って税関へ。申告するものがある場合は、税関申告書を提出。免税範囲内であれば特に検査はない。申告対象と禁止品目など確認しておこう。

税関申告書の記入方法は、◉P.99を参照

⑤ 到着ロビー

税関を抜けてゲートをくぐると到着ロビー。出口付近には銀行やATM、案内所などのカウンターが並んでいるので、ここで両替するのもよい。

韓国出国の流れ

入国に対して、出国手続きはあっさり簡単。
乗船時間の1〜2時間前までに、チェックインを済ませよう。
手荷物検査、出国審査を経て、乗船。日本へ帰国となる。

① 釜山港国際旅客ターミナルへ

余裕を持って、釜山港国際旅客ターミナルに到着しておきたい。まずは、利用するフェリー会社のチェックイン・カウンターに並ぼう。

② チェックイン

ターミナル使用料などの諸経費は、通常は往路の時点で運賃と合わせて支払っているので、パスポートを用意し、カウンターで手続きする。

③ 出国口へ

乗船時間になったら、3階の出国口へ。パスポートと乗船チケットを係員に見せる。出入国自動化ゲートも利用可能。

④ 手荷物検査

荷物はすべて自分でベルトコンベアーに乗せ、回り込んでピックアップする。

⑤ 出国審査

パスポートと乗船券を係官に見せて出国審査を受ける。3階には免税店があるので、買い忘れたおみやげの購入もできる。

⑥ 乗船

市内で購入した免税品がある人は受け取りカウンターでピックアップする。乗船時間になると、アナウンスがあるので、乗船する。

船の種類はこちらです

現在、プサンと日本を結ぶ船は、博多、下関、大阪などから発着しています。それぞれ所要時間、便数、船内施設などが異なるので、事前にチェックしておきましょう。

A クイーンビートル（JR九州高速船）
B パンスタークルーズ
C 関釜フェリー

A クイーンビートル 〔博多発〕

もはや国内旅行の心地よさ！

博多～プサンを結ぶ新型高速船。船内免税店やキオスクも完備している。ワンランク上のビジネスクラスもあり（要追加料金）。

【所要時間】3時間40分
【料金】片道1万6000円（普通運賃）、片道4000円～（ネット予約）※サーチャージ等の諸費用は別途
【運航】博多⇔プサン1日往復
☎092-281-2315（JR九州高速船／日本国内）
URL www.jrbeetle.com

1 2022年11月に就航 2 子ども連れにもやさしい設備 3 4 共用ラウンジのあるキオスクでは軽食を楽しめる

more info

博多発なら カメリアラインもあります

博多～プサンを約6時間で結ぶフェリー。展望風呂やカラオケ、免税店で買い物なども楽しめる。

B パンスタークルーズ 〔大阪発〕

格安に海外旅行を実現

大阪を午後に出発し、翌朝10時（金曜発は12時）にプサンに到着。個室や相部屋など予算に合わせて選べ、レストランやエステなどの施設もある。

【所要時間】約19時間
【料金】1万3000円～
【運航】大阪→プサンは月・水曜の15時発、金曜の17時発（1便）、プサン→大阪は火・木・日曜の15時発（1便） ☎06-6614-2516（㈱サンスターライン／日本国内） URL www.panstar.jp

1 豪華な大型船 2 生演奏が楽しめる公開ステージが人気！ 3 船内には免税店もある 4 船上カフェ「夢」 5 アロマが香るテラピーハウスでリフレッシュ

便利な施設

・テラピーハウス…足・全身のリンパマッサージ（有料）
・エンターテインメント…ライブ演奏がある
・コンビニ…韓国の菓子などみやげも購入可
・免税店…酒、タバコ購入可。オンライン免税店もある

C 関釜フェリー 〔下関発〕

船上ホテルのような豪華さ

客室の種類も豊富で、展望浴場やレストランも完備。夜に出航し翌朝到着するので、旅先での滞在時間を有効に活用できる。

【所要時間】約12時間
【料金】片道9000円～、往復1万7100円～
【運航】下関⇔プサンは1日往復1便
☎083-224-3000
（関釜フェリー／日本国内）
URL www.kampuferry.co.jp

1 日本船はまゆう 2 景色抜群の展望浴場 3 広々とした2等 4 ユニットバス付きのデラックスルーム 5 1等和室は畳で過ごせる。友人同士の船旅にぴったり

便利な施設

・ホールバー…乗船者向けに無料開放
・免税売店…酒、みやげなどを販売
・展望浴場…大海原を眺めながら湯あみ

船は飛行機と違って、荷物を船内に預けることはできません。すべての荷物を持って手荷物検査を受け、出国します。

さあプサンに到着です。
市内までは、どのルートを使いますか？

プサンについたら、さっそく市内へ向かいましょう。
到着した場所や目的地によって、さまざまなルートがあります。
予算やスケジュールによって、選択してくださいね。

金海国際空港

40分 → 市内
50分 → 海雲台

---

*金海国際空港から
市内へ行きましょう*

金海国際空港から市内への移動でもっとも便利なのはリムジンバス。荷物が多い場合は、タクシーがおすすめ。市内バスはいちばん安価なアクセス方法。

最も一般的なアクセス手段　リムジンバス

空港ターミナルを出て右端の地点から、リムジンバスが発着している。漢字や英語表記があるので、日本人でも利用しやすい。乗車券はターミナル内のリムジンバス・チケットカウンターか車内で購入できる。荷物は運転手が荷物入れに入れてくれるので、引き換え券をもらっておこう。

問合先
☎051-972-7747（テヨン空港リムジンバス）

◆車内は3列シートで広々と快適している
◆市内行きリムジンバス乗り場は3番

行き先	停留所	所要時間/運行間隔	料金
海雲台	国際線-国内線-南川洞-広安洞-広安駅-水営交差点-水営現代-センタムホテル-BEXCO-オリンピック交差点-慶南マリーナ・パークハイアット・ハンファリゾート・ハイペリオン-朝鮮ビーチホテル・グランドホテル-海雲台海水浴場-ノボテル・パラダイスホテル・尾浦・ムンテンロード入口-レミアン海雲台-現代アパート・萇山駅-白病院-東部アパート・大林1次アパート-ヤンウン高等学校-ヤンウン小学校	1時間30分/30分	1万W

ホテルまで直行でき便利　タクシー

空港ターミナルの出口を出て、横断歩道を渡ると、タクシー乗り場がある。乗車したら、メーターが初乗り料金（一般4800W、模範7500W）になっているか確認を。

問合先 ☎051-600-1000
（灯台コール）

●料金&所要時間の目安

行き先	料金	所要時間
西面	約1万8000W～	20分～30分
南浦洞	約2万W～	25分～30分
釜山駅	約1万9000W～	25分～30分
海雲台	約2万5000W～	40分～50分

◆車体は黒以外で、模範タクシーより台数が多く、運賃が安い　◆黒い車体で、車体にDeluxe Taxiと表示

便利で早い新システム交通　釜山-金海軽電鉄(BGL)

2011年9月に開通した鉄道で通称BGL(Busan Gimhae Light Rail)。金海国際空港から地下鉄2号線沙上駅までを約6分で結んでおり、市内へのアクセスが容易になった。ほか、3号線大渚駅でも乗り換えが可能だ。1区間は1400W、2区間は1600W。

問合先 ☎055-310-9800（釜山－金海軽電鉄）

慣れれば便利な市内バス　市内バス（一般座席バス）

空港に乗り入れている市内バスは307番のみ。亀浦駅、徳川駅などを経て、東莱、海雲台まで行く。1700Wと料金は安いが停留所が多く、海雲台までは時間がかかる。

問合先
☎051-973-2800（金海空港国際線内観光案内所）

釜山港国際旅客ターミナル

釜山駅の近くにある釜山港国際旅客ターミナル **MAP** 付録P.3 **B-3**。日本からの定期旅客船はすべてここに到着します。5階建ての大きな建物内にはさまざまな施設がそろっています。

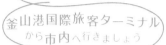

釜山港国際旅客ターミナル

8分		35分
市内		海雲台

釜山港国際旅客ターミナル から市内へ行きましょう

釜山港国際旅客ターミナルと釜山駅を結ぶ高架橋を利用すれば、徒歩でも10分ほどで駅に移動できます。荷物が多い人はタクシーの利用がおすすめです。

地下鉄駅まではこれが便利　シャトルバス

釜山港国際旅客ターミナルから、地下鉄の駅間を往復するシャトルバスが運行。中央駅14番出口前のバス乗り場 **MAP** 付録P.3 **A-4**、釜山駅8番出口のバス乗り場 **MAP** 付録P.3 **B-3**にも停車するので便利。※2023年11月時点、シャトルバスは運休中。

高架橋でアクセスしやすく　徒歩

釜山駅までは徒歩20分ほどかかっていたが、2023年に釜山駅まで高架橋ができたことにより、10分ほどで到着できるように。動く歩道もあり、荷物を抱えながらでも比較的楽に移動できる。

釜山駅にスムーズにアクセスできるため、市内にも出やすくなった

荷物が少なければ快適　地下鉄

高架橋で徒歩10分ほどで地下鉄1号線釜山駅に行ける。荷物が少なければ、地下鉄を使うとリーズナブル。海雲台へ向かう場合、西面駅で地下鉄2号線に乗り換える。

オレンジのラインが地下鉄1号線

●料金&所要時間の目安

行き先	西面まで	南浦まで	海雲台まで
料金	1450W	1450W	1650W
所要時間	約10分	約5分	約40分

※交通カード利用時

金海国際空港&釜山港国際旅客ターミナルDATA

金海国際空港
キメクッチェコンハン

プサン中心部から西へ15km。韓国第2の国際空港で、免税店が充実。

MAP 付録P.2 **A-3**

 1661-2626

釜山港国際旅客ターミナル

国際船が発着するターミナル。免税店、両替所、カフェやコンビニなどがある。

MAP 付録P.3 **B-3**

 051-400-1200

ホテルまで直行できる　タクシー

割高だが、目的地に直行できるのでラク。タクシー乗り場は、2階のゲート3を出るとある。荷物が多い人は、地下鉄での移動よりも、タクシー利用がおすすめ。

ターミナル前のタクシー乗り場。荷物が多い場合はタクシーが便利

●料金&所要時間の目安

行き先	西面まで	南浦洞まで	海雲台まで
料金	8500W~	7000W~	1万8000W~
所要時間	15分	10分	30分

タクシーやバスの支払いは交通カードが便利。WOWPASS➡ P.105が使えるところがほとんどです。

プサンの街の歩き方を
ご案内します

地下鉄路線図は
付録P.16を参照して
くださいね

プサンでいちばん使い勝手のいい交通は地下鉄。
路線が少ないので、コツをつかめば乗りこなすのは簡単です。
タクシーやバスも臨機応変に使い分けて、プサン観光を楽しみましょう。

改札の入口頭上に
色分けされた路線
番号が書いてある

いちばん使えるのは
地下鉄です

プサンの地下鉄は色分けされていて、観光客でもわかりやすい。南浦洞やチャガルチ、西面、東萊を通る1号線、海雲台へ行く2号線が観光客のよく使う路線だ。

切符の買い方&乗り方

1 自動券売機で目的地を選ぶ

券売機は日本語表示も選べる

改札横に設置されている自動券売機は、タッチパネル式。画面下にある「日本語」を選択し、日本語表記にチェンジ。路線図から目的地を選ぼう。路線図のピンク部分が1区間、それ以外は2区間で区間内は同一料金。

目的地を選択したら、購入枚数の数字を選択。1人分を選択する場合は、「1枚」をタッチ。左部分に選択した目的地や乗車券の内容、合計金額が表示される。

2 お金を入れる

運賃が表示されたら、機械右下の投入口にお金を投入。お金を入れると表示金額が減る。領収書も発行することができる。最後におつりを忘れずに!

＊料金＊

1区間(10kmまで)	…1550W
2区間(10km以上)	…1750W

※交通カード利用時は100W割引

切符は改札を
出るまで
なくさないように!

地下鉄DATA

● 運行間隔／約3〜15分おきに、5:30〜24:00頃まで運行。
● 路線の種類／現在4路線。南北に延びる1号線(オレンジライン)、海雲台から西に延びる2号線(緑ライン)、水営から西に延びる3号線(茶色ライン)、東萊から機張郡安平をつなぐ4号線(青ライン)が運行。
● 乗り換え駅／西面で1・2号線、蓮山にて1・3号線、水営で2・3号線、東萊で1・4号線に乗り換え可能。

3 行き先を確認して、自動改札を通過

路線は色分けされている

自動改札の上に、行き先表示がある。英語や漢字表記があるので必ず確認を。自動改札のセンサー部分に切符や交通カードをタッチし、バーを押して入場する。

センサー部分に
切符をタッチ!

自動改札機に緑色の矢印が出ていれば、入場できる

4 ホームに行き、電車に乗る

ホームに着いたら、行き先案内板で進行方向の確認をしましょう

改札を抜けたら、案内表示を見てホームへ。ホームドアの上部に行き先表示がある。目的駅に到着したら「Way Out(出口)」の表示に従い改札口へ。切符や交通カードを改札機にタッチする。

リピーターに おすすめ！	**WOWPASSなら1枚で移動も買い物も◎**
	円でチャージして韓国ウォンで支払いができるプリペイド機能に加え、交通カード「T-money」も搭載された便利なカード。1枚で両替、地下鉄移動、買い物の支払いとマルチに使えます。

市内のタクシー乗り場

タクシーで ラクラク移動

韓国には模範タクシーと一般タクシーがあり、料金が異なる。プサン初心者や女性は、模範タクシーがおすすめ。一般タクシーは深夜料金があるが、模範にはない。

一般タクシー

通りを流しているのは一般タクシーが多く、車体の色は黒以外。23:00〜翌4:00は、深夜料金が適用となる。

日本語が通じることはあまりない

初乗り／2kmまで	4800W
加算料金	100W／132m
時速15km以下の走行	100W／33秒

模範タクシー

規定期間無事故、無違反のベテランドライバーが運転している。黒い車体と「DELUXE TAXI」の文字が目印。

空港やホテル前で待機している

初乗り／3kmまで	7500W
加算料金	200W／140m
時速15km以下の走行	200W／33秒

旅慣れたら バス移動も便利

市内バスの車両やバス停表示はすべて韓国語で、旅行者にはなかなかハードルが高い。乗車前、運転手に行き先を確認しよう。主要観光地を効率的に回る観光バスもある。

市内バス（急行バス）　シティツアーバス

一般バス

前乗り、先払いで、座席が一列に並んだバス。満席の場合でも、立って乗車できる。朝夕はかなり混雑する。

● 料金…市内一律1700W

急行バス

座席が2列に並んでいる。止まる停留所が限られるので、同じ路線なら一般バスより、早く目的地に到着する。

● 料金…市内一律2200W

● 主なルート

100-1番	釜山大学〜地下鉄東莱駅〜海雲台
1003番	海雲台〜釜山駅〜南浦洞
30番	松島〜南浦洞〜太宗台
134番	南浦洞〜釜山駅〜市立博物館

シティツアーバス

主要な観光地を効率的に回れる観光バス。グリーンライン（釜山駅↔太宗台）とオレンジライン（釜山駅↔多大浦）の2つのコースがある。月・火曜運休。

● 料金…1日券1万5000W
● 問合せ先
☎ 051-464-9898
URL www.citytourbusan.com

● ツアーの主なルート

オレンジライン（水〜金曜のみ運行）	松島海水浴場〜岩南公園〜甘川文化村〜多大浦海水浴場〜峨嵋山展望台〜長林浦口〜釜山現代美術館〜洛東江河口エコセンター〜石堂博物館〜国際市場〜龍頭山公園
グリーンライン	影島大橋〜ヒンヨウル文化村〜ハヌル展望台〜影島海女村〜太宗台〜国立海洋博物館〜五六島スカイウォーク〜龍湖湾遊覧船ターミナル〜平和公園〜松島海水浴場〜ビフ広場

地下道が発達しているプサンでは、出口を間違えると、とんでもないところに出てしまうことが。出口付近の周辺図を必ず確認しましょう。

日本と違うことがたくさん！
知っておきたいプサン基本情報

日本と似ているようでも、韓国は外国。いろいろ違いがあります。
現地でトラブルに遭わず、心地よく過ごせるように、
基本情報を把握しておきましょう。

日本語について

観光地やホテルでは日本語がよく通じ、街なかでも日本語を話せる人が多い。標識や駅名はハングルと英語が併記されているが日本人観光客が多い西面駅などには、日本語表記もある。

クレジットカード

百貨店、免税店、ホテル、大型店、コンビニなどでカードが使えるが、市場では店舗による。タクシーでも大抵カードOK。WOWPASSなどのプリペイドカードも同様に利用可能。多額の現金を持ち歩くのは危険なので、カードを上手に活用しよう。

郵便

手紙を日本に送る際は「AIR MAIL JAPAN」と明記すれば、住所と宛名は日本語でOK。国際小包も日本より割安なので、重い荷物は宅配や小包で送るほうが賢明。

治安

韓国は比較的犯罪発生率が低いほうだが、それでも近年、スリなどの犯罪が増えてきているのも確かだ。市場や繁華街、空港などの人混みのなかではバッグを抱きかかえるなどの注意を。

電源・電圧

韓国の電圧は110Vと220Vの2種類。110Vは日本と同じAタイプのプラグだが、220Vはプラグが丸い2つ穴のCタイプ、またはSEタイプになる。韓国では220Vが主流なので、日本製の電化製品は事前に対応電圧の確認を。プラグは用意しておくと便利。

プラグタイプ	I I	• •	••
	A	C	SE
電圧	110V	220V	
周波数	60ヘルツ		

ATM

※韓国では一部国内専用のATMが存在します。「Global ATM」と表示されているATMをご利用ください。

国際ブランドのクレジットやデビットカードでウォンが引き出せる。空港や街なかのいたるところにあり英語で操作が可能。多くは24時間利用できる。クレジットの限度額、カードのPIN（暗証番号）は出発2週間前までに確認を。

インターネット

空港やホテル、カフェをはじめ無料Wi-Fiスポットが充実。利用頻度に合わせてWi-Fiルーターのレンタルや海外パケット定額サービス、プリペイドSIMなども活用しよう。パソコンを使いたいときはネットカフェ（PCバン）が便利。

電話

日本への国際電話
スマホアプリがお得

日本への国際電話もダイヤル直通で簡単にかけられる。ホテルの部屋の電話を利用する場合は、最初に外線番号をつけてダイヤルしよう。

001、002 （国際電話識別番号）	+	81 （日本の国番号）	+	市外局番 （最初の0をとる）	+	相手の番号

日本の090-1234-5678にかける場合
001 (002) -81-90-1234-5678

日本の03-1234-5678にかける場合
001 (002) -81-3-1234-5678

国内で契約している携帯電話の定額プランは適用されず、着信やSMS送信でも課金されるので、LINEなどの通話アプリのほうがお得。またスマホでインターネットを使うなら、無料Wi-FiやモバイルWi-Fiルーター、SIMカード（eSIM）などを利用しよう。

日本からプサンの051-1234-5678にかける場合、頭に国際電話識別番号（010）＋韓国の国番号（82）をつけて、010-82-51-1234-5678になります。

ジャンル別
プサンステイのアドバイス

グルメ

日本とは正反対の食事マナーも

器はテーブルに置いたまま、おかずは箸、ご飯やスープはスプーンで食べる。鍋や大皿から、直接食べることも問題ない。

儒教文化から、目上の人より先に飲食しないのが礼儀

繁華街や市場には屋台があり、気軽に楽しめる

ショッピング

お得なショッピングを楽しんで

韓国では物品やサービスに通常10%の付加価値税（VAT）がかかっており、払い戻しを申請できる店がある。服のサイズ表記も注意。

●日韓サイズの違い

日本	9	11	13	15
韓国	44	55	66	77

洋服のサイズ表記は、日本と異なる。上記をチェック！

TaxRefund加盟店は1日1店舗1万5000W以上の購入で免税に

街歩き

観光案内所を上手に活用

南浦洞など、主要観光地には観光案内所があり、地図やクーポンなどが手に入る。空港などで入手できるフリーペーパーも利用価値大。

総合案内所 **MAP** 付録P.4 D-4は日本語OK。資料も充実

歩行者の通行は、左側通行ではなく右側通行

ビューティ

チムジルバンは午後に

チムジルバンのサウナは朝は高温。慣れていない旅行者は午後〜夜の利用がおすすめ。マッサージ店では、施術前に価格の確認を。

海雲台や東莱は国内有数の温泉地。美肌効果抜群！

サウナはかなり熱い。水分と休憩をとりつつ楽しんで

ナイトライフ

帰りはタクシーが基本

カジノや民俗酒場、バーなど、ナイトスポットは多彩。治安はいいが、帰りはタクシー利用がおすすめ。凡一駅付近は、歓楽街なので注意。

カジノではラフすぎる服装だと入れないことも

広安里はナイトスポットが多い。帰りは必ずタクシーで

ホテル

ホテル予約は日本から

ホテルの数が多くはないので、日本から予約したほうが安心。使い捨てのアメニティは、法律で設置が禁止されているので持参しよう。

1海雲台には高級ホテルが点在。シーズンオフの冬はお得に泊まれる **2**短期旅行なら、ビジネスホテル利用も割安でおすすめ

韓国の祝祭日で注意すべきは旧正月（ソルナル）と秋夕（チュソク）。年中無休という店でも、この期間はほとんどお休み。旅行には不向きです。

index

太宗台(テジョンデ)	岬・ロケ地	影島	76
大陵苑(テルンウォン)	古墳	慶州・市内中心部	93
冬柏公園(トンベッコンウォン)	公園・ロケ地	海雲台	76
ヌリマルAPECハウス	会議場・公園	海雲台	58
かき氷&ぜんざい横丁(パッピンス&タンパッチュクコルモッ)	横丁・屋台	南浦洞	33
ビフ広場(クァンジャン)	広場・屋台	南浦洞	34・52
ヒンヨウル文化村(ムナマウル)	村	影島	60
荒嶺山(ファリョンサン)	夜景	広安里	88
ブサンエックス・ザ・スカイ	展望台	海雲台	16
釜山市民公園(プサンシミンコンウォン)	公園	釜田駅	79
釜山市立美術館(プサンシリツミスルグァン)	美術館	センタムシティ	79
釜山(プサン)タワー	展望台	南浦洞	55
釜山(プサン)デパート	デパート・ロケ地	南浦洞	77
仏国寺(ブルグッサ)	寺院	慶州・仏国寺エリア	94
海雲台(ヘウンデ)ブルーラインパーク	観光列車	海雲台	16
海雲台海水浴場(ヘウンデヘスヨクチャン)	海水浴場	海雲台	58
海雲台遊覧船(ヘウンデユランソン)	遊覧船	海雲台	59
鮑石亭址(ポソッチョンジ)	史跡	慶州・南山エリア	95
虎川村(ホチョンマウル)	夜景・ロケ地	凡川洞	76
龍頭山公園(ヨンドゥサンコンウォン)	公園	南浦洞	54
エンターテインメント			
セブン・ラック・カジノ	カジノ	西面	91
パラダイスカジノ釜山(プサン)	カジノ	海雲台	91
ホテル			
アベンツリー釜山(プサン)	ホテル	南浦洞	96
イビス・アンバサダー釜山(プサン)シティセンター	ホテル	西面	96
ウェスティン朝鮮釜山(チョソンプサン)	ホテル	海雲台	97
コモドホテル釜山(プサン)	ホテル	釜山駅	96
シグニエル釜山(プサン)	ホテル	海雲台	97
東横INN 釜山西面(プサンソミョン)	ホテル	西面	96
東横INN 釜山中央駅(プサンチュンアンヨク)	ホテル	中央駅	96
パーク ハイアット 釜山(プサン)	ホテル	海雲台	97
パラダイスホテル釜山(プサン)	ホテル	海雲台	97
釜山(プサン)ツーリストホテル	ホテル	南浦洞	96
海雲台(ヘウンデ)・シークラウド・ホテル	ホテル	海雲台	97
海雲台(ヘウンデ)センタムホテル	ホテル	センタムシティ	97
ホテル 1	ホテル	広安里	97
リベロホテル海雲台(ヘウンデ)	ホテル	海雲台	97
ロッテ・ホテル釜山(プサン)	ホテル	西面	96

ことりっぷ co-Trip 海外版

プサン

STAFF
●編集
ことりっぷ編集部
アーク・コミュニケーションズ
●取材・執筆
アーク・コミュニケーションズ
●撮影
Kayoko Hoshi
●表紙＋フォーマットデザイン
GRiD
●キャラクターイラスト
スズキトモコ
●本文イラスト
桜井葉子
●本文デザイン
岸麻理子
ヒグジム
●DTP制作
明昌堂
●校正
山下さをり
●韓国語校正
張永國
●地図制作協力
周地社
露木奈穂子
●写真協力
釜山観光公社
韓国観光公社
Busan X the SKY
shutterstock

2024年2月15日 3版1刷発行

発行人　川村哲也
発行所　昭文社
本社：〒102-8238　東京都千代田区麹町3-1
☎0570-002060（ナビダイヤル）
IP電話などをご利用の場合は ☎03-3556-8132
※平日9:00～17:00（年末年始、弊社休業日を除く）
ホームページ https://www.mapple.co.jp/

※掲載のデータは2023年11月～12月現在のものです。変更される場合がありますので、ご利用の際は事前にご確認ください。
※本書に掲載された内容により生じたトラブルや損害等については、弊社では補償しかねますので、あらかじめご了承のうえ、ご利用ください。なお、感染症に対する各施設の対応・対策により、営業日や営業時間、開業予定日、公共交通機関に変更が生じる可能性があります。おでかけになる際は、あらかじめ各イベントや施設の公式ホームページ、また各自治体のホームページなどで最新の情報をご確認ください。
※本書掲載の商品の価格は変更になる場合があります。また、売り切れる場合もありますので、ご了承ください。
※乱丁・落丁本はお取替えいたします。